中等专业学校建筑经济与管理专业系列教材

建 筑 经 济

四川省建筑工程学校　谢维义　编
攀枝花市建筑工程学校　张文祥　主审

中国建筑工业出版社

图书在版编目（CIP）数据

建筑经济/谢维义编.-北京：中国建筑工业出版社，1998
中等专业学校建筑经济与管理专业系列教材
ISBN 7-112-03546-5

Ⅰ.建… Ⅱ.谢… Ⅲ.建筑经济-专业学校-教材
Ⅳ.F407.9

中国版本图书馆 CIP 数据核字（98）第 08712 号

    本书以政治经济学为理论基础，根据建立社会主义市场经济体制的要求，紧密结合我国建筑业的实际和发展趋势，概括地阐述了建筑经济的基本理论和知识。全书共九章，包括：建筑业、社会主义市场经济与建筑业运行机制、建筑企业、建筑产品、建筑市场、建筑市场的招标投标、国际建筑市场、建筑业的经济效益、建筑业的管理与发展等主要内容。各章均作小结并附有复习思考题。

    本书为中等专业学校建筑经济与管理专业的教材，也可以作为中专相近专业和建筑经济管理业务人员培训教材，并可供建筑企业经济管理工作人员阅读参考。

中等专业学校建筑经济与管理专业系列教材
建 筑 经 济
四川省建筑工程学校　谢维义　编
攀枝花市建筑工程学校　张文祥　主审

*

中国建筑工业出版社出版（北京西郊百万庄）
新华书店总店科技发行所发行
北京富生印刷厂印刷

*

开本：787×1092 毫米　1/16　印张：11　字数：265 千字
1998 年 12 月第一版　2006 年 7 月第四次印刷
印数：15001—16000 册　定价：11.40 元
ISBN 7-112-03546-5
G·284（8786）

版权所有　翻印必究
如有印装质量问题，可寄本社退换
（邮政编码 100037）

前 言

本教材是根据建设部1997年新颁发的中等专业学校建筑经济与管理专业教育标准、培养方案和建筑经济课程教学大纲的要求编写的。

建筑经济是中等专业学校建筑经济与管理专业根据教学改革的需要而新开设的一门经济基础理论课程。通过本课程的教学,使学生从部门经济的角度,概括地了解在社会主义市场经济条件下,建筑经济的基本理论和知识,认识建筑业经济活动运行的规律,从而为学习有关专业课程奠定理论基础,并为从事经济管理业务工作提供应掌握的一般建筑经济理论知识。

根据本课程教学的目的要求,编者在参阅部分关于社会主义市场经济、建筑经济学等论著的基础上,按照本专业相关课程内容的划分原则概括了建筑业经济活动中的主要问题,编写了这本教材。为了避免课程之间在内容上的不必要的重复,在一些相关专业课程中已有专门详细论述的内容,如建筑企业经营管理、建筑企业财务管理等,在本教材的内容中不再论述。

本教材的内容,以政治经济学为理论基础,根据建立社会主义市场经济体制的要求,遵循理论联系实际的原则,紧密结合我国建筑业的实际,介绍建筑业及其经济运行的基本理论和知识。但是,由于我国正处于经济体制改革的进程中,许多问题尚待探索和解决,加之编者的水平所限,编写时间较紧,因而本教材无论是在结构上,还是内容上难免有不妥之处,恳请广大读者批评指正。

本教材由张文祥同志审阅,在编写的过程中得到建设部人事教育劳动司职教处、中国建筑工业出版社和建设部中等专业学校建筑经济与管理专业指导委员会有关同志的支持和帮助,在此一并致谢。

目 录

第一章 建筑业 ·· 1
    第一节 建筑业的形成和发展 ··· 1
    第二节 建筑业的范围与特征 ··· 5
    第三节 建筑业在国民经济中的地位和作用 ···································· 8
    第四节 建筑业与基本建设和房地产业的关系 ································ 11
    本章小结 ·· 13
    复习思考题 ··· 14

第二章 社会主义市场经济与建筑业的运行机制 ···································· 15
    第一节 社会主义市场经济的基本特征 ·· 15
    第二节 建筑业的运行机制 ··· 19
    本章小结 ·· 24
    复习思考题 ··· 25

第三章 建筑企业 ··· 26
    第一节 建筑企业的性质与地位 ·· 26
    第二节 建筑企业的组织结构 ·· 29
    第三节 建筑企业的经营机制 ·· 34
    第四节 建筑企业与政府的关系 ·· 39
    第五节 建筑企业的产权制度 ·· 41
    本章小结 ·· 45
    复习思考题 ··· 46

第四章 建筑产品 ··· 47
    第一节 建筑产品概述 ··· 47
    第二节 建筑产品的价值、成本和价格 ·· 50
    第三节 建筑产品的生产程序 ·· 61
    第四节 建筑工程的承发包方式 ·· 66
    本章小结 ·· 69
    复习思考题 ··· 69

第五章 建筑市场 ··· 71
    第一节 建筑市场概述 ··· 71
    第二节 建筑市场的主体、客体和运行机制 ································· 76
    第三节 建筑市场的运行规范 ·· 81
    第四节 建筑市场体系 ··· 85
    第五节 建筑市场的需求和供给 ·· 91
    第六节 建筑市场的影响因素 ·· 95
    本章小结 ·· 99
    复习思考题 ··· 100

第六章 建筑市场的招标投标 ... 101
 第一节 建筑市场招标投标概述 ... 101
 第二节 工程施工招标的程序和主要内容 ... 105
 第三节 工程施工投标的程序及主要内容 ... 110
 第四节 工程施工合同 ... 113
 本章小结 ... 121
 复习思考题 ... 121

第七章 国际建筑市场 ... 122
 第一节 国际市场概述 ... 122
 第二节 国际建筑市场的特点及其影响因素 ... 126
 第三节 国际建筑市场的运行 ... 131
 第四节 我国国际工程承包业的现状和前景 ... 137
 本章小结 ... 139
 复习思考题 ... 140

第八章 建筑业的经济效益 ... 141
 第一节 经济效益概述 ... 141
 第二节 考核建筑业经济效益的指标 ... 144
 第三节 提高建筑业经济效益的途径 ... 150
 本章小结 ... 152
 复习思考题 ... 153

第九章 建筑业的管理与发展 ... 154
 第一节 宏观调控与建筑业管理 ... 154
 第二节 建筑生产工业化、现代化 ... 159
 第三节 建筑业与城市综合开发 ... 164
 第四节 建筑业的发展前景 ... 165
 本章小结 ... 167
 复习思考题 ... 167

参考文献 ... 169

第一章 建 筑 业

第一节 建筑业的形成和发展

一、建筑的含义

人类社会的生存和发展，必须有衣、食、住、行等各种各样的生活资料。生活资料是人们凭借生产资料，通过劳动而获得的。人类社会为了获得所需的生活资料，必须进行生产资料的生产。生产资料和生活资料的生产统称为物质资料的生产。物质资料的生产是人类社会生存和发展的基础，生产活动是人类社会最基本的实践活动。

人类社会所需的物质资料是多种多样的，因而存在多种多样各具特征、互不相同的生产活动。建筑活动是人类社会生产活动的重要组成部分。人类社会通过建筑生产活动，建造成建筑物，建造建筑物的工程称为建筑工程。建筑工程的基本特征是，建筑物位于地面之上或地面（水面）之下，具有基础结构和上部工程实体。

建筑工程一般分为建筑物和构筑物两大类。凡具有梁柱、墙壁、顶盖形成内部空间，用以满足人们生活或生产活动需要为目的的，如房屋建筑等称为建筑物；而那些仅有基础结构和上部构造，但不具备内部空间；或虽有内部空间，但不以人们在其中活动为目的，如道路、桥梁、涵洞、烟囱、水塔等称为构筑物。

建筑物和构筑物总是表现为一定的具体物质存在，构成人类社会物质财富的重要组成部分，对人类社会的生产和生活需要发挥着不同的功能作用，为人类社会的生存和发展奠定物质基础。

建筑物和构筑物与人类社会的生产力发展水平、社会的生产方式、经济结构、政治思想和家族演变有着密切的关系，它随着人类社会生产力水平的提高而不断发展，越来越好地满足人类社会生产和生活的需要。同时，建筑物和构筑物又反映着时代的物质文明和精神文明，是人类社会改造自然、创造环境、改善人们的生产和生活条件的重要体现；它既服务于当代人民的物质文化生活，又是留给后代的历史遗产。

在社会发展过程中，人们建造的建筑物和构筑物，又称为建筑产品。在商品经济条件下，建筑产品是社会总产品的组成部分，它具有商品的一般属性，既有实物形态，具有使用价值，能满足人们生产和生活的需要；同时，它又凝结着劳动者为建成建筑产品而耗费的劳动（物化劳动和活劳动），具有价值。建筑产品的建造活动具有商品生产的性质。

二、建筑业的形成

建筑活动是人类社会最基本的物质生产活动之一。人类社会的建筑活动，由低级向高级发展，直到建筑业成为国民经济中的一个物质生产部门，经历了一个漫长的历史发展过程。

建筑活动的内容是随着人类社会生产力水平的提高和文化的发展而不断变化扩展的。在原始社会，由于人类生活的需要和农业生产的发展，建筑活动也得到相应发展。主要表现在，人类从居住在天然洞穴发展到居住在经过人类劳动而形成的坑穴，有墙壁的半穴居，再发展到居住在位于地面的搭盖建筑，但它只是具有一定建筑空间，仅能遮风避雨的简陋房屋。

进入奴隶社会以后，由于生产工具的改进，金属工具的使用，建筑技术的发展，使得建筑活动的劳动生产率提高，随之建筑规模亦相应扩大，开始建造城廓、宫殿、宗庙、道路、桥梁、陵墓、灌溉系统等。

到了封建社会，建筑活动有了进一步的发展。在我国封建时代，建筑活动的发展大体可分为三个时期。

第一个时期，是春秋时代末期。在这一时期，大城市出现，大规模宫室和高台建筑的兴建，以及瓦的发展和砖的出现，铁制工具的应用，从而提高了木结构艺术和加工质量，加快了施工进度。这一时期的建筑工程，有水利灌溉工程，如秦郑国开渠三百里，李冰兴建都江堰，都颇具规模。秦灭六国后，修筑驰道、开鸿沟、凿灵渠、筑长城，在首都建筑宫苑。这一时期建筑活动的特点是，木架建筑渐趋成熟，制砖技术和拱卷结构有了较大的进步，石建筑得到较快的发展。

第二个时期是隋唐至宋。这一时期我国的古典建筑逐步形成，它继承了古文化和建筑技术并吸收了外来建筑的精华，形成了自己的建筑体系。这一时期建筑活动的特点是，建筑规模宏大，规划严整，设计与施工水平进一步提高，建筑群处理趋于成熟，砖石结构进一步发展和建筑艺术加工逐渐成熟。在这一时期，北宋崇宁二年（公元1103年）颁布了一部具有历史价值的建筑文献——《营造法式》，对建筑的设计、结构、用料、施工都作了规范性的规定。

第三个时期是明清时代。在这一时期，建筑活动沿着中国古代建筑的传统道路继续向前发展。这一时期建筑活动的特点是，大城市进一步发展，新城镇增多，纺织、陶瓷、冶金工业建筑的规模扩大，民族建筑和建筑住宅发展，园林建筑处于极盛时期，建筑群布置更趋合理，建筑活动的生产力和技术水平进一步提高，在明代已开始使用"千斤顶"、"手摇卷扬机"等，在清代统一了宫式建筑的构件模数和用料标准，宫廷设主持设计和编制预算的"样房"和"算房"，对估算工料和工程验收都作了具体的规定。

随着社会生产力的发展，人类在劳动中所积累的天文、历算、物理、力学、测量等知识在建筑活动中的应用，新建筑材料的发现，使得建筑对人类的功能也相应地发展和扩大，从最早的解决人们的居住问题发展到建造行政、国防、宗教、文化、教育、园林、陵墓、道路、水利等方面的建筑，在较大的范围内改造人类社会的环境，适应社会发展多方面的需要。

中国封建时代的古建筑虽然有较大的发展，也创造出一些很有重要价值的工程，但是，由于当时的生产力发展水平和旧的生产关系的制约，建筑活动与农业紧密相联，建筑劳动力没有摆脱对农业的依附，建筑材料较为原始，品种也不很多，加之清代后期政治的腐败，社会生产力发展十分缓慢，必然影响建筑活动的进步和发展，因而只形成了从事土木作业的营造行业，并没有产生现代意义的建筑业。

建筑业的形成，从世界范围来看，是近代一二百年的事。随着资本主义生产方式的产生和发展，建筑生产活动从农业中分离出来，才逐渐形成专门从事建筑产品生产的建筑业。

中国长期处于封建社会，直到19世纪初叶，仍然是一个以个体经济、手工业为主体的封建社会，资本主义经济发展极其缓慢。在这种情况下，社会积累的资金极其有限，工业很不发达，因而不可能出现大规模的建筑需求，而较多的是可以自行建造的土木或砖石结构的房屋建筑，一些由统治阶级组织修建的典型的建筑工程，都是统治阶级凭借手中的权力，调动大量财力、物力强迫农民和有建筑技艺者提供无偿劳役建造的。

鸦片战争以后，帝国主义大举入侵中国，使中国逐渐变成半殖民地、半封建社会。由于外国的侵入和中国资本主义的发展，引起中国社会生产生活各个方面的变化。在生产方面，机械、造船、煤炭、冶金、纺织等工业和铁路建设等方面得到一定的发展；在住宅、商业和城市设施等方面，出现了一些新的需求。在这种情况下，旧式的营造业越来越不能适应建筑发展的需要，客观上对建筑业的形成提出了要求。而社会经济的变化，生产力的发展，又为形成中国的建筑业提供了应具备的基本条件。

社会对建筑需求的扩大，是形成建筑业的前提，而社会生产力的发展，必然促进建筑生产力的发展，建筑生产力的发展，则是形成建筑业的必备条件。

在建筑生产力中，最主要的是建筑劳动者。由于封建经济的逐渐解体，使得那些原来以农为主，营造为辅的建筑手艺人逐渐脱离与土地的联系，成为承包商雇用的建筑工人；大批破产的农民也流入城市，加入建筑工人的队伍，并逐渐形成廉价的建筑劳动力市场。以机器生产为标志的工业建筑，由于空间跨度大，负荷强度高，有的还要求耐振动、耐高温、耐腐蚀等，这不仅对建筑物的施工技术和采用的机具提出了新的要求，而且需要有新型的建筑材料如钢材、水泥、陶瓷产品等高强材料、塑性材料、复合材料等才能适应现代工业、铁路和桥梁等建筑的需要。由此促进了建筑科学技术的发展，建筑机械的采用和建筑材料工业也为适应建筑需求应运而生，所有这些又促进了建筑业的形成和发展。

上述可见，现代建筑业的形成，是以建筑需求的扩大和更新为前提，以建筑生产力的发展为条件的，而建筑业发展的规模和速度，不仅取决于生产力的发展水平，而且取决于生产关系的变更和发展。

中国建筑业的早期发展，以沿海的一些大城市为代表，如上海、天津等地。在上海，1922年登记的营造业有200多家，1923年达822家，在1933年的市政报告中，营造业已近2000家，再加上华人经营的水电设备安装业、竹篙业（搭建建筑脚手架）、石料工程业、油漆业、建材商号、设计事务所、土木工程事务所（专业估价、监工等），形成了一支相当规模的建筑队伍；外商只是在少数大楼的设计、设备安装业上有一定力量和影响。其他沿海大城市的情况也类似。但是，由于抗日战争和国民党政府发动内战，包括上海在内的中国建筑业并未继续得到发展。

三、建筑业的发展

1949年中华人民共和国成立，大规模的社会主义经济建设的展开，为建筑业的发展提供了广阔的前景。

建国初期，国家面临极其艰巨的经济恢复和建设工作，但当时全国的建筑力量仅为20多万人，难以适应形势发展的需要。在新形势下，一方面私营营造厂迅速增加；另一方面，中央各主管部和事业管理局按照国家的有关规定，相继组建了设计院和建筑安装工程公司，并于1953年成立了国家建筑工程部，开始有计划、有组织地管理全国的建筑工程，为建筑业的发展提供了组织保证。

经过三年恢复时期，国家组织开展了大规模的经济建设。在1953年开始实施的第一个五年计划,以"156"项重点工程为骨干,兴建了694项大中型建设项目,建立了我国社会主义工业化的初步基础。在经济建设中,建筑业得到迅速发展。从建筑业的职工人数来看,1952年全民所有制建筑企业的职工总人数为104.8万人,到1957年发展到271.4万人;从产值来看,1952年建筑业的产值为57亿元,到1957年达到118亿元,增长107%。

建国近50年来,我国的建筑业随着国民经济的发展而发展,已逐渐形成为国民经济中一个重要的物质生产部门,在社会主义现代化建设中发挥着重要的作用,为社会主义现代化建设作出了重大的贡献。

到1994年,全国建筑企业组织达到94942个,从业人员达到2448.8万人,实现增加值2900.6亿元。仅城镇以上建筑企业拥有固定资产的原值达1354.79亿元,拥有机械设备达295.26万台。全国的勘察设计和建筑科学技术研究机构也得到较快的发展;全国生产建筑机械的企业有1000多家,生产产品达450多个品种,1250多个规格型号,产值达160多亿元;全国已初步形成培养建筑人才的教育体系,每年能为建筑业输送高等、中等建筑人才达13万多人。

国家对建筑业的发展很重视,在"七五"、"八五"计划中都强调要积极发展建筑业,使之成为国民经济中的支柱产业。在"九五"计划中再次提出"机械、电子、石油化工、汽车、建筑业等支柱产业成为推动国民经济增长的主要动力"的要求,并提出了建筑业的发展奋斗目标。随着国民经济的持续、快速、健康发展,建筑业必将继续得到发展、壮大,为我国的社会主义现代化建设作出更大的贡献。

四、建筑业的概念

建筑业是国民经济中以生产建筑产品为对象的物质生产部门,是从事建筑生产经营活动的综合性行业。建筑业成为国民经济中的一个物质生产部门,是社会分工、生产社会化发展的必然结果。建筑业之所以成为一个物质生产部门,是由它生产的产品的特点及其在国民经济中的作用决定的。建筑业生产的最终产品是建筑物和构筑物。建筑产品具有固定性、单件性和体积庞大等特点。这些特点,使得建筑产品的生产具有流动性、露天高空作业、受自然条件影响较大、生产周期长等特点。建筑产品及其生产的特点,是建筑业区别于其他产业部门而必然独立存在的基本标志。建筑业在国民经济中所发挥的作用及其地位,又是建筑业成为物质生产部门的重要原因。但是,在建国后的一段较长的时期内,曾经把建筑业看成是基本建设投资的消费部门,并没有把建筑业作为国民经济中的物质生产部门来对待。在这种思想理论的影响下,在政策上也有所反映,以致影响了建筑业更好的发展。邓小平同志在1980年4月指出:"过去我们很不重视建筑业,只把它看成是消费领域的问题。建设起来的住宅,当然是为人民生活服务的。但是这种生产消费资料的部门,也是发展生产、增加收入的重要产业部门。要改变一个观念,就是认为建筑业是赔钱的。应该看到,建筑业是可以赚钱的,是可以为国家增加收入、增加积累的一个重要产业部门。要不然,就不能说明为什么资本主义国家把它当作经济的三大支柱之一。所以在长期规划中,必须把建筑业放在重要地位。与此相联系,建筑业发展起来,就可以解决大量人口的就业问题,就可以多盖房,更好地满足城乡人民的需要。随着建筑业的发展,也就带动建材工业的发展"。邓小平同志的这段讲话,运用马克思主义再生产的基本观点,总结了建筑业的历史经验,指出了把建筑业只看成是消费领域问题的错误观点,为建筑业的振兴和发展提供了理论依据,并指明了方向。

第二节 建筑业的范围与特征

一、国民经济部门的划分

建筑业是国民经济中的重要组成部分。国民经济,是指在一个国家范围内物质生产部门和非物质生产部门的总体。一个国家经济运行的活动,是由物质生产活动和非物质生产活动构成的,它们形成社会经济活动的有机整体。国家为了对整个社会的经济活动进行有效的管理,对社会的经济活动进行决策、计划、组织、指挥、协调、控制和监督,有必要按照社会分工和社会劳动经济职能的不同,从生产物质产品或提供劳务的种类、物质产品的生产方法或提供劳务的方法,使用原材料的种类和性质,服务对象和经营货物的种类等方面对社会经济活动进行分类。按照一定的分类标准,将从事物质资料生产活动的类别划分为不同的物质生产部门,将不从事物质资料生产的类别划分为不同的非物质生产部门。在各物质生产部门和非物质生产部门中按其包括的内容作进一步的划分。这样,就形成国民经济中各不相同而又互为联系的部门经济。所谓部门经济,是指由社会分工而独立出来的、专门从事同类生产经营活动或同类劳务活动的企业、事业单位的总和。部门经济是由各经济部门中所进行的特殊经济活动决定的,各个部门经济在国民经济中的地位和作用各不相同,而国民经济就是由各个部门经济所组成的有机整体。

在国民经济体系中,物质生产部门是指从事物质资料生产并创造物质财富的国民经济部门,包括农业、工业、建筑业、直接为物质生产服务的交通运输、邮电业以及商业等。非物质生产部门是指不从事物质资料生产,不直接创造物质财富的部门,如文化、教育、卫生、行政管理等部门。物质生产部门的生产活动是社会最基本的实践活动,是整个社会赖以生存和发展的基础。非物质生产部门是为适应物质生产的需要而形成和发展的,它们以各种不同的形式为社会生产服务,如果没有这些非物质生产部门的服务,社会的经济活动就难以进行,非物质生产部门活动的质量,又会直接或间接地影响物质生产活动。所以,非物质生产部门同样是国民经济中必不可少的部门。

我国的国民经济划分为以下的 16 个门类❶:

1. 农、林、牧、渔业;
2. 矿业;
3. 制造业;
4. 电力、煤气及水的生产和供应业;
5. 建筑业;
6. 地质勘察业、水利业;
7. 交通运输、仓储及邮电通讯业;
8. 批发和零售贸易、餐饮业;
9. 房地产业;
10. 社会服务业;

---

❶ 我国于 1985 年 1 月开始实施的国民经济行业分类标准,经过多年的实践,随着社会经济的发展,有必要作相应的修改,所列分类,属修改意见。

11. 卫生、体育和社会福利业；
12. 教育、文化艺术和广播电影电视业；
13. 科学研究和综合技术服务业；
14. 金融、保险业；
15. 政府服务和社团活动；
16. 其他行业。

二、建筑业的行业内容

按照我国国民经济行业分类标准，建筑业由"勘察设计业"、"建筑安装业"、"建筑工程管理、监督及咨询业"三大类组成。但不包括各部门、各地区设立的行政上、经济上独立核算的筹建机构。各项建设工程的筹建机构，应随所筹建的建设工程性质划分行业。例如水利或化工工程的筹建机构，应分别列入水利业或化学工业有关的行业。建筑业中的勘察设计业包括持有工程勘察、工程设计证书，从事各行业的工程勘察和工程设计单位。如冶金、化工、机械、水利、城建、农林、铁路、交通等行业的设计院、分院和勘测公司等。

建筑业中的建筑安装业，包括：

（1）土木工程业：包括从事铁路、公路、隧道、桥梁、堤坝、电站、码头、飞机场、运动场、厂房、剧场、旅馆、医院、商店、学校和住宅等建筑活动。也包括专门从事土木建筑物修缮的修缮公司（队）等的活动，但不包括房管所兼营的房屋零星维修，房管所的房屋零星维修应列入房地产管理服务业。

（2）线路管道和设备安装业：包括专门从事电力、通信线路；石油、天然气、煤气、自来水、暖气、热水、污水等管道系统的设备安装活动。一个施工单位从事土木工程时，在工程内部敷设电路、管道和安装一些设备的，应列入土木工程内、不列入本类。

（3）建筑工程管理、监督及咨询业：包括工程监理单位、工程总承包公司、工程质量监督单位以及工程咨询公司、爆破公司等从事的活动。

三、建筑业的特征

建筑业生产的主要最终产品是建筑物和构筑物。建筑产品与一般工业品不同，有其自身独特的技术经济特点。建筑产品及其生产的特点，既是建筑业与其他物质生产部门的区别所在，又使得建筑业在组织结构、生产经营方式等方面形成产业的特殊性。

（一）建筑产品及其生产的特点

1. 建筑产品具有固定性及生产流动性的特点

建筑产品总是按照建设项目业主（又称建设单位）的意愿，根据预定的设计要求，建造于一定的地点，建筑物和构筑物与土地紧密相连，占据一定的空间，建筑产品一经建成，一般不能移动，所以使得建筑产品具有固定性的特点。由于建筑产品的固定性，决定了建筑产品只能就地建造，当工程建造完毕，劳动者、建筑机具和生产组织机构又随着新的建筑产品的生产而转移到另一地点。所以，建筑产品的生产具有流动性的特点。建筑产品及其生产的这一基本特点，使得建筑产品的生产组织和劳动者的生产活动具有广阔的场所，同时，也使建筑产品的生产组织形成灵活多变的特点。

2. 建筑产品具有单件性和特定性的特点

由于建筑产品是事先按照建设项目业主的意图建造的，因而每一建筑产品的用途、功能、规模、类型等都各不相同，即使同一类型、同一标准设计的建筑产品，由于地质条件、气候、交通运输、材料来源等客观条件不同,生产耗费也就或多或少,也会表现出一定的差异,难以完全相同。所以,建筑产品具有明显的单件性和特定性的特点。建筑产品的这一特点,决定了建筑产品不象一般工业产品那样,按同一设计图纸进行批量生产,而要求每一建筑产品的施工工艺与设计采用的工艺密切结合协调,设计单位与施工单位密切合作,才能建造成建设项目业主所要求的建筑产品。

3. 建筑产品具有体积庞大,耗费资源多的特点

由于建筑产品都要形成一定的空间(如房屋、厂房建筑)或延续占地(如道路),因而体型庞大,排他性极强,耗费的材料资源如钢铁、木材、水泥、砖瓦、砂石量大。建筑产品的这一特点,一方面使得建筑产品不可能像一般工业品那样在厂房内建造,一般都是露天作业,因而建筑产品的生产受自然条件和气候的影响较大;另一方面,由于建筑产品生产耗费大,需要投入和占用的资金较多。这对建筑产品的生产经营管理和财务成本管理都与一般工业生产的管理具有不同的要求。

4. 建筑产品具有生产周期长和综合加工的特点

由于建筑产品具有上述的特点,使得建筑产品的生产周期较长,少则数月、多则数年、十几年;而且建筑产品往往又是多种专业生产分别加工后综合形成。这一特点,决定了建筑生产组织的严密性和复杂性,以及各种经济关系的交错衔接性,从而对建筑生产活动的指挥,协调提出了较高的要求。

5. 建筑产品具有艺术性的特点

建筑产品的建造应遵循"经济、实用,并尽可能注意美观"的原则。建筑"属于空间中的空间艺术",建筑产品体现时代风貌,它不仅能满足社会生产和人们生活的需要,而且对改造环境,美化、优化人们的生活有着十分重要的影响。

(二) 建筑业的特征

由于建筑产品及其生产具有上述的特点,决定了建筑业具有以下的特征:

1. 建筑业是从事建筑产品加工生产和经营的产业部门

建筑业主要为社会建造建筑产品,以满足社会生产和人们生活的需要。建筑产品是由劳动者运用劳动资料(建筑机具等)作用于劳动对象(建筑材料)后形成的。所以,建筑活动既是从事物质资料的生产活动,又具有对材料进行再加工、组合然后形成建筑产品的特点。在商品经济条件下,建筑产品又具有商品的属性,所以,建筑活动必然又具有经营的性质。因而建筑业的活动,客观上存在生产和经营两个领域,只有把生产和经营有机地联结好,建筑活动才能顺利进行。

2. 建筑业是劳动密集型的产业部门

由于建筑产品的特点和建筑业现有的生产力水平,生产建筑产品的技术构成较低,手工劳动在建筑活动中所占的比重较大,因而建筑业容纳众多的劳动者。所以,建筑业属于劳动密集型的产业。当然,这种情况将随着建筑科学技术水平的进步和提高而逐步改变,但在较长的时期内,从行业的整体来看,基本上仍然属于劳动密集型产业。这一特点,决定了劳动力资源的合理配置,劳动力的科学组织和管理,劳动者素质的提高,是建筑业发展中必须正确处理好的重要课题。

3. 建筑业是耗费大量物质资源的产业部门

由于建筑产品的体积庞大,建造建筑产品除耗费大量的人力外,还要耗费大量的建筑

材料等物质资源和占用大量的土地。按国民经济可持续发展的要求，有效地、节约地使用物质资源，寻找新的替代材料资源，不仅关系到建筑业经济效益的提高，而且对国民经济的持续发展也有着重要的影响。

4. 建筑业是与改造社会环境密切相关的产业部门

由于建筑产品具有固定性的特点，它总是建造于地面或水下的某一点或某一线，因而建筑产品与城镇建设，道路交通网络的形成密切相关。实际上，建筑活动也就是改造社会环境的一项重要工作。为了节约而有效地利用土地资源，有利于社会生产和方便人民的生活，城镇建设必须作出整体规划和安排，建筑产品的生产必须置于整体规划范围之内。

5. 建筑业是一个综合性的产业

如上所述，建筑业由勘察设计业、建筑安装业和建筑工程管理、监督及咨询业组成。这些行业，都是以建筑产品的形成而存在的。由于建筑产品及其生产的特点，决定了它是综合加工产品。勘察设计业按照建设规划，根据建设项目业主的要求进行工程地质勘察和建筑工程设计，这是进行建筑产品生产的前提条件和基本依据；建筑安装业根据建筑工程设计要求组织建筑产品的施工生产；工程管理、监督及咨询业则是对建筑产品的形成全过程进行监理、质量监督或提供技术咨询服务。由于建筑产品的特点，决定了建筑产品的生产要采取专业化协作方式，如专门从事土建工程施工、设备及管道安装施工、机械化施工、构配件生产等，与此相适应组建各类生产经营机构。在社会主义市场经济条件下，它们之间既是协作配合关系，又是一种经济利益关系。因此，在建筑产品的形成过程中必然形成总包、分包多层次的经济关系。同时，由于建筑产品具有流动性的特点，建筑企业的组织形式按照轻量经营的原则，一般以中、小型企业为多；在劳动力配置上实行固定工和临时工相结合的弹性劳动制度，与建筑产品生产的伸缩性相适应。

第三节　建筑业在国民经济中的地位和作用

一、建筑业在国民经济中的作用

（一）建筑业为社会提供大量的建筑产品

建筑业向社会提供的建筑产品，既适应社会生产发展的需要，又满足了人民日益增长的物质文化生活需要。主要表现在：

1. 建筑业为国民经济各部门的发展提供物质技术基础

国民经济各部门中的生产性设施，如工业生产用的厂房、仓库等房屋建筑，堤坝、管道、炉、池、槽、罐等构筑物，海陆交通所需的各类道路、桥梁、码头和航空所需的机场，农业所需的水利工程等等都是由建筑业完成的建筑产品；有些物质生产部门所需的机械设备，虽然不是建筑业制造，但必须由建筑业建造基础、机座并进行安装以后才能正常运转，发挥其作用。建筑业所提供的这些产品，是这些部门必不可少的生产手段，构成这些生产部门的物质技术基础，并是固定资产的重要组成部分。

实现社会的扩大再生产，要以生产性的固定资产的扩大再生产为前提条件。这就有赖于建筑业提供相应的生产性建筑产品。据统计，我国固定资产投资总额的60%左右是由建筑业提供建筑产品来完成的。从这个意义来讲，建筑业担负着促进社会生产发展的重任。如在"八五"计划期间（1991～1995），国家重点建设取得辉煌的成就，全国建成投产的大中型基本建设项目达845个。建筑业为重点工程建设作出了重大贡献。世人瞩目的齐鲁、扬子大型石化联合装置、秦山核电站一期工程、京津唐高速公路、上海杨浦大桥、京九铁路、北京西站等一批能源交通、原材料工程的建成，对促进社会经济的发展发挥了重要作用。

2. 建筑业为社会提供大量住宅和其他生活、文化建筑设施

衣、食、住、行是人类生活的基本需要。国民经济中的各个物质生产部门，通过生产活动，生产制造各类产品，满足人们的各种生活需要。建筑业在满足人们的物质文化生活需要方面，同样发挥着越来越重要的作用。人们必须的住宅，由建筑业建造。据统计，从1979年至1995年，全国仅城镇建设住宅投资达11379亿元，建成住宅25亿多平方米，占现有住宅总量的83%，城镇居民人均住房面积从1978年的3.6平方米增加到1995年的7.9平方米。社会的交通设施，如公路、铁路、桥梁、机场、码头等也是由建筑业开拓修建。随着人们生活水平的提高，还需要越来越多的文化、娱乐和其他的生活设施，如学校、医院、商店、图书馆、体育馆、运动场、影剧院，等等。所有这些设施的建造，都由建筑业来承担。建筑业建造形成的各种空间，为人们提供了广阔的活动场所。据科学家的统计，在人的一生中，有75%以上的时间是在建筑业创造的人工环境中度过的。随着社会的进步和发展，人们的物质文化生活需求和生活质量将会越来越高，建筑业在满足人们进一步改善居住条件和交通条件等的需求方面，将会发挥更好的作用。由此可见，是建筑业创造和改善了人们的生活环境，美化优化了人们的生活。

（二）建筑业完成大量的增加值，在国内生产总值中占有一定的比重

全社会建筑业增加值见表1-1。

全 社 会 建 筑 业 增 加 值　　　　　　表1-1

年 份	国内生产总值（亿元）	建筑业增加值（亿元）	建筑业增加值占国内生产总值的比重（%）	国内生产总值指数（%）	建筑业增加值指数（%）
1978	3588.1	138.2	3.85	100	100
1979	3998.1	143.8	3.60	107.6	102.0
1980	4470.0	195.5	4.37	116.0	129.2
1981	4775.1	207.1	4.34	121.2	133.3
1982	5182.3	220.7	4.26	131.5	137.9
1983	5787.0	270.6	4.68	144.9	161.4
1984	6928.2	316.7	4.57	166.0	179.0
1985	8527.4	417.9	4.90	187.4	218.7
1986	9687.6	525.7	5.43	203.3	253.4
1987	11307.1	665.8	5.89	225.9	298.7
1988	14074.2	810.0	5.78	251.3	322.5
1989	15997.6	794.0	4.96	262.2	295.3
1990	17681.3	859.4	4.86	272.4	298.8
1991	20188.3	1015.1	5.03	294.2	327.4
1992	24362.9	1415.0	5.81	334.2	396.2
1993	31380.3	2104.9	6.71	379.0	455.6
1994	45005.8	2900.6	6.44	466.2	554.0
1995		3556.0	6.20		

注：1. 本表资料引自1995年《中国建筑业年鉴》、中国建筑工业出版社。
　　2. 本表绝对数按当年价格计算，指数按可比价格计算。

(三) 建筑业的发展能带动相关产业的发展

建筑业生产建筑产品的过程，也是物质资料的消费过程。在建筑产品的成本构成中，材料费成本约占总成本的65%左右；生产建筑产品所需的材料多达76大类，2500多个规格，1800多个品种，包括建筑材料、冶金、化工、机械、仪表、纺织、轻工等物质生产部门的产品。另据不完全统计，我国建筑业生产建筑产品的主要材料消耗占国内消耗总量的比例分别为：钢材占20%～30%、水泥占70%、木材占40%、玻璃占70%、油漆涂料占50%、塑料制品占25%；建筑业所需物资运输总量约占社会运输总量的8%。因此，建筑业的发展必然对相关产业的发展起到拉动作用。据对我国投入产出表分析，我国建筑业的完全消耗系数为1.6768，即是说，建筑业每增加1亿元的产值，可直接间接带动相关产业增值1.6768亿元，使社会总产值共增加2.6768亿元。可见，建筑业的发展，可带动相关产业的发展，而相关产业的发展，又是建筑业发展的重要条件。

(四) 建筑业能容纳较多的劳动力，对推动社会劳动就业起着一定作用

如前所述，从整体来看，建筑业在国民经济中属于劳动密集型的产业部门，能容纳较多的劳动力。据统计，我国按城镇人口计算，在建筑业就业的人数约占就业总人数的10%左右。应当指出，在我国建筑业技术装备水平不高的条件下，建筑业能容纳大量的劳动力，就是在建筑业技术装备水平提高，建筑科学技术不断进步以后，在较长的时期内，建筑业基本上仍属劳动密集型的产业，也仍然可以容纳较多的劳动力。这是因为，相对那些技术装备水平较高的产业而言，建筑业在技术装备水平、机械化和自动化的程度等方面还是比较低的，手工劳动仍然占有相当的比重；另一方面，在建筑活动中，科学技术的含量较大，要应用许多先进技术，甚至尖端技术，工作内容涉及多方面的技术知识，加之建筑生产比较复杂，需要的管理人员的比例较大，这就使建筑业产生多层次的劳动结构，为不同技术业务素质的劳动者提供了就业的机会。

(五) 建筑业发展国际承包业务，对扩展对外经贸和创汇起着一定作用

随着社会经济的发展，建筑业不仅在国内开展建筑活动，而且走出国门，在国际范围内拓展工程承包业务。国际工程承包是一项综合性的输出，可以带动资本、技术、劳务、设备及商品输出，还可以扩大影响，赚取外汇。因此，世界各国都很重视建筑业走向国际建筑市场，发展外向创汇型建筑业。我国建筑业自1979年开始进入国际建筑市场，国际工程承包业务逐年增大，在外执行建筑劳务的人员增多，到1994年，我国共有23家承包工程公司进入国际225家最大承包公司的行列。我国对外发展建筑业务，经历了由单一的劳务合作——工程分包——合作、联合承包——独立总承包——房地产及多元化经营的发展过程。但是，目前我国在国际建筑市场的占有额仅有3%左右，与一些国家的差距较大，我国建筑业发展国际承包业务还有较大的潜力。

(六) 建筑业对国民经济的发展有一定调节作用

由于建筑业的上述作用涉及社会经济活动的很多方面，在市场经济条件下，它最能敏感地反映国民经济的繁荣和萧条。当社会各行业经济发展时，对固定资产的投资和住宅建设增加时，建筑业处于繁荣发展时期；相反，当社会各行业经济处于萧条时期，对固定资产的投资锐减、住宅建设缓慢时，建筑业必然会出现衰落。而且建筑业反映国民经济的繁荣和萧条又有其特征，就是建筑业的萧条先于国民经济的萧条；建筑业的复苏又滞后于国民经济的全面复苏。这是因为，当国民经济各行业投资总额锐减时，建筑业即呈现萧条景

象，而国民经济各部门运用原有的生产能力尚可维持一段时间，只是开始出现萧条的前兆；当国民经济开始复苏时，各行业首先是恢复原有的生产能力，不会立即出现大规模的固定资产投资。

正是由于建筑在国民经济中具有较大的波及相关效应，因此可以采取相应的手段和调控措施，通过建筑业来调节国民经济。当国民经济处于萧条时期时，可以通过国家对公共事业的投资，使建筑业不致于衰落，这样就会刺激与建筑业相关产业的发展，从而引起对其他行业需求的螺旋式增长，使国民经济不致于萧条，至少可以延缓萧条的程度。反之，当国民经济出现经济过热现象时，国家可以通过压缩公共建设投资的规模，采取一定限制固定资产投资规模的措施来控制建筑产品的生产，从而抑制与建筑业相关产业的过快发展，使国民经济走上稳定健康发展的轨道。我国实行的是社会主义市场经济，固定资产投资的主体是由国家控制的基本建设投资。因此，建筑业对国民经济的调节作用，是通过扩大或压缩固定资产投资的规模来实现的。例如我国自1979年开始，固定资产投资连年扩大，到80年代中期，固定资产投资规模膨胀到某种失控的程度，使国民经济发展失调，出现通货膨胀，引起许多严重问题。在这种情况下，国家从1989年开始，一方面大幅度压缩国家预算内的基本建设投资，另一方面对预算外的基本建设投资实行严格控制，同时调整投资结构，从而使建筑业的发展速度放慢，使国民经济得到协调发展。

二、建筑业在国民经济中的地位

建筑业在国民经济中所发挥的重大作用，使建筑业逐步形成为发展国民经济的支柱产业。

所谓支柱产业，是指对国民经济的发展有着重大影响的产业。一个物质生产部门要成为国民经济中的支柱产业，一般应具备以下条件：

（1）社会对该物质生产部门生产的产品有着巨大的、经久不衰的需求，能使该物质生产部门保持巨大的生产规模和拥有广阔的商品市场。

（2）该物质生产部门创造的增加值，在国内生产总值中占有相应的比重；该物质生产部门的相关效应较大，该物质生产部门的发展，对国民经济中其他产业的发展能起着较大的推动作用。

（3）该物质生产部门的发展，能直接间接地为国民经济的发展积累较多的资金。

（4）该物质生产部门具有较大的发展潜力。

从上述建筑业在发展国民经济的作用来看，我国的建筑业已初步具备国民经济支柱产业的基本条件，并具有极为深厚的发展潜力。国家已正式确定建筑业为发展国民经济的支柱产业之一。但是，我国的建筑业要真正成为对国民经济的发展有着重大影响的支柱产业，还要经历一个较长时期的发展建设过程。随着我国社会经济的发展，改革开放的持续与深化，我国建筑业的发展有着极其广阔的前景，必将在发展国民经济中起着更大的作用。

第四节 建筑业与基本建设和房地产业的关系

一、建筑业与基本建设的关系

（一）基本建设的概念

在建筑业的生产经营活动中，与国家的基本建设活动有着紧密的联系。但是，建筑业与基本建设两者处于不同的范畴，把两者等同起来，或者互相替代都是不正确的。

建筑业的概念，在本章前面已作了阐述。基本建设，是社会主义国家特有的概念。所谓基本建设，是指用投资形式来实现固定资产的再生产，包括固定资产的扩大再生产和固定资产的简单再生产。按固定资产再生产的用途可分为生产性固定资产的再生产和非生产性固定资产的再生产；按基本建设的组成内容，可分为建筑安装工程，设备、工具和器具的购置和其他基本建设工作，如勘察设计、科研实验、征用土地、建设单位管理和职工培训等。基本建设按照建设总规模或投资额可分为大中小型基本建设项目，划分项目的标准，由国家统一制定。总之，基本建设也就是固定资产的建设，是建造、购置和安装固定资产，最终形成固定资产的活动。基本建设作为固定资产的再生产，理所当然属于经济活动的范畴，是国民经济活动中的重要组成部分。

(二) 基本建设与建筑业的区别和联系

建筑业与基本建设的基本区别在于两者活动的性质各不相同。建筑业从事建筑产品的建造活动，其性质是物质生产活动；而基本建设活动的主要内容是筹集资金、征购土地、设备定货、人员培训、发包工程等一系列与固定资产形成相关的活动，其性质属于投资活动。两者活动的性质不同，承担的工作任务也不一样。建筑业的主要任务在于从事建筑产品的生产，为国民经济各部门形成固定资产提供所需的建筑产品。基本建设的主要任务是，在一定的投资限额内，合理分配和使用投资，及时订购质量优良、价格合理的设备与器具，节约建设用地，检查与监督发包工程的质量与施工进度，以保证固定资产按时保质完成。

建筑业与基本建设又有着紧密的联系。按照需要形成固定资产，是建筑业和基本建设活动共同追求的目的。这一共同点，使得建筑业与基本建设有着不可分割的联系。建筑业生产的建筑产品是基本建设投资活动的主要对象之一，建筑产品的价值是固定资产价值的重要组成部分。除单纯购置不需要安装的机器设备以外，大部分基本建设活动都离不开建筑业，同样，绝大部分的建筑生产活动，也是为了完成固定资产的建设任务。而基本建设的规模，对建筑业的发展又有着重大影响。但是，不能由此得出结论，固定资产投资的经济活动包括建筑产品的生产活动，也不能认为建筑业是附属于基本建设的一个物质生产环节。在市场经济条件下，两者之间关系的经济本质，是建设项目业主与建筑业（直接体现为建筑企业）之间的商品交换关系，即建筑产品的买与卖的关系。可见，基本建设是投资者（建设项目法人）运用投资形成固定资产的经济行为，属于买方的购买活动；建筑业是建筑产品并最终转化为固定资产的建造者，其活动属于卖方的生产经营活动。它们之间通过经济合同形式相互联系，在平等的基础上实现公平交易。只有正确认识并处理好两者之间的这种经济关系，才有利于基本建设任务的完成和有利于建筑业的健康发展。

二、建筑业与房地产业的关系

(一) 房地产业的概念与范围

随着商品经济的发展，社会主义市场经济的确立，住房制度的深化改革，房屋实行商品化，在我国国民经济中又形成为一个独立的行业——房地产业。所谓房地产业，是指从事房屋和地产的开发、经营、管理和服务的综合性行业。房地产业的内容包括：土地开发，房屋的建设、修理和管理，土地使用权的有偿划拨、转让，房屋所有权的买卖、租赁，房地产的抵押贷款,以及由此形成的房地产市场。

按照我国国民经济行业分类的国家标准,房地产业包括的范围是:

(1) 房地产开发与经营业。包括各类房地产经营公司、房地产信托公司、房地产交易所,房地产租赁、房地产抵押等经营单位。

(2) 房地产管理服务业。包括对住宅发展管理、土地批租经营管理和其他房屋和管理等单位。也包括兼营房屋零星维修的各类房管所(站)物业管理单位和房地产估价所。不包括房管部门所属独立的维修公司(队)。独立的房屋维修公司(队)列入土木工程建筑业中。

(二) 建筑业与房地产业的关系

房地产业是与建筑业密切联系的产业之一。房地产业的主要业务是从事房地产的开发与经营,按其性质,属于建筑产品的流通环节,在国民经济分类中,房地产业列入第三产业。建筑业是从事建筑产品生产的物质生产部门,在国民经济分类中列入第二产业。但是,这两者之间又有着密切的联系。房地产业从事建设用地开发和商品房屋建造及配套设施建设的建筑安装活动,属于建筑业活动的组成部分。建筑业和房地产业之间的联系,也是按照商品交换的方式来实现的。建筑业同时从事房地产业的开发和经营业务,属于"一业为主、多种经营"的兼营业务。在市场经济中,这是一条生产经营规律,它可以分散企业的风险,多方盈利。但是,按照国家对行业的分类标准,其活动的性质分属于建筑业和房地产业。因此,应分别按照所属行业的特点和管理规定开展生产经营活动。

本 章 小 结

1. 建筑生产活动是人类社会生产活动的重要组成部分,其目的是建造建筑物。建筑业的形成经历了一个历史发展过程。社会生产力的发展,建筑需求的扩大是建筑业形成的前提,建筑生产力的提高则是形成建筑业的基本条件;建筑业的形成是生产社会化、社会分工的必然结果。

2. 建筑业是国民经济中,以生产建筑产品为对象的物质生产部门。建筑业由勘察设计业、建筑安装业、建筑工程管理及咨询业组成。建筑产品及其生产的特点,决定了建筑业具有不同于其他产业的特征:是从事建筑产品生产和经营的产业;是劳动密集型的产业;是耗费大量物质资源的产业;是与改造社会环境密切联系的产业;是一个综合性的产业。

3. 建筑业在国民经济中有着重要作用,主要是:提供建筑产品,满足社会发展生产,改善人民生活的需要,同时创造大量增加值;建筑业的发展能带动相关产业的发展;能容纳较多劳动力;发展国际承包业务,扩展外贸和创汇;对国民经济的发展有着一定调节作用。建筑业在国民经济中的作用,决定了建筑业是国民经济中的支柱产业之一。

4. 建筑业与基本建设既有区别,又有联系。两者是两种不同性质的经济活动,在完成基本建设任务中各自承担不同的任务,但实现固定资产的再生产则是两者共同目标;在市场经济条件下,两者之间是一种商品交换关系。

5. 建筑业与房地产业分属于第二产业和第三产业,但两者的生产经营业务往往有所交叉,相互联系。

复 习 思 考 题

1. 建筑的含义是什么？我国的建筑业是怎样形成和发展起来的？
2. 建筑业的性质是什么？它包括哪些行业内容？
3. 建筑产品及其生产具有哪些特点？建筑业具有哪些特征？认识这些特征的意义何在？
4. 建筑业在国民经济中具有哪些作用？
5. 建筑业与基本建设和房地产业的区别和联系何在？

第二章　社会主义市场经济与建筑业的运行机制

第一节　社会主义市场经济的基本特征

一、市场经济的一般属性

（一）市场经济的含义

要说明什么是市场经济，首先要了解什么是市场。市场有广义和狭义之分。狭义的市场是指有形市场，也就是商品交换的场所。其特点是有固定的场所进行商品交易，商品的价格公开标明，如商店、集市贸易等都属于这类市场。广义的市场不仅包括有形市场，还包括无形市场。所谓无形市场是指没有固定的交易场所，靠广告、中间商及其他交易形式，寻求货源或买主，沟通买卖双方，促进成交。如某些技术市场、信息市场等都属于无形市场。

无论是哪种市场，都由买方和卖方或者供给和需求两个方面构成并形成相应的关系。如果某种商品的供给大于需求，买方就会处于强势地位，卖者之间就会争相降价出售，从而引起价格下跌；另一种情形是：需求大于供给，买者就会争相提价购进，从而引起价格上涨。所以从这个意义来讲，市场是供求关系的总和。

从由于供求关系引起价格的涨跌的深层次原因来看，还在于生产与消费之间的衔接。用于供给的商品来自生产，购买的商品进入消费。供求不平衡的原因在于生产量的过多或过少，需求者的需求量的增大或减弱。某种商品生产的过多过少，说明分配为该种商品生产的资源过多或过少。供求关系虽然会影响价格，但是价格又会影响消费。价格上涨，消费者的需求就会降低，但由于生产该种商品有利，分配给它的资源（人力、物力、财力资源）会相应增加而使生产增加进而扩大供给。供给增加，需求减少，达到平衡以后，如果过程继续下去，又会出现一个价格下跌，生产和供给减少而需求和消费增加的过程。

从上述可见，借助于市场交换关系，依靠供求、竞争、价格机制，组织社会经济运行，调节社会资源配置和人们利益的经济称为市场经济。概括地说，在市场调节下运行的经济，就是市场经济。

（二）市场经济与商品经济的区别和联系

正确认识市场经济与商品经济的关系，是加深认识市场经济的基础。市场经济与商品经济既有联系，又有区别。市场经济属于商品经济的范畴，商品经济是市场经济的基础。商品经济是社会分工基础上形成的交换经济，离开交换，也就不存在商品和商品经济。而交换关系的总和，就是市场。所以，商品经济又是由市场来联系和协调的经济。无论是商品经济或市场经济，都是以社会分工和不同所有制存在为基础的，正如列宁所说："哪里存在社会分工和商品生产，哪里就有市场"❶ 它们所反映的基本内容都是商品生产和商品交换，

---

❶《列宁全集第一卷》，第83页。

它们都要受价值规律作用的影响，而市场机制既是商品经济的内在机制，也是市场经济的内在机制。市场经济虽然属于商品经济的范畴，但不意味着市场经济就等于商品经济。它们之间又存在着一定的区别。主要表现在：

1. 商品经济与市场经济所反映的内涵不同

商品经济是人们通过价值形式相互交换劳动的经济形式，与商品经济相对的是自然经济或产品经济形态。而市场经济主要是指社会经济活动的调节方式或资源的配置方式。社会资源的有限和社会需求的无限是社会发展中面临的共同经济问题，为了尽可能使需求得到满足，使资源得到有效合理的最佳配置，人们寻求最佳的方式来配置资源。在现代社会，资源的配置有两种方式，一种是市场方式，另一种是计划方式。资源的配置，以计划为主，通过行政指令由政府来分配、调节，就称为计划经济；资源的配置，以市场为主，通过市场机制、利益原则引导资源的配置，就称为市场经济，与市场经济相对应的是计划经济而不是商品经济。

2. 市场经济包括的范围较商品经济包括的范围更为广泛

商品是为市场而生产的，凡是作为商品的劳动产品都要投入市场，通过交换，实现其价值。但是，随着商品经济的发展，一些不是劳动产品，没有价值的东西，如土地、商誉等；或者如企业资产"纸的复本"股票、债券等，由于它们能带来一定的收入，也都有价格，可以买卖，构成市场经济的组成部分，从而使市场经济的范围超出商品经济所包括的范围。

3. 市场经济是商品经济发展到一定阶段的产物

从商品经济和市场经济的历史发展过程来看，市场经济是商品经济发展到一定阶段的产物，或者说市场经济是发达商品经济的表现形式。

以交换为目的的商品生产，早在原始社会的末期就产生。但是，在资本主义社会以前，由于自然经济在社会中处于统治地位，没有形成全国范围内的市场体系，市场结构比较单一，尽管作为商品交换场所的市场存在，但不能因此称为市场经济，而只能称为商品经济（简单商品经济）。随着社会生产的高度发展，生产社会化的程度日益提高，社会经济联系日趋频繁，市场范围急剧扩大，当一切商品和生产要素的交换都通过市场，市场机制成为资源配置的基本形式时，商品经济就表现为市场经济。所以，市场经济实际上是一种社会化的商品经济，是商品经济的高级表现形式。

4. 市场经济与商品经济在反映价值规律作用方面也有所不同

价值规律既是商品经济的基本规律，也是市场经济的基本规律。商品经济反映的主要是价值决定规律，即商品的价值由社会必要劳动决定的规律。市场经济反映的主要是价值实现，即价格形成、涨落的规律。它又包括需求规律、供给规律、竞争规律的作用，还包括货币供给、货币需求以及流通所需货币的作用等等。当然，这些规律的作用都是互相联系的，但它们在商品经济和市场经济条件下所反映的侧重面却有所不同。

（三）市场经济的性质

1. 市场经济具有社会性

马克思指出："社会，即联合起来的单个人"[1] 就社会经济生活而言，市场是商品交换

---

[1] 《马克思恩格斯全集》第46卷（下）第20页。

的场所，既是生产和消费的连接点，也是商品生产者发生社会联系的场所。商品生产者生产商品的活动是独立进行的，彼此之间并没有联系。正是通过商品交换活动，才表现出各经济主体不是孤立存在而与其他人、与社会发生联系，即具有社会性。商品交换不限于一时一地供给者与需求者的关系，由于货币的媒介作用，它在完成某件商品的交换以后，往往又继续进行交换，如此不断流通，实际上会把全社会生产者与消费者、供给者与需求者联接起来。因此，当全国统一市场的形成，是社会经济生活的充分表现。当市场扩大到世界范围，形成世界市场以后，经济生活的社会性也就超出国界而且有世界性。

2. 市场经济具有主体多元性和公平性

市场经济的社会性决定它具有产权明确的主体的多元性和平等性。所谓市场主体，是指在市场上从事交易活动的组织或个人。市场主体既包括自然人，也包括以一定组织形式出现的法人，既包括盈利性机构，也包括非盈利性机构。在通常情况下，市场主体包括企业、居民、政府和其他非盈利性机构，而企业是最重要的市场主体，这也就是所谓市场主体的多元性。如果不存在多元的经济主体，就不会有商品交换，也就不会有市场经济。在市场交换活动中，市场主体都是平等的一员，一切行为出于当事人的自愿，按照等价交换的原则，进行公平交易活动。

3. 市场经济具有自发性和盲目性

多元的市场主体，各自对市场的行情进行分析和判断，各自根据利益最大化原则进行决策。因而市场趋向是受无数个人意志和行为不同的个人力量的作用形成合力的结果。这就使得市场活动具有自发性和盲目性。市场用"一只看不见的手"支配着每一个生产者和消费者，决定他们按市场的要求办事。在现代市场经济中，虽然有国家对市场的调控，但基础依然是市场调节，市场经济按其本性仍旧带有一定的自发性和盲目性。

（四）市场经济的一般特征

从以上说明可以看出，在市场经济条件下，市场成为社会经济运行和资源配置的主要的、基本的方式。其他调控方式，如计划调节等，也必须建立在市场机制基础上，作为对市场机制的完善而存在。市场经济的一般特征，主要体现在以下几个方面：

1. 市场活动的自主性

在市场活动中，以明确的产权关系所形成的市场主体，他们都具有独立性，并按照自己的意图，从追求自身最大化的利益出发，独立自主地参与市场活动，作出相应的决策，而且承担市场活动的风险。

2. 市场活动的开放性

在市场经济条件下，形成完善的市场体系是市场经济构成的基本要素。市场经济条件下的市场活动是在统一的大市场进行的。所有的各个市场主体，自由地在统一的大市场从事市场活动，而且随着市场范围的扩大，参与国际分工合作，从而使市场活动国际化。

3. 市场活动的公平性

如上所述，参与市场活动的一切行为出于当事者的自愿，按照各种买卖关系的等价交换原则进行公平买卖活动，商品所有者与货币持有者在市场上均处于平等地位。

4. 市场活动的竞争性

在市场经济条件下，供给与需求之间的矛盾客观存在，市场活动参与者之间的竞争不可避免。所以，市场经济本质上是一种竞争经济。在市场竞争中，对市场活动参与者如何做到卖其所有，买其所需，获得利益，既是动力，又是压力，在激烈的市场竞争中，风险丛生，或者生存得发展，或者破产被陶汰，这种情况也是必然存在的。

（五）现代市场经济的一般特征

随着市场经济的发展，市场经济的一般特征在原有基础上，又逐渐有所发展，形成现代市场经济特征。主要表现在以下几个方面：

1. 经济关系市场化

社会的一切经济活动，不仅仅是商品，而且包括各个生产要素，都直接或间接地处于市场关系之中，市场机制自动地调节着社会经济运行中的各种经济关系。

2. 市场行为自主化

社会所有的企业都是市场上自主经营的法人主体，拥有从事市场经营活动的全部权力，因而各种产权关系明确，其经济利益亦随着产权和市场的状况而决定。

3. 宏观经济控制化

由于市场调节有自发性和盲目性的局限，政府对社会经济活动进行宏观控制，干预市场的运行。当然这种干预不是政府对企业的生产经营活动进行直接干预，而是通过制定财政货币政策，非指令性的经济计划来调节和规范市场运行。

4. 市场管理法制化

为了规范市场行为，政府制定相应的政策法规。市场的各种经济活动，应当按照相应的经济法规来进行；市场管理部门则按照相应的经济法规来评价和协调市场活动，使市场活动管理法制化。

5. 市场活动规则国际化

由于市场经济活动超越国界，世界范围内的市场活动越来越多。因此，在参与国际市场活动中，要遵守国际交往中通行的规则和惯例。

总之，现代市场经济，是激烈竞争和市场有序并行，有宏观管理和调控的市场经济。作为市场经济应具有的一般特征，其对于资本主义市场经济与社会主义市场经济并不存在根本的差别，都是适用的。

二、社会主义市场经济的基本特征

社会主义市场经济，是社会主义条件下的市场经济的简称。它具有市场经济的共性，同资本主义条件下的市场经济在运行规则上是相通或相似的，两者大体上是差不多的。正如邓小平同志所说："社会主义的市场经济方法上基本上和资本主义相似。"但是，也必须看到，在社会主义条件下，市场经济是和社会主义的经济制度结合在一起运行的，因而也就必然会形成一些特征。主要是：

（1）社会主义市场经济，是以生产资料公有制为主体，多种所有制经济共同发展的市场经济。

生产资料公有制，是社会主义经济制度的基础。由于生产力的发展水平所限，我国还处于社会主义的初级阶段，不可能建立起单一的公有制，而是以公有制为主体，个体经济、私营经济、外资经济为补充，不同经济成分还可以自愿实行多种形式联合经济的多种经济成分长期共同发展的所有制结构。这种所有制结构，是社会主义市场经济运行的基础，也是与在生产资料资本主义所有制为主体条件下的市场经济不同的特征之一。

（2）社会主义市场经济实行以按劳分配为主体、多种分配方式并存的制度。

在社会主义市场经济中，社会主义公有制是主体，在公有制范围内的个人消费品实行按劳分配原则。由于多种经济成分并存等方面的原因，在我国现阶段还不能实行单一的按劳分配，还必须把按劳分配和按生产要素分配结合起来，坚持效率优先，兼顾公平，鼓励一部分人通过诚实劳动和合法经营先富起来，鼓励资本、技术等生产要素参与收益分配，并规范收入分配，使收入差距趋向合理，防止两极分化，逐步实现共同富裕，从而以利于优化资源配置，促进经济发展，保持社会稳定。社会主义市场经济分配上的这一特征，与资本主义市场经济以私有制为基础，财产的私人所有必然导致私人资本的无限扩张和收入的两极分化，又是社会主义市场经济与资本主义市场经济的又一重要区别。

（3）社会主义市场经济是能够更好地发挥计划与市场的长处，对社会经济实行宏观调控的市场经济。

市场经济并不是完全放任的自由市场经济。在社会主义条件下的市场经济，同资本主义制度下的市场经济一样，需要对社会经济进行宏观调控。社会主义国家能够充分发挥计划和市场的长处，通过制定经济政策，制定经济法规，实行计划指导和必要的行政管理等手段，对社会主义市场经济实行强有力的国家宏观调控，创造一个良好的经济环境，以确保市场经济的有序进行。

社会主义市场经济的上述特征，是社会主义市场经济与资本主义市场经济的不同之处。由于生产资料所有制形式和分配方式的不同，社会主义市场经济与资本主义市场经济还有以下的区别：一是发展经济的目的不同，资本主义市场经济是为了满足资本家获取最大限度的剩余价值的需求；社会主义市场经济是为了满足人民群众日益增长的物质文化生活需要，实现共同富裕。二是经济利益关系的性质不同，资本主义市场经济是资本与雇佣劳动之间对抗性的阶级关系；社会主义市场经济则是全体劳动者的根本利益一致的关系。第三是计划调节的有效程度不同，资本主义市场经济中的计划调节受私有制制约使其调节程度有限；社会主义市场经济以生产资料公有制为基础使计划调节程度有效性增大。

综上所述，社会主义市场经济是与社会主义制度相结合的市场经济，是在社会主义公有制为主体的基础上，在国家宏观调控下，主要由市场配置资源的经济运行方式。

第二节 建筑业的运行机制

一、建筑业经济运行机制的概念

（一）建筑业的经济运行

马克思指出："不管生产过程的社会形式怎样，它必须是连续不断的，或者说，必须周而复始地经过一些阶段。一个社会不能停止消费，同样，它也不能停止生产。因此，每一个生产过程，从经常联系和它不断更新来看，同样也就是再生产过程[1]"。

这种在一定社会特定因素作用下进行的再生产过程，也就是社会的经济活动，或者称为经济运行。

建筑业为社会提供建筑产品的再生产过程，也就是建筑业的经济运行，它是社会再生产过程或经济活动的有机组成部分。建筑业经济运行的方式，决定于整个社会经济运行的

---

[1] 《马克思恩格斯全集》，第23卷，第62页。

方式。经济运行的方式,是指特定因素作用下的经济运行;这些因素包括法律,管理体制和调节手段等等。所以,经济运行反映的是在各种因素制约下的经济活动过程。

(二)建筑业经济运行的机制

1. 机制的含义

所谓机制,原意是指机器的构造和传动原理。生物学和医学通过类比借用机制一词,指组成一个有机体的部分之间所形成的、能够使这个机体不断运动、发展的相互关系或者相互联系的方式。

经济学科引入机制一词,经济机制是指在经济活动有机整体中,各部分的相互制约和联系的方式。

2. 建筑业经济运行机制的内容

在建筑业的建筑产品再生产过程,即经济活动或经济运行过程中,必然要发生各种经济关系。主要是:

(1)建筑业所含企业、单位与国家政府之间的关系。建筑企业、单位从事建筑产品的生产经营活动,必须服从国家的宏观调控和管理,受国家管理经济方式的制约,并按规定进行国民收入的初次分配,为国家提供积累。

(2)建筑业所含企业、单位与建设项目业主之间的关系。建筑企业生产的建筑产品,直接满足建设项目业主的需要,既是某一建筑活动的起点,又是某一建筑活动的归宿。所以,它是建筑业经济运行中的主要经济关系。

(3)建筑业所含企业、单位与国民经济中相关部门所属企业、单位之间的关系。在建筑产品的生产过程中,必须具有劳动资料和劳动对象。这些生产资料,相当大部分有赖于相关产业部门所属企业提供,这是建筑经济活动正常进行的基本条件。所以,建筑企业必然和这些相关企业有着密切的经济关系。

(4)建筑业所含企业、单位相互之间的关系。按照社会化大生产和社会分工的原则,在建筑业中包括若干不同专业化、或不同经济性质、不同规模的企业单位。它们的生产经营活动,都直接或间接与建筑产品的生产相联系,它们之间往往围绕着某一建筑产品的建造而进行生产经营活动。所以,在它们之间必然要发生经济关系。建筑业内部企业、单位之间的经济关系,也是构成建筑业经济运行中的一个重要因素。

(5)建筑业所含企业、单位与职工之间的关系。建筑企业、单位的职工为建筑产品的建造而辛勤劳动,他们实际上是建筑业经济活动中的支撑者,正确处理好企业、单位与职工之间的关系,调动职工的生产和工作积极性,是保证建筑业经济正常运行的一个极其重要的因素。

(6)建筑业所含企业、单位与海外承包工程的关系,等等。

上述建筑业再生产过程中所形成的这些经济关系涉及生产、分配、交换、消费各个环节,形成建筑业经济活动的有机整体,它们在建筑业的经济运行中互为联系,互为作用,互为制约。所以,建筑业经济的运行机制就是指组成建筑业经济活动这一有机整体的各个组成部分之间的相互制约关系和联系方式,或者概括为建筑业经济活动过程中各种关系的总和。

3. 建筑业的经济运行机制决定于经济体制

建筑业的经济运行采取哪种方式,是由国家实行的经济体制决定的。所谓经济体制,是指一定社会经济制度下,由组织生产、流通、分配的具体形式以及管理制度、管理方法、管理机构等构成的体系。经济体制体现了参与社会经济活动的各个方面和各单位在再生产过程中的地位及相互之间的经济关系和经济利益,还体现了国家干预经济生活,对社会再生产过程进行管理的方式和作用。一个国家在不同时期实行不同的经济体制,决定了不同时期的经济运行机制各不相同。如在我国,曾经实行高度集中的计划经济体制,后来根据形势发展的要求,又决定建立社会主义市场经济体制。在这两种不同的经济体制下,整个国民经济的运行机制不同,当然作为国民经济组成部分的建筑业的经济运行机制也就不一样。

国民经济有机体的运行机制,随着经济体制的变化而变动,随着经济体制的完善而完善。当前,我国正处于从计划经济体制向社会主义市场经济体制的根本转变时期。所以,建筑业新的经济运行机制随着经济体制的转变而正处于逐步形成和健全的过程中。

二、建筑业经济运行机制的更替

(一)计划经济体制下建筑业的经济运行机制

我国在20世纪50年代初期开始实行计划经济体制,一直持续了近30年。计划经济的基本特征是,社会经济的运行,即生产什么产品、生产多少、由谁生产,以及相应的资源配置、产品的分配都由国家通过制定计划来决定,国家对国民经济的运行实行高度集中的计划管理。

在高度集中的计划经济体制下,建筑业的全部经济活动都纳入国家高度集中管理的计划轨道。主要体现在以下几个方面:

(1) 建筑业所含企业、单位与国家的关系方面表现为、企业的生产任务,由国家下达计划决定,所需的各种生产要素由国家计划分配,企业的经济收益由国家统收,企业职工的工资按国家统一规定的标准支付,企业发展所需的固定资产,统一按计划由国家投资,企业的盈亏也由国家统负。在这种体制下,建筑企业单纯成为为完成国家计划而生产,既没有独立的经济利益,也不承担任何经济责任;既没有生产经营自主权,也没有任何风险,实际上成为政府行政机构的附属机构。

(2) 建筑业所含企业、单位与建设单位的关系方面,由于排斥商品生产,不把建筑产品作为商品进行等价交换,实际上使建筑企业形成依附于建设单位,为完成固定资产投资的单纯提供劳务的单位。

(3) 建筑业所含企业、单位在与相关部门所含企业的关系方面,由于不存在完整的市场体系,企业单位之间的关系,主要是依据国家计划而联系形成的协作关系;建筑业内部企业、单位之间,同样是按计划形成的协作关系。

(4) 建筑业所含企业、单位在与职工的关系方面,犹如国家把企业包起来一样,职工也由企业包起来,职工一般也不能在地区间、单位间自由流动;职工的生老病亡事宜都由企业负责处理。

我国实行的这种高度的计划经济体制,在特定的历史条件下,为集中全国的资源进行社会主义建设,奠定社会主义的工业化基础,发展经济和复兴民族意识曾经发挥着积极的作用。但是,随着社会经济的发展,计划经济体制的弊端日益明显地暴露出来,在很多方面束缚了社会生产力的发展。这是因为,计划经济实际上是一种实物分配经济,它限制商品经济的发展,否定市场机制的作用,而商品经济是实现现代经济发展的必由之路;计划经济又是一种依附经济,它使企业依附于国家,职工依附于企业,在一定程度上限制了企业和职工积极性的发挥，而充分调动企业和职工的积极性，是发展社会主义经济的根本保证；计划经济是通过计划来配置资源，组织社会的经济活动，但是，由于对现代复杂多变的现代化生产难以进行准确的预见和测算，把计划作为资源配置的主要手段，在实际经济生活中必然会遇到很多矛盾的困扰，传统的计划（指令性计划），就不可避免地暴露出局限性。针对原有计划经济体制的弊端和我国处于社会主义初级阶段的具体国情，我国在总结经济建设经验的基础上，选择了建立社会主义市场经济体制，使市场在国家宏观调控下对资源配置起基础性的作用，调动各方面的积极性，以促进社会生产力的发展，推动我国的社会主义现代化建设。

（二）社会主义市场经济体制下建筑业经济的运行机制

实行社会主义市场经济体制以后，建筑业经济的运行机制将发生重大的变化。其基本特征是建筑业的经济活动，将从单一的计划轨道转变为在国家宏观调控下的市场经济轨道上运行。

1. 社会主义市场经济条件下，建立建筑业经济运行机制的前提

社会主义市场经济是以社会主义商品经济的存在和发展为前提条件的。在社会主义商品经济条件下，建筑业为社会建造的建筑产品，必然具有商品的属性，建筑业的生产也必然属于商品生产；建筑业的经济活动必然属于以商品交换为特征的经济活动。价值规律既是商品经济的基本规律，也是市场经济的基本规律。在社会主义市场经济条件下，价值规律的具体体现和要求，是通过市场机制来贯彻和实现的。市场机制的运行过程亦就是价值规律发生调节作用的过程。而市场机制其基本构成主要包括价格机制、供求机制、竞争机制和风险机制，这些机制相互联系、互为条件，组成一个有机制约的体系。建筑产品的生产既然属于商品生产，价值规律必然发生作用，市场机制的作用也就必然存在而不可避免。因此，不仅在理论上，而且在实践上确认建筑产品生产属于商品生产，是构建社会主义市场经济条件下建筑业运行机制的前提条件。

2. 社会主义市场经济条件下，建立建筑业经济运行机制的原则

（1）确立建筑企业独立自主的商品生产者的地位。在社会主义市场经济条件下，要把建筑企业确立为自主经营、自负盈亏、自我发展、自我约束、具有法人资格的经济实体，使之成为独立参与市场活动的主体。建筑企业作为市场主体，一般具有以下特征：

第一，独立性。它的生产经营活动不受政府和其他市场主体的直接干预。市场主体的独立性，集中地表现它拥有充分的生产经营自主权。

第二，盈利性。作为市场主体的建筑企业，是自负盈亏的经济实体。追求盈利是企业活动的动力和目标，是推动企业技术进步和生产发展的源泉，也是开展市场竞争，使价格、供求、风险等市场机制充分发挥作用的必要条件。但是，企业追求盈利，应当是企业利益与社会整体利益保持一致，这就需要对企业盈利性加以引导和必要的约束。

第三，关联性。在现代经济中，市场主体是一个有机联系的社会生产力大系统，它们相互之间具有强烈的关联性。这种关联性，是由社会化的分工体系所决定的。因此，某一市场主体的行为发生变化，便会通过复杂的供求链引起其他市场主体行为发生变化。

第四，组织性。建筑企业作为市场运行的主体，是一个生产、分配、交换、消费的管理协调系统，它应是能够对于客观环境变化自动作出适应性调整的自组织系统。当市场环境发生某种变化时，企业应能自动、及时作出反映，并根据自身条件，对各种生产要素进

行重新组合,对生产经营战略和策略作出合理调整,以适应新的市场环境。企业如果缺乏这种自组织性,就有可能在市场竞争中被陶汰。

(2) 产权明晰、政企分开,政府转变职能。建筑企业要成为独立自主的经济实体,一个极其重要的条件是要有明确的产权。所谓产权,是指财产(或资产)的所有权。具体地说,产权是指资产的所有者对资产所拥有的占有权、使用权、收益权和处置权。

在传统的计划经济体制下,我国国有建筑企业的产权关系并不明晰。国有建筑企业的资产国家代表全民拥有所有权,而国家的所有权,又表现为国家通过其委托管理的各级政府的机构对资产进行管理。在这种情况下,出现产权不清的弊端是明显的。主要表现在:企业的原始产权不清,企业财产的实际所有者不明确;企业不是真正的法人,不具备真正的法人所有权,因而缺乏独立性;企业产权缺乏市场交易性,难以转移。

产权不清,是导致政企不分的根源。国家既是国有建筑企业的法律拥有者,又直接干预企业的生产经营活动,这样一方面造成企业的所有者是抽象的国家,即所有者主体缺位;另一方面,使国家有关行政机构成为企业的当然所有者。在这种情况下,企业依附于政府主管部门,成为行政机关的附属物,呈现政企不分的情况。其后果是,权责不明确,企业不能形成独立的商品生产经营者,国有资产不能有效地发挥其应有的作用,甚至使国有资产流失。因此,理顺国有资产的产权关系,实行政企分开,转变政府职能,是建筑企业构建新的运行机制的一项重要原则。

(3) 按照价值规律的要求,形成建筑产品的价格机制。价格机制是市场机制的核心,是价值规律的直接作用形式。价格机制,是竞争过程中市场价格与供求变动之间的联系和作用的机制。按照价格机制的要求,一是作为商品的建筑产品的价格要基本上符合价值,能反映生产建筑产品所耗费的社会必要劳动时间量;二是建筑产品的价格应当反映建筑产品供求关系的变化,价格同价值有一定程度的背离。因为,价格是价值的货币表现,价格必须反映价值。建筑产品的价值,即耗费的社会必要劳动量是随社会劳动生产率的变动而变化的,因而建筑产品的价格也须相应地变化。由于建筑产品的价格不仅要反映价值,还要受供求关系的影响,使价格高于价值或低于价值,所以,建筑产品的价格也应当反映供求关系的变化。以此为基础,就必须建立,健全建筑产品合理的价格形成机制。所谓价格形成机制,是指价格形成的条件和方式。它一般包括两个方面的内容,一是价格形成的主体,即定价权属于谁,二是价格形成的方式,即价格不是自发形成,价格形成主体决定着价格形成的方式。只有建立起合理的价格形成机制,才能使价格灵活、准确反映资源的稀缺程度;只有建立有效的价格管理体制,才能形成良好的价格秩序,充分发挥价格的调节功能。

长期以来,建筑产品是按照国家的统一规定,用基本建设预算定价取费制代替和管理建筑产品价格。在这种价格管理体制下,建筑产品的定价权属于行政管理部门,建筑产品价格既不完全反映建筑产品的价值,造成价格与价值的严重背离,也不反映供求关系,使建筑产品价格的形成脱离建筑市场。在这种价格管理体制下,企业难以走向市场,参与公平竞争,做到自负盈亏。

随着社会主义市场经济体制的建立,通过深化改革,逐渐建立和完善在国家的宏观指导下,通过市场竞争,形成既反映建筑产品价值,又反映供求关系的建筑产品价格形成机制,是构建社会主义市场经济条件下建筑业经济运行机制的又一重要原则。

3. 社会主义市场经济条件下,建筑业经济运行机制的模式在社会主义市场经济条件下，建筑业经济运行机制形成如下的模式，即构成建筑业的基本经济组织——建筑企业成为经济运行的主体；建筑企业通过市场实现与建设项目业主及相关企业单位之间的联结，它们之间的关系表现为商品交换关系；国家则通过采取相应的手段，对市场活动进行调节，影响建筑企业。

在建筑业新的经济运行机制下，较计划经济体制下的运行机制，呈现如下的特点：

（1）建筑业成为经济运行的主体，它虽然要接受国家的领导和管理，但它是一个独立的有经营自主权的经济实体。它不再是国家行政机构的附属物，它生产什么，要根据建筑市场的需求而定，不再是由国家直接下达生产任务；优胜劣汰的规律给企业以动力和压力，不再受国家的直接保护，它要通过改善经营管理，技术进步，参与市场竞争来获得经济效益，求得生存和发展。

（2）建筑企业与建设项目业主之间承建工程的关系，是建筑产品的商品交换关系，而不是提供劳务的关系；建筑企业与其他相关企业、单位之间的关系，是通过市场联结的商品交换关系，这种关系不仅是协作关系，而且是不同经济实体之间的利益关系。在建筑业内部，企业、单位与企业、单位之间的关系，同样是经济利益主体之间的商品交换关系，应当遵循等价交换的原则进行交换活动。

（3）政府行政机关不再直接干预建筑企业的生产经营活动，国家通过采取相应的经济手段和法律手段调节市场，通过市场导向建筑企业的决策，影响建筑活动。

综上所述，企业——市场——国家之间的关系是：建筑企业通过市场活动获得生产任务和获得盈利，实现生产经营的良性循环；而要使市场活动符合宏观经济发展的目标，国家对市场进行控制和调节；建筑企业为了获得最大化的盈利，就要对市场的变化作出灵敏有效的反应，作出正确的生产经营决策。建筑业的这个经济活动过程，也就是建筑业在社会主义市场经济条件下经济运行机制发挥作用的方式和过程。

本 章 小 结

1. 构成建筑业新的经济运行机制的基本依据，是国家决定实行的社会主义市场经济体制。在市场调节下运行的经济，称为市场经济。商品经济是市场经济的基础，市场经济是商品经济的高级表现形式。市场经济具有社会性、主体多样性与公平性以及自发性和盲目性的性质，其一般特征是市场活动的自主性、开放性、公平性和竞争性；现代市场经济的特征是，经济关系市场化、企业行为自主化、宏观经济控制化、市场管理法制化和活动规则国际化。

2. 社会主义市场经济是与社会主义制度相结合的市场经济，是在社会主义公有制为主体的基础上，在国家宏观调控下、主要由市场配置资源的经济运行方式。基本特征是：以生产资料公有制为主体、多种所有制经济共同发展；实行以按劳分配为主体，多种分配方式并存的制度；能更好地发挥计划与市场的长处，对社会经济实行有效的宏观调控。

3. 社会的再生产过程，也就是经济活动，或经济运行。建筑业的再生产过程，是社会再生产过程的组成部分。建筑业在经济运行中所发生的各种相互制约的经济关系及其联系方式构成建筑业经济运行的机制。

4. 建筑业的经济运行机制正处于从计划经济体制向社会主义市场经济的根本转变时期。实行社会主义市场经济以后，建筑业的经济活动将从单一的计划轨道转变为在国家宏观调控下的市场经济轨道上运行。确认建筑产品是商品，是构建社会主义市场经济条件下建筑业经济运行机制的前提；确立建筑企业独立自主的商品生产经营者的地位，实行政企分开，政府转变职能，按价值规律形成建筑产品的价格机制，是构建社会主义市场经济条件下建筑业经济运行机制的原则；建筑企业成为建筑业经济运行的主体，通过建筑市场实现建筑企业与建设项目业主和其他企业之间的联结，国家通过采取相应手段对市场活动进行调节，从而引导建筑业的经济活动，是社会主义市场经济条件下建筑业经济运行的方式。

复 习 思 考 题

1. 什么是市场经济？市场经济与商品经济有何联系和区别？
2. 市场经济的性质和具有哪些一般特征？
3. 什么是社会主义市场经济？社会主义市场经济具有哪些基本特征？
4. 何谓经济运行机制？它是由什么决定的？什么是建筑业的经济运行机制？
5. 在社会主义市场经济条件下，建立建筑业经济运行机制的前提是什么？应遵循哪些原则？
6. 在社会主义市场经济条件下，建筑业经济运行机制应形成什么样的模式？

第三章 建 筑 企 业

第一节 建筑企业的性质与地位

一、企业的含义与一般特征

（一）企业的含义

企业是商品经济发展的产物，是近代和现代经济的基本单位。企业是指在社会分工的条件下，从事商品的生产和经营，为满足社会的需要并获得盈利，进行自主经营、自负盈亏、实行独立的经济核算，具有法人资格的基本经济单位。

（二）企业的一般特征

作为社会基本经济单位的企业，具有以下的基本特征：

(1) 企业是从事商品生产和经营，以盈利为直接目的的经济组织。即是说，企业存在的目的是为了盈利，而获得盈利的手段是从事商品的生产和经营；它既有别于自给自足的经济单位，也不同于虽然要获得盈利，但并不以商品生产和经营为手段的事业单位组织。

(2) 企业有充分的生产经营自主权。按照市场需求，企业进行生产经营决策，能够独立自主地进行生产经营活动，处理与经济活动有关的经济关系，而不是某一行政机构的附属物。

(3) 企业拥有进行生产经营活动所须的人力、物力、财力和技术手段，并实行独立的经济核算，以自身的生产经营收入抵补支出，自负盈亏，对自己的生产经营后果，承担全部经济责任，并享有相应的经济利益。

(4) 企业具有法人资格。企业有权同其他企业单位签订经济合同，建立各种经济联系，企业的合法权益受到法律的保护，并依法行使法定的权利和承担相应的义务。

（三）企业的分类

在社会主义市场经济条件下，可以按不同的标志划分为不同类型的企业：

(1) 按所处经济领域不同，可分为生产型企业和流通型企业。

(2) 按所属的经济部门不同，可分为农业企业、工业企业、建筑企业、交通运输企业、邮电企业、商业企业和金融企业。

(3) 按生产资料所有制不同，可分为全民所有制的国有企业、集体所有制企业、私有制企业、合资经营企业。

所谓社会主义企业，是指以生产资料公有制为基础的全民所有制的国有企业和集体所有制企业，它们构成社会主义经济制度的基础。

二、建筑企业的性质和特征

（一）建筑企业的含义

在第一章曾经介绍，按照国民经济的分类标准，建筑业是由勘察设计业、建筑安装业、建筑工程管理、监督及咨询三大类组成。因而在建筑业相应存在从事有关业务的勘察设计机构（如勘察设计院、所等），建筑安装机构（如建筑企业、安装企业等），工程管理、监督及咨询机构（如工程监理公司、工程总承包公司、工程咨询公司等）。

广义的建筑企业，是建筑企业、安装企业和与之紧密相联系的企业的总称。

所谓建筑企业，是指从事建筑产品的生产经营活动，以满足社会需要，并以盈利为目的，依法进行自主经营、自负盈亏，独立核算，具有法人资格的基本经济组织。

建筑企业，是国民经济体系中的基层经济组织，是构成建筑业的重要组成部分。在社会主义市场经济条件下，建筑企业是市场的主体之一。

（二）建筑企业的性质

建筑企业是从事建筑产品生产和经营的经济组织，它是生产力和生产关系的统一体，建筑企业的性质可以从不同的角度来考察：

（1）从生产型企业和非生产型企业来看，建筑企业从事建筑产品生产，以满足社会所需的各类建筑产品，所以它属于生产型的企业，它不仅为社会建造建筑产品，同时还创造国民收入，为社会提供积累；同时，在商品经济条件下，建筑企业为社会提供建筑产品的活动，又是一种商品交换活动，因而建筑企业建造建筑产品的活动，又是生产活动与经营活动的统一。

（2）从生产资料的所有制形式来看，建筑企业又各具有不同的经济性质。企业的经济性质决定于生产资料的所有制形式。生产资料的所有制形式，是生产关系的基础，决定生产过程中人与人之间的关系和分配形式，决定生产的目的。在现阶段，我国既有社会主义公有制的建筑企业，包括全民所有制的国有建筑企业，集体所有制建筑企业，它们是社会主义经济基础的组成部分；同时，又存在非公有制的建筑企业，包括私营建筑企业，外资建筑企业等，它们是社会主义经济的补充。此外，还存在混合所有制建筑企业，包括股份制建筑企业，合资建筑企业和联营建筑企业等。在混合所有制企业中，往往也包括社会主义公有制的成分。

（三）建筑企业生产经营的特征

建筑企业除具有企业的一般经济特征以外，由于建筑产品及其生产所具有的技术经济特点，决定了建筑企业的生产经营活动具有以下一般工业企业不同的特征：

1. 建筑产品生产的特定性和单件性

一般工业企业，根据市场需要，批量生产不同类别和不同规格的产品在市场上明码标价销售，以满足社会需要。建筑企业则不然，它生产的建筑产品，是事先根据建筑项目业主的特定需要，按其使用功能进行设计，然后由建筑企业在预定的地点建造的。所以，建筑产品的生产具有特定性和预定性的特点。由于建设项目业主对建筑产品各有其不同的需求，而各种不同的建筑产品在规模、结构、造型、使用材料等各个方面都不会一样，因而建筑产品难以象一般工业品那样进行批量生产，而使建筑产品生产具有明显的单件性特点。建筑企业生产建筑产品的特定性和单件性这一特点，使得建筑企业的生产经营方式、生产组织形式、企业机构的设置、建筑产品的定价和经济核算等方面都较一般工业企业有很多不同的特点。

2. 生产组织机构的分散性、不稳定性

由于建筑产品的建造固定于一定的地点，体积庞大，并且又具有单件性的特点，因此，建筑产品不可能像一般工业品那样，在一定的生产组织形式下，按照一定的工艺流程在厂房内进行生产。建筑产品的生产组织机构，一般按照一个产品（建设项目）建立相应的生产组织机构来从事该产品的生产；企业同时在不同的地点建造建筑产品，就存在相应的组织机构，使得生产组织机构存在分散性的特点，而建筑产品建造完毕，该生产组织机构也就不复存在，而当建造另一建筑产品又重新组建新的生产组织机构。所以，建筑企业的生产组织机构又呈现不稳定性的特点。

3. 建筑产品的单件整体和分部工程的专业性

建筑产品作为最终产品，是建设项目业主所需要的具有完整性的建筑物和构筑物，它具有单一性的特点。而构成建筑物和构筑物的各个分部工程或工程施工的某一阶段或步骤，由于分工的日趋专业化，又使之独立成为一个专业性很强的工程，并组成相应的生产组织，甚至独立的企业从事该部分工程的施工，如设备安装、制品生产、机械施工等等。建筑产品的形成，是各分部专业工程协同配合的结果，而在建筑产品的生产过程中，又必然会形成各专业性工程组织之间的经济利益关系。正确处理好这些关系，是建筑企业生产经营管理工作中的一个重要方面，也是保证完成建筑产品生产任务的重要条件之一。

4. 建筑产品交易的订货性

由于建筑产品生产的特定性，使得建筑产品的交易有别于工业品的一般交易方式。即一般工业产品的生产在先，产品生产出来以后，再在市场销售，通过交易，产品作为商品在买卖双方转手。建筑企业生产建筑产品，则须事先在市场寻求购买者，通过投标方式实现中标，为买方认可后，方能进行建筑产品的生产。所以，建筑产品是交易在先，生产在后，类似订货交易。在这种交易方式下，建设项目业主先选择的不可能是已经完工的建筑产品，而是建筑企业。所以，建筑企业以自身的经济实力、技术水平、工程质量、履约守信、定价合理以及在社会上通过实际业绩建立起来的良好信誉和形象，在市场竞争中为建设项目业主认可，从而获得建筑产品的生产任务是至关重要的。

5. 建筑产品价格的组合性

由于建筑产品具有单件性的特点，所以建筑产品的价格要按社会公认的方式逐个核定。而建筑产品的价格又是由各分部分项工程的价格组成。在建筑产品由承担不同专业化生产的企业完成，分部分项工程的价值又转化为所提供的中间建筑产品的价格，作为在不同的建筑企业之间进行产品交易的计价依据。

三、建筑企业的地位和作用

（一）建筑企业在社会主义现代化建设中的作用

建筑企业是从事建筑产品生产并获得盈利的经济组织。它的基本任务是根据社会需要建造建筑产品。建筑企业在社会主义现代化建设中的作用，是通过建筑产品与社会再生产和改善人民的物质文化生活的关系来体现的。

建筑产品作为商品形态出现，它既具有实物形态，有其使用价值，它又凝结着人的劳动，具有价值。建筑企业生产的建筑产品在社会经济活动中的作用，可以分别从其实物形态和价值形态两个方面来说明。

1. 从建筑产品的实物形态来看

建筑产品按其用途，可概括为生产资料和生活资料两大类，涉及社会再生产的两大部类。属于生产资料性质的建筑产品，如厂房、铁路、公路、港口、堤坝、电站、生产设备的安装工程和线路、管道的敷设工程等等。这些建筑产品，是构成生产性固定资产的重要组成部分,形成国民经济各部门的物质技术基础,是保证社会扩大再生产的基本物质条件。建国以来,建筑企业完成了数以千计的重点工程建设为我国的社会主义工业化奠定了基础。随着社会主义现代化建设事业的发展,社会对这类建筑产品的需求将会越来越大,建筑企业将有更广阔的发展前景,在社会主义现代化建设中发挥更大的作用。

属于生活资料的建筑产品,如满足人们居住和文化生活需要的住宅和各类生活设施,对改善人民的生活发挥着十分重要的作用。随着社会主义经济的发展,人民的生活水平和生活质量将不断提高和改善,这也有赖于建筑企业提供相应的建筑产品。

建筑企业生产的建筑产品从占具的空间来看,遍及城镇和乡村,因而在城市建设、村镇建设中,建筑企业对于改善城乡面貌,美化社会生活起着明显的作用。

2. 从建筑产品的价值形态来看

建筑产品作为商品,具有价值。建筑产品的价值,是由生产建筑产品消耗的生产资料的价值(c)、劳动者为自身创造的价值(v)、劳动者为社会创造的价值(m)三部分构成。建筑产品的总值是构成社会总产值的重要组成部分。建筑产品消耗的大量生产资料,是由国民经济中相关部门的企业提供的。建筑企业生产建筑产品,既要由相关企业提供生产资料作为保证,同时又推动相关企业生产的发展。建筑产品价值中的 v+m 部分,构成国民收入,这是建筑企业生产建筑产品新创造的价值;属于 m 部分,是积累的源泉,进行扩大再生产的重要条件。

无论是属于生产资料性质的建筑产品,还是属于生活资料的建筑产品,其价值都是构成固定资产价值的重要组成部分,形成社会的物质财富。可见,建筑企业在社会主义现代化建设中,对于推动社会生产的发展和改善人民的物质文化生活都起着十分重要的作用。建筑业在国民经济中的作用,主要是由建筑企业直接而具体地体现出来的。

(二)建筑企业在现代化建设中的地位

建筑企业在社会主义现代化建设中的地位,是由它在社会主义现代化建设中所起的作用决定的。建筑企业的地位,随着人们认识的变化,经历了一个发展过程。过去,在计划经济体制下,曾经片面地视建筑企业为吃固定资产投资的消费性劳务组织,建筑企业处于一种依附地位,缺乏独立自主性,因而限制了建筑企业更好地发展。

随着社会主义商品经济的发展,特别是在建立社会主义市场经济的条件下,建筑企业作为市场主体,其独立自主的商品生产经营者的地位逐渐形成人们的共识。国家已正式把建筑业列为国民经济中的支柱产业,属于建筑业组成部分的建筑企业,必将在国民经济体系中占有重要的地位。

第二节　建筑企业的组织结构

一、建立建筑企业应具备的基本条件

建筑企业是从事建筑产品生产的经济组织,同时又是建筑生产力的集合体。它要有效地进行生产经营活动,保证完成生产经营任务,必须具备相应的人、财、物和技术等基本条件。设立建筑企业应具备的基本条件是:

(一)要有从事建筑产品生产经营活动的职工

建筑企业的职工队伍,是由企业的决策者、生产经营管理人员、政治工作人员、技术

人员、工人等组成的。各类人员都应具备所从事的工作应具备的素质并形成合理的人员结构,这是保证企业的生产经营活动顺利进行最基本的条件。

(二)要有从事建筑产品生产经营的资本金

建筑企业进行生产经营活动,应具有与企业生产经规模大体相适应的资本金,包括固定资金和流动资金,而且两者之间应保持一定的比例;同时,还要有财会组织机构,对企业的资金运转实行独立的经济核算。

(三)要有从事建筑产品生产的劳动资料

建筑产品是由建筑劳动者运用劳动资料对劳动对象进行加工后形成的。劳动资料特别是生产建筑产品所使用的机械设备和工具,是从事建筑产品生产的必备条件;同时,它也是衡量企业建筑生产力水平的一种重要标志。

(四)要有从事建筑产品生产经营管理的组织机构

建筑企业要有效地开展生产经营活动,应按照精简、高效的原则设置必要的生产组织和管理机构,并形成严密的生产经营管理系统。

(五)要有一定的章程和规章管理制度

对生产经营活动进行科学管理,以保证企业进行生产经营活动有章可循,运转有序。

(六)要有固定的办公地点和必要的生产和生活基地

对于设立建筑企业应具备的基本条件,国家有明确的规定。

二、建筑企业的设置

建筑企业是社会生产和商品经济发展到一定阶段的产物。它的存在和发展,以社会对建筑产品的需求为前提。社会经济越是发展,对建筑产品的需求量越大,建筑企业就越是得到发展。

建筑企业是生产力和生产关系的统一体。设置建筑企业,从宏观来看,属于社会生产力布局和经济资源配置的范畴。社会设置多少建筑企业,相应配置多少经济资源,决定于社会对建筑产品的需求量和建筑生产力的发展水平。这就要求建筑产品需求与建筑生产力、经济资源的配置相适应。建筑产品的需求大于建筑生产力、经济资源的配置,建筑产品的需求就不能得到满足;建筑生产力、经济资源的配置大于社会对建筑产品的需求,就会造成建筑生产力的部分闲置和浪费。建筑生产力和经济资源的配置,是通过设置建筑企业来体现的,而建筑企业的设置,又决定于社会经济运行的体制。

在计划经济体制下,国家对固定资产投资的规模,是设置建筑企业、配置其经济资源的基本依据。建筑企业为社会提供的建筑产品量,在很大程度上受国家固定资产投资规模的制约;设置多少建筑企业,设置哪种类型的建筑企业,建筑企业完成多少生产任务,都由国家通过制定计划来确定。我国现有的分属于中央和地方的各种层次、各种类型的国有建筑企业,基本上是在计划经济体制下设置的。它们在我国的社会主义建设中发挥了巨大的作用,至今也仍然是建筑业中起着骨干作用的企业,构成社会主义经济基础的重要组成部分。但是,由于原有管理体制的缺陷和政企不分,在一定程度上阻碍了国有建筑企业的发展。因此,应按现行社会主义市场经济体制的要求,转变经营机制,深化改革,增强国有建筑企业的活力,促进国有建筑企业的发展。

在社会主义市场经济条件下,建筑企业的设置,应以建筑市场对建筑产品的需求为基本依据。即通过市场对建筑产品的需求和市场机制的作用来配置建筑资源。随着社会主义市场经济的建立和发展，虽然国家对固定资产的投资规模仍然是建筑产品需求的主体，但客观上已存在固定资产投资多元化的格局。社会对固定资产投资规模的大小，反映了社会对建筑产品量的多少。而建筑产品的供求，一般都要通过市场来实现两者的衔接。在这种情况下，必然对建筑企业的设置和建筑企业的生产规模带来重大的影响。从这个意义来讲，设置建筑企业既要着眼于建筑市场对建筑产品的需求，又要看到与从事建筑产品生产相关的各种外部条件；同时，还应具备设立建筑企业的基本条件，从而使建筑企业的设置与社会经济的发展相适应。

三、建筑企业的规模

建筑企业的规模，是指企业的生产经营规模。企业规模的大小，是生产力诸要素（如劳动力、劳动资料和劳动对象）在一个生产经营单位集中程度的反映。企业的规模分为大型、中型、小型三种。由于建筑企业的技术装备水平还不高，手工操作在生产中还占相当的比重，因而职工人数在一定程度上可以反映生产要素的集中程度。因此，我国与多数国家一样，以职工人数作为划分建筑企业规模的标准。按我国的有关规定，大型建筑企业是指固定职工人数在4000人以上的土建施工企业，固定职工人数在2000人以上的设备安装和机械化施工等专业性企业；中型建筑企业是指在2000～4000人之间的土建施工企业，固定职工人数在1000～2000人之间的设备安装和机械化施工等专业性企业；小型建筑企业是指固定职工人数在2000人以下的土建施工企业，固定职工人数在1000人以下的设备安装和机械化施工等专业性企业。同时，根据建筑企业的施工经历、取得的业绩，企业职工队伍的素质，拥有固定资产价值和流动资金数额以及年完成的总产值等为确定建筑企资质等级的标准，将建筑企业的资质等级划分为一、二、三、四级，并相应规定各级企业的生产经营范围。

划分大、中、小型建筑企业的具体指标和数量标准界限的设置并不是一成不变的，应根据经济和生产技术的发展而变化或作相应的调整。在现代技术不断发展的条件下，同样职工人数的企业，实际生产能力却大不相同，在这种情况下，衡量企业规模的大小，主要应以实物量或价值量表示的企业综合的生产能力为标志。

一般地说，决定企业规模的大小，应根据经济合理的原则来权衡其利弊。大中小型建筑企业各有其优缺点，要针对具体情况作具体分析，不可一概而论。

一般来说，在正常的经营管理条件下，大型建筑企业具有以下的优点：

(1) 资金雄厚，有条件采用较先进的机械设备，能较好地发挥机械设备的使用效能，有利于提高施工机械化水平，提高劳动生产率。

(2) 有能力同时承建若干大型建设项目，便于采用和推广先进的施工技术和施工工艺，有利于采用先进的施工组织方法。

(3) 可以在企业内部较大范围内进行合理的劳动分工和协作，容易组成有效的生产力；由于企业可以承担多种类型的工程建设，特别是承担一些结构复杂、难度较大、技术含量大的工程，可以促进企业提高施工技术水平和生产管理水平，同时也有利于提高职工的技术业务能力。

但是，也必须看到，大型建筑企业的组织层次多，管理机构庞大，生产组织分散，职工人数众多，并拥有较多的机械设备和固定设施，一般都有规模较大的永久性基地，因而要求建筑产品的生产任务必须与之相适应，要求企业的决策层要有较高的经营管理水平和决策能力，要求企业必须实行严密的科学管理。只有在这种情况下，企业的综合生产能力才能充分地、有效地发挥，才能提高经济效益。否则，将会造成管理混乱，建筑资源闲置和浪费，企业的优势会转化为劣势，出现包袱沉重，运转不灵的局面。

中小型建筑企业的生产规模和能力相对要小，它虽然不能像大型建筑企业那样，独立承担难度较大的建筑工程任务，但是也有其自身的特点和长处。如中小型建筑企业的规模较小，生产设备较少，因而设置企业的投资较小；企业职工人数较少，素质要求相对较低；中小型建筑企业的数量较大，遍及全国城乡各地，有利于施工力量接近施工现场，既便于充分利用地方资源，吸收当地劳动力，满足地方建设的需要，也有利于建筑生产力的合理布局；由于企业的规模较小，机械设备、固定设施和职工人数较少，在施工中运转灵活，能较好地适应建筑生产流动性的特点。但是，由于中小型建筑企业的资金、设备和技术力量毕竟有限，实现施工机械化的难度较大，在采用和推广先进的施工技术和施工工艺方面也不如大型建筑企业；中小型建筑企业同时承建的工程数量较少，尤其是小型建筑企业，往往没有工程储备，难以保证生产的连续性和均衡性，一般只能实现单项工程的施工，而不能保证企业生产的总体优化。从这个意义来看，中小型的综合经济效益会受到一定的影响。

从上述可见，大中小型建筑企业各有所长，也各有所限。因此，对确定企业的规模，应从企业的外部条件和企业的内在因素结合起来考虑，该大则大，当中则中，宜小则小，考虑的基本出发点是如何能够充分发挥企业的生产能力，提高综合经济效益，有利于建筑业的发展，完成国家建设任务。

四、建筑企业的类型与结构

（一）建筑企业分类的依据

如前所述，建筑企业包括生产力和生产关系两个方面，具有自然属性和社会属性。因此，建筑企业可以从生产资料的所有制形式和生产经营的范围两个不同的方面为依据来分类考察建筑业总体中不同层面的构成，以便根据其不同的特点对建筑企业进行宏观的调控和管理。建筑企业分类，是同一企业从不同的角度进行划分归总，即它从这一角度划分属于这一类，从另一角度划分属于另一类，而不是互不联系的两种企业。

（二）建筑企业按生产资料的所有制性质分类

建筑企业按生产资料的所有制性质可分为：

1. 生产资料社会主义公有制的建筑企业

其中包括：

(1) 生产资料全民所有制的国有建筑企业；

(2) 生产资料劳动群众集体所有的建筑企业。

生产资料公有制建筑企业，是社会主义经济基础的组成部分，也是建筑业中的主体。

2. 非公有制的建筑企业

其中包括：私营建筑企业，外资建筑企业，港、澳、台投资的建筑企业。

3. 混合所有制的建筑企业

其中包括：联营建筑企业，股份制建筑企业等。

在我国现阶段，建筑业已形成社会主义公有制的建筑企业为主体，多种所有制的建筑企业共同发展的多种所有制经济结构体系，它们在社会主义的现代化建设中，各自起着应有的作用。

据《1995年中国建筑业年鉴》所载，我国1994年全国共有各类建筑企业单位共94942个，从业人员共计2448.8万人。其中，城镇以上的建筑企业23315个，从业人员1445.9万人；附属工业性企业1785个，从业人员33.6万人；农村建筑队69842个，从业人员969.3万人。

从城镇以上建筑企业的所有制构成及其经济状况来看，形成如下态势：

——国有建筑企业在建筑业中起着主导作用。主要体现在以下几个方面：

第一，国有建筑企业拥有818.16万职工队伍，占城镇以上建筑企业总从业人数的56.6%，而且拥有素质较高的工程技术人员，各类业务管理人员和各类熟练的技术工人，具有较强的技术和业务管理能力。

第二，国有建筑企业拥有雄厚的物质技术基础。国有建筑企业的固定资产价值达1020.87亿元，占城镇以上建筑企业拥有固定资产总值的75.35%；拥有各类机械设备147.63万台，占城镇以上建筑企业拥有机械设备总数的50%；人均技术装备率达4360.5元，为城镇以上建筑企业平均技术装备率的126.5%。

第三，国有建筑企业承担大量重点建设工程任务，完成的产值、增加值在城镇以上建筑企业所完成的产值和增加值中占有较大的份额。完成总产值达3033.66亿元，占总额的65.19%，完成增加值达905.24亿元，占总额的68.47%，完成竣工面积达14142.97万平方米，占总数的43.67%，工程优良品率为42.2%，高出其他各类建筑企业。

第四，国有建筑企业创造的利税在城镇以上建筑企业创造的利税总额中占有较大的比重，为国家积累建设资金作出了较大的贡献。国有建筑企业的工程结算利润达290.08亿元，占总额的72.32%，利润为34.66亿元，占总额的47.8%；利税为119.68亿元，占总额的57.46%。

——集体所有制建筑企业在建筑业中起着重要的基础作用。随着我国社会经济的发展，集体所有制建筑企业异军突起，发展迅速，已成为我国建筑业中一支重大的力量，在社会主义现代化建设中发挥着重要的作用。集体建筑企业的基本特点是，分布面广，拥有丰富的劳动力资源，生产经营组织小型居多，因而运转机动灵活，它往往与国有建筑企业联手完成建设任务，成为国有建筑企业的得力助手，同时，又往往是国有建筑企业有市场竞争中的对手。

集体建筑企业的各项技术经济指标，在城镇以上建筑企业各项技术经济指标的总体中，已占有较大的份额。集体建筑企业拥有的职工队伍达601.93万人，占总人数的41.63%，拥有固定资产的价值达310.9亿元，占总额的22.95%，拥有各类机械设备142.92万台，占总量的48.4%，人均技术装备率为2219.89元，完成总产值达1519.45亿元，占总额的32.65%，完成增加值达389.68亿元，占总额的29.47%，完成竣工面积达17674万平方米，占总量的54.58%，工程结算利润达100.92亿元，占总额的25.12%，利润总额为33.79亿元，占总额的46.59%，利税总额为81.58亿元，占总额的39.17%。可见，集体建筑企业的许多技术经济指标，仅次于国有建筑企业，已事实上成为建筑业经济中的重要组成部分。

——非社会主义公有制建筑企业和混合所有制建筑企业，在建筑业中起着补充作用。这两类建筑企业现在所完成的各项经济指标，在建筑业完成的各项经济指标总量中所占的比重较小。但是，随着社会主义市场经济的逐步建立和完善，建筑企业组织的调整和重组，它们与社会主义公有制建筑企业一样,必将得到进一步的发展,在社会主义现代化建设中发挥其应有的积极作用。

(三)建筑企业按在形成建筑产品过程中的作用和生产经营的业务范围分类

从建筑业包括的范围来看,按其在建筑产品形成过程中所起的作用,建筑企业、单位可划分为:

(1)直接从事建筑产品生产和经营的建筑企业。包括各类建筑工程公司、设备安装公司、机械化施工公司、房屋维修公司、建筑构配件厂以及其他有关建筑生产的专业性企业。这些生产性的建筑企业的活动,属于物质生产活动,它既直接创造使用价值,又创造价值。

这类建筑企业按其生产经营业务的范围,又可分为综合性的建筑企业和专业性的建筑企业。综合性建筑企业,是指有能力从事建筑产品综合生产的建筑企业,如具有综合生产能力的建筑工程公司;专业性建筑企业,是指专门从事某一类建筑产品或分部工程量生产经营的建筑企业,如设备安装公司、机械化施工公司、土石方公司、装饰公司、基础公司、筑炉公司、场道公司,等等。

(2)为建筑产品生产、流通提供服务的企事业。如建筑科学研究单位、勘察设计单位、监理、咨询、信息企业等。它们虽然不直接从事建筑产品的生产和经营业务,但它们为建造建筑产品创造特殊的使用价值,提供技术、知识产品和信息,在建筑产品的形成过程中起着必不可少的、十分重要的作用。

建筑企业、单位存在不同的生产经营业务,是社会化大生产所决定的。随着社会分工的细密,它要求建筑生产向专业化方向发展。专业化生产有利于提高劳动者的熟练程度,有利于改进生产工艺,从而提高劳动生产率;而社会分工又要求它们相互协作配合。因此,根据生产建筑产品的需要,必然存在生产经营业务内容不同的建筑企业和单位,这些不同类型的建筑企业和单位,构成建筑业的有机体系,而在这个体系中,又应形成适应建筑需求的、合理的产业结构。所谓产业结构,从国民经济整体而言,是指物质生产领域各部门的构成;建筑业的产业结构,是指从事各类生产经营业务建筑企业单位的构成。合理的建筑产业结构,是保证建筑生产顺利进行的重要条件。

第三节 建筑企业的经营机制

一、建筑企业经营机制概述

(一)建筑企业经营机制的含义

在社会主义市场经济条件下,建筑企业应建立与之相适应的经营机制。经营机制,是指企业生存和发展的内在机能和运行方式,是引导和制约企业生产经营决策、并与人财物相关的各项活动的基本准则及相应制度,是决定企业行为的各种内外因素及其相互关系的总称。

(二)建筑企业经营机制的内容

建筑企业的经营机制,决定于国家实行的经济体制。在社会主义市场经济体制下,建筑企业的经营机制主要包括以下几个方面:

1. 市场竞争机制

在实行社会主义市场经济体制的条件下,建设项目业主对建筑产品的需求,即所有的建设项目，都必须在建筑市场上寻求卖方，即工程承建者——建筑企业；建筑企业也必须面向市场，寻求建筑产品的购买者，即建设项目业主——建设单位或个人。在众多建筑企业参与市场活动的情况下，企业要以自身在实际业绩中建立起来的良好信誉、合理的价格、凭借自身的实力参与市场竞争，赢得建设项目业主的信赖，获得工程承建任务，占领建筑市场，并不断提高市场占有率。有市场竞争，必然会导致优胜劣汰，优者生存发展，劣者或者迅速改变生产经营状况，或者被淘汰。所以，通过市场竞争，优胜劣汰的机制，是推动建筑企业进步最重要的机制。

2. 经营决策机制

建筑企业为了在激烈的市场竞争中求得生存和发展，在市场竞争中获胜，必须适应建筑市场需求的变化和依据自身的优势，制定企业的发展战略和策略，及时作出经营决策，确定经营目标和开展生产经营活动，并建立起面向市场、及时适应市场变化的经营决策系统，形成企业的经营决策机制。

3. 自我激励机制

建筑企业要在竞争中获胜，必须从劳动、人事、分配等方面建立相应的制度，采取物质上和精神上的激励措施，调动企业各方面和广大职工的积极性，增强企业的凝聚力，改善生产经营管理，提高劳动生产率，形成企业的自我激励机制。

4. 自我发展机制

建筑企业要在市场竞争中获胜，必须不断增强自身的实力，使企业得到进步和发展。企业增强实力，求得发展的途径，主要依靠自身的努力，积极开拓市场，发展生产，改善经营管理，降低建筑产品成本，获得更多的盈利，增加积累，为企业扩大再生产，提高技术装配程度，推进技术进步创造条件，这就形成企业的自我发展机制。

5. 自我约束机制

自我约束机制，是指建筑企业在各种约束条件（法律的、预算的、供求的、政策的等等）之下，实现自我控制的机制。建筑企业作为一个独立的商品生产经营实体，必须自负盈亏，这是对企业行为最大的约束。企业要在市场竞争中处于有利地位，求盈不亏，而又必须在各种约束条件下来实现，这就形成企业的自我约束机制。

二、建筑企业活力的内涵及其形成

（一）建筑企业活力的内涵

建筑企业具备上述适应社会主义市场经济要求的经营机制，企业的生产经营活动，才能进一步增强企业的活力。

建筑企业的活力，是指企业在复杂多变的环境中，实现盈利，谋求生存和发展的活动能力。建筑企业的活力主要包括以下内容：

1. 应变力

所谓应变力，是指建筑企业对生产经营环境变动的反映速度和适应程度。在市场经济条件下，建筑企业必须适应环境并作出灵活的反映。企业对市场需求和竞争情况要能保持高度的敏感性，并根据建筑市场的变化情况迅速作出反映，及时采取相应的对策，从而使企业的生产经营活动得以正常运行。

2. 创新力

所谓创新力，是指建筑企业在工程质量，施工技术，开拓市场，组织管理等方面的开拓水平及广度。在市场经济条件下，科学技术日新月异、社会需求发展迅速，创新能力既是企业生存的重要条件，又是企业壮大发展的根本推动力，因而是建筑企业活力的重要因素。

3. 竞争力

所谓竞争力，是指建筑企业面对有限的市场需求和同行的激烈竞争，能扬长避短，凭借自身的实力和信誉，采取有效的对策，以比较有利的条件去占领市场，获得建设工程任务。竞争是市场经济的重要特征。因此，竞争力的大小，也是决定建筑企业是否有活力的重要因素。

4. 发展力

所谓发展力，是指建筑企业依据正确的发展战略和决策，强化企业的生产经营管理，通过开展有效的生产经营活动，获取更多的盈利，促进企业资产增值，从而增强企业实力的能力。企业要能够正确处理眼前利益和长远利益的关系，从长计议，增强企业发展的后劲，谋求企业更大的发展。

5. 凝聚力

所谓凝聚力，是指建筑企业对职工的吸引力和职工团结向上积极进取的热情和能力。凝聚力是企业活力的重要表现和源泉。增强企业的凝聚力，关键在于领导层团结一致，具有较高的生产经营管理水平和决策、组织、协调能力，勤奋工作，廉洁奉公，能依靠职工，实行民主管理，建立合理的分配制度，有效地采取物质和精神的激励机制，调动广大职工的积极性和工作热情。

（二）建筑企业活力的形成

建筑企业活力的形成，同企业内部和外部许多因素有关。一般来说，建筑企业的素质是企业活力的基础，企业的经营机制是企业活力的内在源泉，国家管理企业的方式是制约企业活力的重要因素，发育完善的建筑市场是增强建筑企业活力的必要条件。

就建筑企业内部而言，除上述形成与市场经济相适应的经营机制以外，还必须不断提高企业的整体素质，以增强企业的活力。

建筑企业的活力是企业素质的外在表现，而企业的素质是企业活力的内在物质基础。企业素质是指企业达到预定的目的，实现生产经营目标，完成各项任务的内在能力，是企业各种生产要素即人力、物力、财力状况及生产技术、经营管理状况。建筑企业的素质主要表现在以下几个方面：

1. 技术素质

所谓技术素质，是指建筑企业所拥有的施工生产、检测及研究开发手段。如施工机械、生产设备、仪器、工具、工艺技术等的种类及性质，即它们的技术水平，完好及配套程度，其效用对市场的适应性。技术素质反映企业的施工工艺水平和技术装备水平，是企业从事生产经营活动的物质技术基础，它对企业的应变力、创新力和竞争力等的影响是显而易见的。机械设备和施工工艺先进，不仅可以加快施工进度，保证建筑产品质量，而且可以提高劳动生产率，降低建筑产品成本，从而提高建筑企业的竞争力和经济效益。

2. 人员素质

所谓人员素质，是指建筑企业所拥有的职员和工人的数量、素质及配比。人员素质是一个综合性的概念，包括人员的思想觉悟，敬业精神，价值观念，作风纪律，文化知识，专业技巧，体能智能等方面的水平及其对建筑生产经营活动需要的适应性。人员素质是决定企业活力的根本因素，企业的应变、创新、竞争、发展、凝聚力都是通过人的活动而表现出来的。不仅企业各种现代技术手段的运用要依靠人员的相应素质作保证，而且市场开拓、投资决策、投标估价、财务会计、物资采购、公关活动等等也要依靠具有相应素质的人员去进行。从这个意义来讲，市场竞争在很大程度上也就是人才的竞争。

3. 管理素质

所谓管理素质，是指建筑企业生产经营管理的基础工作及各项基本管理职能的水平，包括现代化管理科学技术成果的运用状况。管理素质是决定企业活力的关键因素。良好的设备，能干的人才，只有在一个计划和组织得很好的环境中才能更好地、充分地发挥其作用；人们的积极性，也要靠思想工作和管理工作相结合去调动，而且在动态的市场环境中，技术素质和人员素质只有通过提高管理素质才能不断完善，才能切实提高企业素质，使建筑企业充满活力。

三、国有建筑企业经营机制的转换

（一）国有建筑企业转换经营机制的依据

长期以来，国有建筑企业在计划经济体制下运作，企业的活力未能得到充分的发挥。在社会主义市场经济条件下，国有建筑企业应按照市场经济的要求，转换经营机制，增强企业的活力，以更好地发挥在建筑业中的主导作用。

国有建筑企业转换经营机制应以国家颁布的有关法律和条例为依据。

1988年4月，国家颁布的《中华人民共和国全民所有制工业企业法》（以下简称《企业法》），是确立现阶段具有中国特色的社会主义企业制度的法律依据。1992年7月，国务院颁布的《全民所有制工业企业转换经营机制条例》，是《企业法》的实施条例。1993年2月，由建设部、国家体改委、国务院经贸办公室联合颁布的《全民所有制建筑安装企业转换经营机制实施办法》，是根据《企业法》和上述《条例》精神，结合建筑业的特点，在总结建筑业多年来改革实践的基础上提出来的。它为建筑企业全面进入社会主义市场经济提供了制定各项政策的依据。

中共中央在《关于建立社会主义市场经济体制若干问题的决定》中指出："当前，要继续贯彻《中华人民共和国全民所有制工业企业法》和《全民所有制工业企业转换经营机制条例》，把企业的各项权利和责任不折不扣地落到实处"。上述的法律和政策规定，是国有建筑企业转换经营机制的法律、政策依据。建筑企业转换经营机制的目标，是使企业适应社会主义市场经济的要求，成为依法自主经营，自负盈亏，自我发展，自我约束的商品生产和经营单位，成为独立享有民事权利和承担民事义务的法人，从而增强企业的活力，提高企业的经济效益，为振兴建筑业，在社会主义现代化建设中更好地发挥应有的作用。

（二）国有建筑企业的经营自主权

建筑企业的经营自主权，是企业转换经营机制，增强企业活力的前提条件，也是企业成为市场主体的客观要求。

企业经营自主权，是指企业对国家授予其经营管理的财产享有占有、使用和依法处分的权利。企业按照国家规定的资产经营形式，依法行使经营权。企业资产经营形式是指规范国家与企业的责权利关系，企业经营管理国有资产的责任形式。如报请政府主管部门批准实行的各种形式的承包经营责任制、股份制等。

建筑企业的经营自主权，主要包括以下几个方面：

1. 生产经营决策权

建筑企业按建设行政主管部门批准的资质等级允许承包的工程范围，自主作出经营决策，选择承包对象，确定承包方式。企业可以自主决定调整生产经营范围，跨行业、跨地区从事生产经营活动，具备能力的企业，经过批准可以进行房地产开发和经营。企业在承建国家重点项目时，有权要求国家在资金、材料供应等方面给予保证，并与建设单位签订工程承包合同，如不履行合同，企业有权追究违约责任。

2. 建筑产品、劳务承包定价权

建筑企业在国家主管部门颁布的工程造价计价规则的指导下，根据市场供求变化情况和建设项目业主对工期、质量的特殊要求，自主制定工程投标报价。工程的承包价格，应由企业与建设项目业主本着公平、合理的原则，通过投标竞争在双方签订的工程承包合同中确定。在工程施工过程中，如发生工程量变化、设计变更等，企业有权要求按规定调整价格。企业提供维修、技术协作等劳务，由企业自主定价。

3. 对外经营权

建筑企业要面向国内、国外两个建筑市场，参与两个市场竞争。企业技术能力和经营管理水平等条件具备的，经有关部门批准，可享有对外经营权，可以直接在境外承揽工程，提供劳务，出口建筑材料、设备，进口自用的建筑材料和设备。未获得对外经营权的企业，可自行选择各种有对外经营权的建筑企业、工贸企业从事对外承包和劳务输出，并参与同外商的谈判。

4. 投资决策权

建筑企业依照法律和国家有关规定，有权以留用资金、实物、土地使用权、工业产权和非专利技术等向国内各地区、各行业的企事业单位投资，购买和持有其他企业的股份。经政府有关部门批准，也可向境外投资或者在境外开办企业。

企业从事生产性建设，需要银行贷款或者向社会发行债券的，按照国家有关规定，报政府有关部门会同银行审批或者由银行审批，需要使用境外贷款的，报政府有关部门审批。

5. 自主支配使用资金和资产处置权

建筑企业对所掌握的资金，可以根据生产经营的实际需要，进行自主支配，统筹使用；企业根据生产经营的需要，对一般固定资产可自主决定出租、抵押或者有偿转让；对大型施工机械或建筑物可以出租，经政府主管部门批准，也可以抵押、转让。

6. 联营、兼并权

建筑企业有权依法按一定形式与其他企业（包括国外和港澳台企业）、事业单位联营或者联合承包；企业按照自愿、有偿的原则，可以兼并其他企业，报政府主管部门备案。

7. 劳动人事与工资奖金分配权

建筑企业根据生产经营特定需要，有决定用工形式权和自主行使人事管理权。企业根据生产特点，可以实行合同化管理或全员劳动合同制；企业按照德才兼备、任人唯贤的原则和责任与权利相统一的要求，自主行使人事管理权，按公开、平等、竞争、择优的原则，对技术人员和管理人员实行聘用制、考核制；企业有权在按规定提取的工资含量总额（或工资总额）内自主使用、自主分配工资和奖金等。

建筑企业除上述主要的自主权以外，按规定还享有产品销售权、物资采购权、内部机构设置权、拒绝摊派权。

（三）国有建筑企业的盈亏责任

建筑企业在享有经营自主权的同时，还必须按照有关规定对企业的盈亏承担相应的责任。主要是：

1. 建筑企业以国家授予其经营管理的财产承担民事责任

企业经理（厂长）对企业的盈亏负有直接责任，职工按照企业内部经济责任制，对企业的盈亏也负有相应的责任，并把企业的盈亏和经理（厂长）的奖惩、职工的经济利益联系起来，以强化经理（厂长）的责任，增强职工做好企业生产经营管理工作的动力。

2. 建筑企业对国家负有上交利润、欠收自补的责任

企业应按规定完成上交利润任务。企业完成上交利润任务，实现企业财产增值的，或实现扭亏增盈目标的，按规定给予奖励；未完成上交利润任务的，应当以企业的风险抵押金、工资储备基金和留利补交；企业由于经营管理不善造成经营性亏损的，企业领导层和职工应当根据责任大小，按照有关规定，承担相应的责任。

3. 建筑企业有严格执行国家财政、税收和国有资产管理法律、法规，确保企业财产保值、增值的责任

企业必须依照国家有关规定，准确核算成本，足额提够折旧费、大修理费和补充流动资金的耗费；以不提或少提折旧费、大修理费，少计成本或者挂帐不摊等手段造成利润虚增或者虚盈实亏的，必须从企业留利资金中补足，并追究有关责任者的责任。

4. 建筑企业承担分配约束责任

企业必须建立分配约束机制和监督机制。坚持工资总额增长幅度必须低于企业经济效益增长幅度，职工实际平均收入增长幅度必须低于本企业劳动生产率增长幅度的原则，并建立工资储备基金制度。

第四节　建筑企业与政府的关系

国有建筑企业要转换经营机制，在明确企业的经营自主权，自负盈亏的责任的同时，还应按照政企职责分开的原则明确政府的职责。按照宏观管好，微观搞活的要求，转变政府的职能，由过去对企业的直接管理转变为间接调控，不直接干预企业具体的生产经营业务，即实行政企分开。国有建筑企业和政府的关系由原来的行政隶属、依附关系转变为政府依法对企业进行协调、监督和管理，为企业提供服务的关系。企业转换经营机制，增强企业活力，必须符合国家对企业实行宏观调控的要求，而不是不受任何约束的为所欲为。

政企分开以后，政府在经济管理中的主要职能是统筹规划、掌握政策、信息引导、组织协调、提供服务和监督检查。

按照有关规定，政企分开后，建筑企业的政府主管部门会同有关部门行使的职责主要是：

一、强化国有资产的监督和管理

国有建筑企业的财产，包括国家以各种形式对企业投资和投资收益形成的财产，以及其他依据法律、法规认定属于全民所有、由企业经营管理的财产，属于全民所有，即国家所有。国务院代表国家行使企业财产的所有权。为确保企业财产的所有权，实现国有资

产的保值增值,政府主管部门的主要职责是:

(1) 建立企业财产保值增值的考核指标和考核制度,对企业资产负债进行审查和审计监督。

(2) 制订企业财产管理的法规和管理办法,并对执行情况进行监督和检查。

(3) 根据国家的有关规定,决定国家与企业之间财产收益的分配方式、比例或者定额。

(4) 按照有关规定,决定批准企业的生产性建设项目。

(5) 决定或批准企业的资产经营形式和企业的设立、合并、分立、终止、拍卖;批准企业提出的被兼并申请和破产申请。

(6) 根据国家有关规定审批企业财产的报损、冲减、核销及关键设备、成套设备或者重要建筑物的抵押、有偿转让、组织清算和收缴被撤销、解散企业的财产。

(7) 依照法定条件和程序,决定或批准企业经理(厂长)的任免和奖惩。

(8) 维护企业依法行使经营权,保障企业的生产经营活动不受干预,协助企业解决实际困难。

二、强化宏观调控和行政管理

要建立既有利于增强企业活力,又有利于经济有序进行的宏观调控体系。主要职责是:

(1) 依据国民经济与社会发展计划和产业结构政策,制订建筑业发展规划和产业政策,使建筑生产能力与国民经济需求相适应,引导企业进行组织结构的调整,促进建筑业整体素质的提高。

(2) 加强建筑业的资质管理,实行资质的动态管理。

(3) 会同有关部门调整建筑产品价格,建立能够反映市场需求变化,符合价值规律和市场供求的建筑产品价格形成机制和价格体系。

三、培育和完善建筑市场体系

为了给建筑企业开展公平竞争创造良好的外部环境,行政主管部门会同有关部门应采取措施,打破地区封锁,建立全国统一开放的建筑市场,不仅要开放建筑产品市场,而且要开放生产要素市场,完善为建筑生产服务的保障体系;建立和完善建筑市场法规体系,规范建筑市场和供求双方的行为,保证公平交易,保护交易双方的合法权益;加强市场管理,制止违法经营和不正当竞争;建立健全市场纠纷调解仲裁机构;按照国际惯例,建立工程索赔制度。

四、建立和完善社会保障制度

为了给建筑企业走向市场创造一个宽松的条件,行政主管部门应协同有关部门建立和完善社会保障体系,重点是建立和完善养老保险制度,以减轻国有建筑企业的负担,使之能够和非国有制建筑企业开展公平竞争。

(1) 建筑企业的养老保险制度应逐步由现行的行业化向社会化发展,实行社会基本养老保险、企业补充养老保险,职工个人储蓄养老保险相结合的制度。

(2) 建立和完善失业保险制度,促进企业组织结构调整,提高企业的经济效益和竞争能力。

(3) 建立和完善医疗保险、工伤保险和生育保险等制度,医疗保险金由单位和个人共同负担,实行社会统筹和个人帐户相结合。

(4) 建立统一的社会保障机构,提高社会保障事业的管理水平,形成社会保障基金筹集，运营的良性循环机制。社会保障行政管理和社会保险基金经营要分开，社会保障管理机构主要是行使管理职能，社会保险基金经办机构，在保证基金正常支付和安全性流动性的前提下，可依法把社会保险基金主要用于购买国家债券，确保社会保险基金的保值增值。

五、为建筑企业提供服务

行政主管部门会同有关部门，发展建筑市场中介组织，发挥其服务、沟通、公证、监督作用。如建立发展会计师、审计师、律师事务所和工程监理机构，计量和质量检验认证机构，信息咨询机构，资信和资产评估机构等。发挥行业协会、学会、联合会等民间组织的作用，使它们成为政府和企业之间的桥梁，传达政府的政策意向，反映企业的要求，协调会员企业之间的关系，提供信息服务。逐步完善各类人员专业的注册师制度，发展租赁、信息等第三产业，通过上述各种渠道，为建筑企业提供服务。

第五节 建筑企业的产权制度

一、建筑企业产权制度概述

（一）企业产权制度的含义

建立社会主义市场经济体制，要求以建立现代企业制度为基础。现代企业制度，是与社会化大生产相联系的发达市场经济的产物。现代企业制度包括企业产权制度，企业领导体制和组织管理制度等几个方面；在现代企业制度中，最根本的、起基础作用的是建立产权制度。

所谓现代企业产权制度，概括地说，就是企业法人产权制度。就一般意义而言，产权是指财产或资产的所有权。具体地说，产权是指财产所有者，依法对财产所拥有的占有权、使用权、收益权和处分权。

随着社会化大生产和商品经济的发展，在现代大型企业中，繁杂的经营管理工作，由并不是财产所有者的专业经理人员来承担。在这种情况下，就出现了财产所有者与经营者、所有权与经营权的分离。股份公司的出现，使企业的财产关系发生了巨大的变化。本来意义的财产所有权分解为出资者的最终所有权和企业法人所有权。即是说，出资者投入企业的财产，拥有最终所有权，但既不能任意抽回，也不能直接占用和进行处分；出资者的财产一旦投入企业，就成为企业法人财产，企业对它就拥有法人所有权。这种法人所有权，企业不仅具有对它占用和不改变最终所有权的处分权，而且还有受益权，并可以用来偿还债务和承担盈亏责任。这种情形，也就是马克思所说的"资本的法律上所有权同它经济上的所有权的分离。"

在实行社会主义市场经济条件下，我国为了对国有企业产权制度进行改革，理顺国家和企业之间的产权关系，借鉴市场经济发达国家现代企业产权理论，结合我国的实际情况，建立企业法人产权制度。这种产权制度的基本内容是：企业中国有资产的所有权属于国家，企业拥有包括国家在内的出资者投资所形成的全部法人所有权，从而实现了出资者所有权与企业法人财产权的分离。建立企业法人产权制度，是我国以公有制为主体的企业产权制度的创新。这一企业产权制度的特征是：

（1）国有企业法人所有权以企业的存在为前提。即企业法人所有权随法人组织的存在而存在，随法人组织的终止而消失。一旦企业法人组织终止，清算后的剩余财产全部归出资人所有。所以，企业法人所有权不是最终所有权。因此，从这个意义来讲，上述的所有权和经营权的分离，实质上是企业经营权同出资者的最终所有权的分离，而企业的经营权同企业法人所有权则在企业内部是统一的。

(2) 出资者与企业法人的权利都受国家法规的制约。如在我国的《公司法》中规定，出资者的权利为，按其投入企业资本额享有所有者的权益，包括资产受益、重大决策和选择管理者等权利，相应地也要按其投资额对企业的债务承担有限责任；企业法人权利为，以其全部法人财产享有民事权利和承担民事责任，等等。

(二) 确立建筑企业产权制度的必要性和意义

1. 确立建筑企业产权制度的必要性

我国实行以公有制为主体的社会主义市场经济体制，是通过改革，由计划经济体制转换而逐渐形成的。在由计划经济体制向社会主义市场经济体制这一根本转变过程中，建筑企业已由单一的社会主义公有制发展为以公有制为主体，以国有制为主导的多种经济成分共同发展的所有制结构。多种所有制建筑企业的存在，为建筑市场的发展提供了社会经济基础。在以往的改革中，国家采取措施扩大国有建筑企业的经营自主权，在国有建筑企业中实行经营承包责任制，以及对劳动用工制度，分配制度等进行改革，从而在一定程度上增强了国有建筑企业的活力，为国有建筑企业进入市场奠定了初步基础。但是，这些改革，基本上属于企业经营方式和企业管理制度的改革，而未触及企业产权制度这一深层次的改革。传统体制下产权关系模糊的弊端依然存在，主要表现在：

(1) 企业产权主体缺位，政企不分。一方面国有建筑企业按部门、地区分别设置，实际上它分属于各部门、各地区所有，并以财产所有者的身份直接管理企业，而又对管理的效果不负责任，形成产权主体缺位的情况；另一方面，政府以行政管理者和资产所有者双重身份行使宏观经济管理和企业资产经营管理的双重职能。在这种情况下，企业没有财产所有权，只能是名义上的法人，依然依附于政府。

(2) 企业产权未经界定，底数不清，责任不明确。这种情况，一方面容易造成国有资产的流失、浪费，收益得不到保障；另一方面，由于对产权未作界定，企业转换经营机制，缺乏相应的产权作基础，难以成为自主经营、自负盈亏的经济实体。

(3) 影响形成统一、公平竞争的市场环境。由于建筑企业从属于各部门和地区，因而往往从各自的利益出发，把应形成全国统一的建筑市场分割为部门、地区市场，而且还按企业的所有制形式区别对待，享受不同的待遇，在这种情况下，影响形成公平竞争的统一的市场环境。

国有建筑企业这种传统的企业产权制度的弊端，与社会主义市场经济体制的矛盾日益突出。为了进一步解放和发展建筑生产力，充分发挥国有建筑企业的优越性，按照社会主义市场经济的运行规律，必然要求理顺国有建筑企业的产权关系，建立现代建筑企业的产权制度。

2. 确立建筑企业产权制度的意义

明晰的财产关系是市场经济存在和发展的前提条件。理顺产权关系，就是要理顺财产所有者和经营者之间的财产权能关系。就国有建筑企业而言，理顺产权关系，确立企业产权制度，包括两个不可分割的内容，一方面要明确国家对国有建筑企业财产拥有最终所有权；另一方面，也要明确国有建筑企业对自主经营管理的财产也拥有企业法人所有权。根据社会主义市场经济要求,确立国有企业的产权制度,才可以为国有建筑企业自主经营,自负盈亏形成财产基础,并为企业自我约束奠定经济基础;才能使企业以利润为经营目标,具有改善经营管理,加快科技进步,提高经济效益的强大动力;才能使企业成为有财产权的利益主体和独立的市场竞争主体;才能为企业产权进入市场,企业合并、兼并、合营提供财产基础。

总之,明确企业产权,才可以使国有建筑企业成为面向市场、自主经营、自负盈亏、自我发展、自我约束的独立商品生产者和经营者,并为建立新的建筑企业制度中的其他制度奠定经济基础。

二、国有建筑企业产权制度的主要实现形式

江泽民同志在党的十五大报告中指出:"公有制实现形式可以而且应当多样化。一切反映社会化生产规律的经营方式和组织形式都可以大胆利用。要努力寻找能够极大促进生产力发展的公有制实现形式。股份制是现代企业的一种资本组织形式,有利于所有权和经营权的分离,有利于提高企业和资本的运作效率,资本主义可以用,社会主义也可以用。不能笼统地说股份制是公有还是私有,关键看控股权掌握在谁手中。国家和集体控股,具有明显的公有性,有利于扩大公有资本的支配范围,增强公有制的主体作用。"江泽民同志的这一论述,为社会主义公有制的实现形式、确立社会主义市场经济条件下国有企业的产权制度进一步指明了方向。

从发展的趋势来看,股份制公司将是国有企业、特别是国有大中型建筑企业产权制度的主要实现形式。

(一)股份制公司的概念

股份制公司是商品经济高度发展的产物。它是以入股的方式把属于不同所有者的资本集中起来,形成注册资本,统一使用,自主经营,自负盈亏,按股分红的一种经济组织形式。在这种股份制公司组织形式下,股东依其在公司中所拥有的股份参加管理,享受相应的权益并承担风险;股份可依法在规定条件下或范围内转让,但不得退股;股份公司是法人,它按照股份制公司的特定章程组建、经营,分配所得,承担责任,履行义务。

(二)股份制公司的组织形式

在我国现阶段,股份制公司只有有限责任公司和股份有限公司两种组织形式。股份制公司的设立、组织及股份有限公司的股份发行和转让等问题,在国家颁布的《公司法》中都作了明确具体的规定,下面着重介绍股份制公司各种组织形式有关产权方面的特点。

1. 有限责任公司

有限责任公司由二个以上五十个以下股东共同出资设立(国家授权投资的机构或国家授权的部门可以单独投资设立国有独资的有限责任公司)。股东以其出资额为限对公司承担责任,公司是以其全部资产对公司的债务承担责任的企业法人。股东以其出资比例享受权利,承担风险。有限责任公司出资的转让,受严格限制,应由公司批准登记;有限责任公司不能公开募集股份,不能发行股票,有限责任公司只有发起设立而无募股设立。

2. 股份有限公司

股份有限公司是指全部注册资本由等额股份构成并通过发行股票(或股权证)筹集资本的企业法人。任何合法持有股票(或产权证)的法人团体都是公司的股东;股东以其所认购股份对公司承担有限责任,但对公司的债权人不负直接责任;公司以其全部资产对公

司债务承担责任。股份有限公司的股东数不得少于规定的数目，但没有上限。股份有限公司是最典型的法人组织，也是最典型的合资公司。在我国股份制试点初期，为推进国有企业改造进程，国家制定的《股份制企业试点办法》中规定："国营大型企业改组为股份制的，经审批机关特别批准，该公司可做为单独发行人"。

（三）股份制公司的作用

股份制公司具有以下的优点和作用：

1. 组建股份制公司，可以理顺产权关系，明确界定产权

国有大中型建筑企业要改造成为规范的股份制公司，首先必须进行清产核资，界定产权，理顺国家对企业的产权关系，改变过去产权主体缺位的情况。国家对国有资产的管理，按照"国家统一所有，政府分级监管，企业自主经营"的体制，由中央和省、市、自治区两级分级设立国有资产管理机构。国有资产管理机构要与国有资产经营机构分开，国有资产经营机构为法人实体，以股东或股东之一的身份，依法享有股东的权益和承担与其出资额相等的民事责任。企业作为法人财产主体，可以企业全部资产承担公司债务责任，为企业成为市场竞争主体提供财产保证。

2. 股份制公司是所有权、支配权、管理权分离比较规范化的一种形式

国有大中型建筑企业要改组为规范化的股份制公司，首先政府作为社会经济管理者和资产所有者的双重身份与双重职能要分开，不能两者同时兼有，政府作为经济管理者可以运用经济的、法律的和必要的行政手段对国民经济行使宏观调控的职能。其次，政府作为资产所有者，对国有资产的管理和经营职能要分开；国有资产经营机构以出资者（股东）的身份，通过委派自己的股权代表参加公司的董事会，影响公司的决策，贯彻自己的意图。国有资产经营机构也是法人经济实体，它与所投资的企业是平等的法人关系。第三，在公司内部，通过建立公司的治理机构，实行所有权、支配权、和管理权在企业内部的分离。在这种情况下，政企分开就有了制度保障，政府和企业的行为都可以规范化。

3. 组建股份制公司，可以建立有效的约束机制

国有大中型建筑企业改造为股份制公司，出资者进入企业内部，对企业的产权约束也就随之从企业外部转入内部，从而为国有资产的保值增值创造了约束条件。企业在法人财产基础上自负盈亏，这是对企业行为的最大约束，可以防止企业滥用经营权和国有资产流失，也更容易界定企业经营者、职工的盈亏责任，促进企业提高资产营运效率和提高经济效益。

4. 组建股份制公司，可以筹集到能够长期利用的巨额资本

股份有限公司通过募集股份筹集到的资本，可用于扩大企业的生产经营规模，更新设备，提高企业的技术装备水平和提高企业的素质，从而增强企业在市场上的竞争力。

此外，股份制公司还可以通过控股参股的办法，推动资产的合理流动，优化资源配置，有利于实现国有资产的保值增值，还可以为企业产权主体多元化创造条件，有利于企业分散风险。

正是由于股份制公司具有上述的作用，所以是国有大中型建筑企业产权制度的主要实现形式；将国有建筑企业改造为股份制公司以后，可以建立起符合社会主义市场经济体制要求的、以产权制度为基础的现代企业制度。

本 章 小 结

1. 建筑企业是构成建筑业的重要组成部分，本章着重介绍建筑企业的一些基本理论和知识；涉及建筑企业具体的经营管理知识和方法，按课程分工，由《建筑企业经营管理》课程说明。

2. 认识建筑企业的性质和地位，首先应了解企业的含义和一般特征。在此基础上，明确建筑企业的性质和特征。建筑企业是生产力和生产关系的统一体，因而可以从生产型与非生产型，生产资料的所有制形式来考察建筑企业的性质；建筑企业的生产经营活动，具有生产产品的特定性和单件性，生产组织机构分散性、不稳定性，产品的单件整体性和分部工程的专业性，产品交易的订货性，产品价格的组合性等特征；建筑企业在现代化建设中的作用，是通过建筑产品与社会再生产和改善人民物质生活的关系来体现的；建筑企业的作用，决定了它在国民经济中应有的重要地位。

3. 建立建筑企业，必须依法具备应有的条件，如职工、资本、劳动资料等生产要素和组织机构以及管理制度；建筑企业的设置，从宏观来看，属于生产力的布局和资源配置的范畴。在社会主义市场经济条件下，建筑企业的设置，应以市场对建筑产品的需求为前提；建筑企业的规模分大中小型，各有其长处和不足，因而应从能够充分发挥建筑企业的生产能力，有利于提高经济效益来考虑建筑企业的规模。

4. 建筑企业可以从生产资料的所有制形式和生产经营的范围两个方面来分类。建筑业已形成以社会主义公有制为主体，多种经济成分共同发展的所有制结构；已形成为直接从事建筑产品生产经营的建筑企业、与为建筑产品生产流通服务的企事业的产业结构。

5. 在社会主义市场经济条件下，建筑企业应建立与之相适应的经营机制，主要是：竞争机制、经营决策机制、自我激励机制、自我发展机制和自我约束机制。其目的是增强企业的活力，包括应变力、创新力、竞争力、发展力和凝聚力。经营机制是企业活力的内在源泉，企业素质则是企业活力的基础；企业素质包括技术、人员、管理素质。

6. 国有建筑企业应按社会主义市场经济的要求转换经营机制，按国家有关规定，赋予企业的经营自主权，如生产经营决策权、产品、劳务承包定价权，对外经营权，投资决策权，自主支配使用资金和资产处置权，联营兼并权，劳动人事与工资奖金分配权，等等；同时，企业应承担相应的盈亏责任。与此同时，政府应转变职能，实行政企分开；政府主管部门的主要职责是，强化国有资产的监督和管理；强化宏观调控与行政管理；培育和完善建筑市场体系，建立完善社会保障制度，为企业提供服务。

7. 适应社会主义市场经济的要求，国有建筑企业应建立以产权制度为基础的现代企业制度。现代企业产权制度，就是法人产权制度。基本内容是，企业中国有资产的最终所有权属于国家，企业拥有出资者投资形成的财产的法人所有权。其特征是，国有企业法人所有权以企业的存在为前提；出资者与企业法人的权利都受国家法律的制约。股份制公司是现代企业的一种资本组织形式，由于它可以理顺产权关系，明确界定产权，是所有权、支配权和管理权分离比较规范化的形式，并具有可以建立有效的约束机制和筹集资本等作用，因而是国有建筑企业产权制度的主要实现形式。

复习思考题

1. 什么是建筑企业？它的性质是由什么决定的？它的生产经营具有哪些特征？
2. 建筑企业在现代化建设中具有哪些作用？
3. 建立建筑企业应具备哪些条件？设立建筑企业的基本依据是什么？
4. 如何评价建筑企业的规模？
5. 建筑企业按生产资料的所有制形式可分为几类？它们各自在建筑业处于什么样的地位？
6. 什么是建筑企业的经营机制？它包括哪些内容？作用是什么？
7. 建筑企业的活力包括哪些内容？建筑企业的活力是怎样形成的？
8. 为什么要转换国有建筑企业的经营机制？依据是什么？包括哪些内容？
9. 在社会主义市场经济条件下，国有建筑企业与政府是什么样的关系？政府行政部门行使哪些职责？
10. 什么是现代企业产权制度？它包括哪些内容？为什么说股份制公司是国有建筑企业产权制度的主要实现形式？

第四章 建筑产品

第一节 建筑产品概述

一、建筑产品概念

构成建筑业主要组成部分的建筑企业，主要从事建筑产品的生产经营活动。所谓建筑产品，是指建筑企业为社会提供的具有一定功能、能满足建设项目业主需要的各类房屋、构筑物。建筑产品是经过勘察设计、建筑施工、构配件制作和设备安装等一系列相互联结配合的活动过程而最终形成的。通常，人们又将房屋、构筑物的形成过程称为建筑工程，将设备和管道的安装、敷设过程称为安装工程。

房屋建筑产品，是指那些具有顶盖、梁柱、墙壁、基础而形成内部空间，具有满足人们从事生产活动或生活需要的功能的各种不同用途的房屋建筑物。如厂房、仓库、住宅、办公楼、校舍、医院、影剧院、商业用房等各类房屋。

构筑物建筑产品，是指仅具有基础结构和上部结构，一般不具有内部空间，即使具有内部空间，但其功能也有别于房屋的那些构筑物。如铁路、公路、桥梁、隧道、涵洞、机坪、电视塔等。

机械设备安装工程：成套的机械设备本身并不是由建筑业生产的产品。但是，机械设备使用价值的实现，有赖于建筑企业的安装活动，使之定位并相互联结，才能运转，发挥其效用；除机械设备本身的价值以外，安装工程的价值属于这类建筑产品的价值范畴。

二、建筑产品分类

（1）建筑产品按其生产的专业分工，可分为房屋建筑物和构筑物的建筑工程；机械设备和管道的安装工程；大型非标准件（如罐、槽、箱等）的现场制作。

（2）建筑产品按其性质和使用功能，可分为生产性建筑，包括国民经济各部门生产用的房屋建筑物、构筑物；非生产用的房屋建筑物、构筑物两大类。分类情况如图 4-1、图 4-2、图 4-3 所示。

以上分类方法，属于粗分法，有些建筑物或构筑物，既用于生产，又满足人们的生活需要，如铁路、公路、港口、机场、市政工程等都有这种情况。

（3）建筑产品按其形成的程度，可划分为"已完施工"、"未完施工"和"已完工程"。由于建筑产品的体积庞大，生产周期长，因而一般采用按月或按工程进度结算建筑产品价款的方式，以加速流动资金的周转。在这种情况下，把已经完成设计规定的工序，不需要再进行加工生产的分部分项工程称为"已完施工"，将其视为产品向业主收取货款；对已经施工，投入人工材料，但未完成设计规定的全部工序的工程，称为"未完施工"，继续进行加工生产；全部工程都完成了设计预定的要求，称为"已完工程"，建筑企业即可向业主结算全部工程价款。

```
             ┌ 工业建筑（见图 4-2）。
             │ 铁路工程 ┌ 铁路线路、桥梁、隧道、
             │          └ 铁路站场及枢纽工程
             │ 公路工程 ┌ 公路工程（包括城市道路）
             │          └ 桥梁、隧道工程
  生         │ 港口工程 ┌ 筑港工程
  产         │          └ 码头设施工程
  性         │ 市政设施工程 ┌ 集中供热工程、煤气工程、给水工程、
  建         │              └ 排水工程、污水处理工程
  筑         │ 农田水利工程 ┌ 水利工程、大坝工程、水库工程、
             │              │ 农田建设工程、农机厂站工程
             │              └ 水产养殖工程
             │ 动力工程
             │ 通讯工程
             │ 地下工程
             │ 航空港工程
             └ ……
```

图 4-1　生产性建筑分类图

```
       ┌ 主要生产厂房——从事各类工业产品生产的基本生产车间用房
       │ 辅助生产厂房——为基本生产服务的辅助生产车间用房
  工   │ 动 力 用 房——为工业生产提供动力的用房，如锅炉房、电站、
  业   │                变电所、煤气发生站、压缩空气站等
  建   │ 储 藏 用 房——为生产产品储存材料、半成品、产成品的库房
  筑   │ 运 输 用 房——各类运输设备停放用房
       └ 专 用 窑 炉——生产工业产品用的高炉、平炉、转炉、隧道窑等
```

图 4-2　工业建筑分类图

```
       ┌ 住 房 建 筑——各类住宅房屋
       │ 生活服务建筑——食堂、饭店、菜场、浴室、服务站等
       │ 文 教 建 筑——学校、图书馆等
       │ 托 幼 建 筑——托儿所、幼儿园等
       │ 医疗卫生建筑——医院、门诊所、疗养院、保健站等
  非   │ 商 业 建 筑——商店、商场等
  生   │ 行 政 性 建 筑——各种行政用办公楼、会堂等
  产   │ 交 通 建 筑——车站、客运站、地下铁道等
  性   │ 通讯广播建筑——邮电所、广播站、电视塔等
  建   │ 体 育 建 筑——体育馆、体育场、游泳池、射击场等
  筑   │ 观 演 建 筑——影院、剧院、音乐厅、杂技场等
       │ 旅 游 建 筑——旅馆、宾馆等
       │ 园 林 建 筑——公园、动物园、植物园等
       │ 纪 念 建 筑——纪念堂、纪念碑、纪念塔等
       └ ……
```

图 4-3　非生产建筑分类图

三、建筑产品的经济属性

（一）建筑产品的商品属性

商品经济是社会生产力发展到一定历史阶段的产物。它的产生和存在必须有两个基本条件：一是社会分工；二是生产资料和劳动产品属于不同的所有者或存在着具有独立经济利益的经济实体。在社会主义社会的初级阶段，不仅存在着广泛而细密的社会分工，而且还存在着以生产资料公有制为主体的多种所有制经济共同发展的情况，在全民所有制和集体所有制内部的各个企业，又是具有独立经济利益的经济实体，因而社会主义经济必然是商品经济，在不同所有制企业之间、在同一所有制内部经济实体之间，都必须采取商品等价交换的关系实现它们相互之间的联系。

在社会主义商品经济条件下，建筑企业为社会生产的建筑产品必然也是商品，其生产活动也必然是从事商品生产的经营活动。

建筑产品与其他商品一样，具有商品的二重因素：使用价值和价值。商品是用来交换的劳动产品，任何商品都具有使用价值和价值两个因素。建筑企业生产经营的建筑产品是使用价值和价值的统一体。建筑产品的使用价值是显而易见的，它以自身所特有的物质形态和所具备的功能，满足社会生产和人们生活的需要，发挥其特有的效用。建筑产品的使用价值，是由构成建筑产品物体的物理等自然属性所决定的。建筑产品又是通过劳动者凭借劳动资料，作用于劳动对象的物质生产活动建造起来的，凝结在建筑产品中的物化劳动和活劳动，形成建筑产品的价值。建筑产品作为商品，其使用价值和价值互为依存，互为条件。没有建筑产品的使用价值，也就没有建筑产品的价值，例如，质量不符合要求，需报废推倒重建的建筑物，就不成为商品。建筑产品的使用价值和价值又是互相矛盾、相互排斥的。建筑产品的价值是一种社会属性，它体现建筑企业与建筑项目业主相互之间进行交换的经济关系。对建筑企业来说，只有将符合质量要求的建筑产品通过交换，将其使用价值让渡给对方，建筑产品的价值才能实现。所以，建筑产品的使用价值是其交换价值的物质承担者，使用价值和价值不能同时兼而有之，这是建筑产品使用价值和价值矛盾的表现。这一基本理论，不仅可以界定建筑产品的商品属性，而且对于指导建筑企业的生产经营活动具有十分重要的现实意义，最主要的就是必须确保建筑产品的质量，形成使用价值，建筑产品的价值才有载体，建筑产品的价值才可能实现。

（二）确认建筑产品商品属性的意义

既然建筑产品是商品，从事建筑产品的生产是商品生产，而以商品经济为存在条件的价值规律就必然发生作用，建筑产品的生产经营活动，就必须按照价值规律和市场经济的要求来进行。

（1）建筑产品的价值应由生产某建筑产品耗费的社会必要劳动时间来决定。以社会必要劳动时间反映的建筑产品价值，既是建筑企业生产建筑产品耗费的必要补偿，又是评价建筑企业经济活动效益，促进企业技术进步，改善经营管理的重要依据。由于生产条件，技术水平和生产经营管理水平不同，各建筑企业的劳动生产率也就不一样，生产等量建筑产品所耗费的个别劳动（物化劳动和活劳动耗费）也各有差异，个别劳动消耗低于社会必要劳动耗费的企业就可以获得更多的利润；相反，就无利或亏损。

（2）建筑产品的价格应以建筑产品的价值为基础。建筑产品的价格是建筑产品价值的货币表现。建筑产品的价格虽然要受供求关系的影响，但其价格应大体反映价值，如果建筑产品价格严重低于价值，一方面会使建筑产品的生产耗费不能得到相应的补偿，造成企业亏损，使建筑企业的再生产难以为继；另一方面，经过交换，建筑产品转化为固定资产，并构成社会财产的组成部分，按建筑产品价格计算的固定资产价值，就不能真实地反映其价值，从而影响社会财富的真实性。

（3）建筑产品是为交换而生产的，因此，必须按照价值规律的要求，实行等价交换。建筑企业从事建筑产品的生产经营活动，必然要与建设项目业主、相关的企业单位发生经济往来关系。这些关系，实质上大都属于各个独立的经济实体之间所发生的商品交换关系，因而必须遵循等价交换的原则。只有这样，才能正确反映交换双方的经济利益，才能正确比较部门之间和企业之间的经济效益，才能有利于交换双方经济的发展。

从上述可见，确认建筑企业为交换而生产的建筑产品的商品属性，是确立建筑企业是从事商品生产的经济组织，实行自主经营，自负盈亏，自我约束，自我发展的前提，是建筑企业成为市场主体，进入市场，参与市场活动和竞争的必然要求。

第二节 建筑产品的价值、成本和价格

一、建筑产品的价值

（一）建筑产品价值的实质

如上所述，具有商品属性的建筑产品，具有使用价值和价值两个因素。建筑生产者从事建筑产品生产的劳动，既是具体劳动，同时又是抽象劳动。在建筑产品生产过程中，建筑生产者，通过自己的具体劳动，创造出适用社会需要的、具有使用价值的建筑产品；同时，建筑生产者的劳动作为抽象劳动，形成建筑产品的价值。建筑产品的价值有质的规定性和量的规定性两个方面。从质的规定性来讲，它是物化在建筑产品中的抽象劳动，是无差别的人类劳动的凝结；从量的规定性来讲，它是由实现在建筑产品中的劳动量决定的，而且是由生产该产品的社会必要劳动时间决定的价值量，它体现一定的社会生产关系，这就是建筑产品价值的经济实质。

（二）建筑产品价值的构成

当建筑产品的价值采取货币形式反映时，它的价值总和是由在生产过程中为建造建筑产品而消耗的生产资料价值（c），建筑生产者为自身必要劳动创造的价值（v）和为社会创造的价值（m）三部分构成；c是为生产建筑产品而发生的转移价值，（v）和（m）是建筑生产者在建造建筑产品过程中新创造的价值。

二、建筑产品成本

（一）建筑产品成本的概念和意义

1. 建筑产品成本的概念

建筑企业的生产过程，是建造建筑产品和发生生产耗费的统一。通过生产活动，一方面建造成建筑产品；另一方面，为建造建筑产品，又耗费了一定量的人力、物力和财力。正如马克思指出的，"生产行为本身就它的一切要素来说也是消费行为"❶ 建筑产品成本与建筑产品价值紧密联系，是建筑产品价值的重要组成部分。即建筑产品价值中的c+v两部分构成建筑产品成本。可见，建筑产品成本是一个价值范畴，是为建造建筑产品而发生的物化劳动耗劳和建筑生产者的必要劳动耗费的货币表现。将成本从价值中划分出来，成为一

---

❶ 马克思：《政治经济学批判导言》、《马克思恩格斯全集》，第二卷，第93页。

个经济范畴,是为了划分保证简单再生产能顺利进行下去,使生产耗费能得以补偿的一个最低界限。马克思指出:"商品出售价格的最低界限,是由商品的成本价格规定的。如果商品低于它的成本价格出售,生产资本中已经消耗的组成部分,就不能全部由出售价格得到补偿。如果这个过程继续下去,预付资本价值就会消失"❶。由此可见,产品成本是价格的最低界限,低于这个界限,生产就要萎缩,简单再生产也难以维持下去,这说明成本是建筑企业生产经营活动中的一个十分重要的环节。

建筑产品成本,有社会成本和个别成本之分。建筑产品的社会成本,是指社会生产一定量的建筑产品的平均劳动耗费,其实质是,在现有的社会正常的生产条件下,在社会平均的劳动熟练程度和劳动强度下,生产该建筑产品所需的劳动量;它是决定建筑产品价值的基础。建筑产品的个别成本,是指建筑企业生产一定量的建筑产品所实际发生的劳动耗费。在建筑产品价格与建筑产品价值基本保持一致的情况下,建筑企业生产建筑产品所实际发生的个别成本低于社会成本,通过交换,企业为生产建筑产品所发生的劳动耗费,不仅能得到补偿,并可以得到一定的多余数额,形成企业的工程结算利润;相反,如果企业生产建筑产品所实际发生的个别成本高于社会成本,就会使企业出售建筑产品的收入不足以补偿生产耗费,造成亏损。所以,力求使企业生产建筑产品的个别成本低于社会成本,是建筑企业生产经营管理工作中的一个重要目标,是提高建筑企业经济效益的基本要求。

2. 建筑产品成本的意义

上述的建筑产品成本,也就是人们通常所说的建筑产品理论成本。建筑产品理论成本,是制定建筑产品价格的基本依据,也是指导建筑企业成本管理工作的理论基础。

建筑产品成本这一经济范畴,有其特殊的意义,主要表现在以下的几个方面:

(1) 建筑产品成本是补偿生产消耗的尺度,是确定和反映建筑企业经济效益的重要组成部分。建筑企业在生产经营活动中,要在保证建筑产品质量的前提下,努力实现以最少的劳动耗费取得最大的生产成果,不断提高建筑企业的经济效益。企业的经济效益如何,要通过生产成果与生产耗费的比较来确定。这种比较,是通过销售建筑产品获得的收入与生产建筑产品实际发生的成本对比来反映的。建筑产品的销售收入大于相应建筑产品的成本支出,说明企业在生产过程中发生的耗费能够得到补偿,不仅使企业的再生产能够顺利进行,而且还有一个余额,形成企业利润的组成部分,为企业的扩大再生产创造条件;相反,如果企业生产建筑产品的实际成本大于销售该建筑产品的收入,企业的生产耗费就不能得到足额补偿,甚至造成亏损,就会对企业的再生产和进一步发展带来不利的影响。可见,建筑产品成本,是建筑产品生产耗费的补偿尺度,对企业的经济效益有着直接的影响。

(2) 建筑产品成本,是反映建筑企业生产经营管理工作水平的重要经济指标。建筑产品成本是为生产建筑产品而发生的物化劳动和活劳动的综合反映。企业生产任务的完成情况,劳动生产率的高低,机械设备的利用程度,材料的耗用是否节约,管理费用的支付是否节省,产品质量的优劣,以及是否做到安全生产等等,都会直接地或间接地影响建筑产品成本降低或增大。而这些因素的状况如何,又受企业的生产经营管理水平所制约。所以,企业生产经营管理工作的质量和水平对建筑产品成本水平有着直接或间接的影响,因而建筑产品成本是反映企业生产经营管理水平的一项重要经济指标。

---

❶《马克思、恩格斯全集》,第二十五卷 45—46 页。

（3）建筑产品成本是建筑企业进行生产经营决策的一种重要依据。在建筑企业的生产经营活动中，对一些重大的经济决策，必须从经济效益的角度进行认真的、周密慎重的分析。这就必须借助于企业的有关成本资料作为决策的依据之一。如对工程的投标报价，既要考虑社会认可的一般消耗水平，又要考虑企业生产的实际成本状况，权衡企业的得失，综合诸方面的情况后方能作出决策。又如在企业的内部管理工作中，可以通过建筑产品成本的状况，显示企业管理工作的成效和存在的主要问题，及时采取措施，解决问题，控制消耗，降低建筑产品成本。

（二）建筑产品实际应用成本

1. 建筑产品实际应用成本的含义

建筑产品实际应用成本，是指按照国家现行制度和有关成本开支范围的规定，根据建筑产品生产过程中发生的消耗量和按其价格计算的、由人工费、材料费、机械使用费、其他直接费用和间接费用组成的生产经营成本，也就是相对上述建筑产品理论成本而言的实际应用成本。建筑产品的生产经营成本，是建筑产品理论成本概念的具体化。根据经济管理工作的需要，建筑产品生产经营成本组成项目的划分和包括的内容与理论成本的表述并不一样。但是，两者所体现的生产耗费的经济实质基本是相同的。实际应用成本包括的内容和理论成本包括的内容又有一定的差异，实际应用成本除包括理论成本的共性消耗以外，还应考虑建筑生产的特点及其生产过程中的特殊消耗，如场地清理费、利息支出等；实际应用成本应同生产经营的目的性紧密联系，不仅限于生产建筑产品的消耗，还应包括销售活动中所发生的消耗及企业经营活动中发生的管理费用。

2. 建筑产品生产经营成本的形成

建筑产品生产经营成本的形成，经过建筑企业的资金耗费转化为生产费用，由生产费用转化为生产经营成本两个阶段。建筑企业在建筑产品的建造过程中，必然要发生各种各样的生产耗费。这些可以用货币表现的生产耗费，表现为企业占有的资产的减少或者负债的增加；按其经济实质，是为建筑产品建造而发生的物化劳动耗费、必要的活劳动耗费和其他的货币支出。这些生产耗费，在经济活动中的表现形式是：劳动对象的耗费，如构成建筑产品实体的各种主要材料、结构件等，它们转化为生产费用中的材料费；劳动资料的耗费，如在建筑产品生产过程使用的各种各样的施工机械、工具用具和具有劳动资料性质的周转材料等，这些劳动资料在生产过程中由于使用而磨损，其磨损的价值以固定资产折旧、低值易耗品的摊销等形式按其不同的用途而转化生产费用中的有关费用。以上两部分的耗费，统称为生产资料的转移价值，即物化劳动耗费。此外，还表现在用货币支付生产工人的劳动报酬和与建筑产品建造有关的其他各项费用支出，这些支出，转化为生产费用中的人工费和有关项目的费用；生产费用中的人工费，即必要的活劳动耗费的体现。

从上述可见，生产费用是指企业在一定时期内进行建筑产品的建造活动所发生的费用总和，即用货币形式表现的生产耗费。

生产费用为建筑产品的建造而发生，理所当然应由在该时期内建造的建筑产品承担，当生产费用归集到具体的建筑产品对象上去，即转化为建筑产品的生产经营成本。由此可见，建筑产品成本体现建筑企业因建筑产品建造而发生的资金耗费，也可以称为对象化的费用；建筑产品经营成本，是指企业生产一定量的建筑产品而发生的生产费用的总和。

3. 建筑产品生产经营成本的内涵

建筑产品的生产经营成本，有其特定的内涵。按照有关规定，企业直接为生产商品和提供劳务等发生的直接人工、直接材料、商品进价和其他直接费用直接计入生产经营成本；企业为生产商品和提供劳务而发生的各项间接费用，应按照一定的标准分配计入生产经营成本。企业行政管理部门为组织和管理生产经营活动而发生的管理费用和财务费用，为销售和提供劳务而发生的销售费用，应当作为期间费用，直接计入当期损益。因此，建筑产品的生产经营成本仅包括为建筑产品建造而发生的直接费用和间接费用两部分；企业发生的期间费用：管理费用、财务费用和销售费用不包括在生产经营成本之中，直接计入企业当期的损益。生产经营成本，是按照国际上广泛采用的制造成本法反映的制造成本。相对制造成本而言，如果将期间费用计入成本，就称为完全成本。采用制造成本法反映建筑产品成本，便于反映和考核企业的成本水平和明确管理责任，并有助于进行成本预测和决策。

4. 建筑产品成本的类型

建筑企业为了加强建筑产品的成本管理，控制建造建筑产品的耗费，使企业的个别成本低于社会成本，争取获得较多的收益，因而在企业的生产经营管理工作中，对建筑产品的成本采用三种形态表示，以便相互比较，反映企业的成本水平，提供生产经营管理所需的成本信息。这三种类型的成本是：

（1）建筑产品实际成本。即企业建造建筑产品实际发生的、用货币形式表现的各项生产费用的总和。它反映企业建造建筑产品实际达到的生产耗费水平，是企业各项生产经营管理工作质量和水平的综合反映。

（2）建筑产品预算成本。建筑产品预算成本，又称工程预算成本，是指建筑安装工程施工按有关工程预算规定计算的工程直接费。工程预算成本，是建筑产品成本的一个专用概念。它与工程预算价值既有联系，又有区别，是两个不同的概念。工程预算成本，也就是工程预算价值中的直接工程费，是工程预算价值的基本组成部分；工程预算价值的内容，还包括间接费、计划利润和税金三部分。所以工程预算成本与工程预算价值二者之间是局部和全局的关系。

工程预算成本，既是衡量企业建筑产品实际耗费水平的标尺，又是确定工程成本结算损益的基本依据。企业建造建筑产品的实际成本（个别成本）与工程预算成本（社会成本）对比，如果实际成本小于工程预算成本，其差额为工程结算利润；反之，其负数为工程结算亏损。

（3）建筑产品计划成本。建筑产品计划成本，是指企业为保证建筑产品的实际成本控制在预算成本之内，实现降低成本目标而制定的计划成本。计划成本是在工程预算成本的基础上，具体分析各项工程的施工条件，制定积极可行的技术组织措施，充分挖掘企业内部潜力和厉行节约可能形成的经济效果而制定的成本计划，即通常所说的降低成本计划。建筑产品的计划成本，一般都要低于预算成本；它与建筑产品的实际成本比较，可以考核企业降低成本计划的执行情况，确定是否实现了预定的降低成本目标。

上述三种类型的建筑产品成本，是同一建筑产品以三种不同的价值量表示，它们分别反映该建筑产品的生产耗费水平。实际成本是实际发生的生产耗费；预算成本是按工程预算定额规定的生产耗费；计划成本则是计划控制的生产耗费，通过它们之间的对比分析，可以看出企业建造建筑产品的成本状况，从而对企业的生产经营管理工作作出应有的评价，促进企业不断改善生产经营管理工作，降低建造建筑产品成本，获取更多的盈利。

5. 建筑产品成本结构

如上所述，建筑产品的生产经营成本，是由人工费、材料费、机械使用费、其他直接费和间接费用五项所组成的。所谓建筑产品成本结构，是指在建筑产品成本总额中，各个成本项目的数额所占的比重。建筑产品成本结构，是由在建造建筑产品过程中所消耗的物化劳动和活劳动的情况作决定的。成本结构，要受完成工程的结构类型、施工方法、劳动生产率和施工机械化程度的高低等因素的影响。一般来说，在工业建筑工程的成本结构中，材料费和机械使用费所占的比重要大些；在民用建筑工程的成本结构中，材料费和机械使用费相对工业建筑来说要小些，人工费所占比重则要大些；在安装工程的成本中，人工费所占的比重相对要大，而材料费所占的比重则相对要小。在施工任务饱满，超额完成计划的情况下，在实际成本的结构中，间接费用所占的比重相对要小；反之，则大。当然，由于多种因素的交错，成本结构的变动情况也是错综复杂的。通过对建筑产品成本结构及其变化情况的考察，有助于认识成本变动的规律性，明确成本管理工作的重点，寻求降低成本的途径。

6. 降低建筑产品成本的途径

影响建筑产品成本升降的因素很多，概括而言，既有建筑企业所处的社会经济环境方面的外在因素，又有企业内部的生产条件和管理工作诸方面的内在因素。企业外部的因素如社会的科技发展水平，生产资料和生活资料价格的变动，社会平均工资水平的提高，建筑业内部产业结构的变动等等，都会直接地或间接地影响建筑产品的成本水平。所以建筑企业要降低建筑产品成本，既要对客观经济环境的变化及时作出有利于降低成本的应变，更要着眼于企业内部，依靠职工并调动职工的生产积极性，挖掘各种生产潜力，充分发挥企业的优势，加强企业的生产经营管理，在保证建筑产品质量的前提下，努力降低各种消耗，促使建筑产品成本降低。降低建筑产品成本的主要途径是：

(1) 合理地、节约地使用建筑材料，降低材料费消耗。材料费是建筑产品成本中的主要项目，在建筑产品总成本中，材料费一般要占65%～70%左右，从工程成本结构发展的趋势来看，随着劳动生产率的提高，材料费所占的比重将会越来越大；但随着管理工作的加强和改善，单位工程量所消耗的材料量有可能降低，材料费成本有可能节约。作为劳动对象的各类建筑材料，具有实物形态和价值形态的双重表现。建筑产品生产中耗用材料的数量，是构成材料费成本的基础，材料成本是工程耗用材料量的货币表现。所以，降低材料费成本，可以从材料的实物数量和材料的价格两个方面寻求降低成本的途径。如严格施工和技术管理，按照技术组织措施有效而节约地使用材料，采用新材料和代用材料；在材料价格方面，在确保材质的前提下，择廉进货，就地采购，减少材料的中转环节；加强材料管理，减少损耗，降低材料的采购成本等等，从而降低材料费用。

(2) 提高机械设备的完好率和利用率，认真执行使用机械的各项消耗定额，降低机械使用台班成本；充分利用机械台班的有效作业时间和充分发挥机械的设计效能，尽可能减少人为因素造成的闲置台班，以求降低机械使用费的成本。

(3) 提高职工的整体素质，提高生产工人的生产技能，做好劳动组织和调配工作，防止人为的停工和窝工；贯彻按劳分配原则，正确处理职工的工资、奖金以及福利问题，充分调动职工的生产积极性；推广新技术，改善施工方法，提高工效，从各个方面促进提高劳动生产率，并使劳动生产率增长的幅度大于职工工资的增长幅度，以控制和降低人工费成本。

(4) 提高施工管理和技术管理的效能和水平，改善施工组织设计，制定并认真实施技术组织措施计划；建立健全成本责任制，强化成本管理的各项基础工作，严格执行各种消耗定额；如实核算各项成本，定期不定期组织成本分析，检查降低成本计划的执行情况，及时采取措施，解决建筑产品建造过程中出现的问题，以保证降低成本计划的实现。

三、建筑产品价格

(一) 建筑产品价格的概念和作用

1. 建筑产品价格的概念

价格是商品价值的货币表现，而价值是凝结在商品中的抽象劳动，商品的价值量是由生产商品所耗费的社会必要劳动量来决定的，从量的规定性方面来定义价格，那么价格是表现商品价值的一定货币额。

建筑产品作为商品，既然有其价值属性，也就必然存在价值的表现，即价格这一经济范畴。就一般意义而言，建筑产品价格，也就是建筑产品价值的货币表现。建筑产品的理论价格，与建筑产品的价值一样，应由 $c+v+m$ 三部分构成；建筑产品价格的形成，要以建筑产品的价值为基础，由于价值规律的作用，建筑产品的价格围绕着价值波动，对建筑生产和需求，以及经济资源的配置起着一定的调节作用。

2. 建筑产品价格的作用

在我国的较长时期，实行计划经济体制，由于不承认建筑产品是商品，而把建筑产品的生产视为完成基本建设投资的一个环节。在这种管理体制下，所谓建筑产品的价格，仅仅是作为经济核算和结算的需要而存在的。这种体制下的建筑产品价格，是根据设计图纸，按国家统一规定的预算定额、材料预算价格、地区单位估价表和各项取费标准编制的施工图预算来确定的。由于执行的是统一定额、统一费率和统一计算方法，因而由此确定的建筑产品价格是高度集中的、统一的计划价格。这种建筑产品价格体制的基本特征是，由于不承认建筑产品的商品属性，所以由工程预算造价确定的建筑产品价格，既不完全反映建筑产品的价值，也不反应其交换关系；价格的构成也不甚合理，价格总水平偏低；价格的形成是按国家统一规定的概预算方式确定。因此，这种建筑产品价格体制，应逐步进行改革，以适应建立社会主义市场经济的需要，发挥其应有的作用。

如前所述，建筑产品既然是商品，就必然要按价值规律的要求，形成相应的价格机制。价格机制是市场机制的核心，是价值规律的直接作用形式，它是市场竞争过程中市场价格与市场供求变动之间的联系和作用的机制。

在社会主义市场经济条件下，建筑产品价格的基本作用是：

(1) 建筑产品价格是建筑企业之间的竞争工具。一般来说，在建筑产品质量相近的情况下，建筑产品的价格比较合理，相对较低者，就可能承揽更多的工程任务，提高建筑产品的市场占有率。由于建筑产品的价格是由成本和盈利两部分构成的，因此，降低建筑产品价格必须建立在不断降低建筑产品成本的基础之上。这就要求企业在保证工程质量的前提下，提高技术装备程度，采用先进的施工方法，改善生产经营管理，提高劳动生产率，优化生产要素的配置，使企业的个别成本低于社会平均成本；不然，单纯的降价，就会使企业无利甚至造成亏损。

(2) 建筑产品价格是调节供求的信号。市场供给和需求的变动，影响市场价格的变动，而市场价格的变动将影响建筑产品生产者的决策和资源配置的效率及规模。当市场对建筑产品的需求大于供应时，建筑产品的价格就会上扬，建筑企业可以承揽较多的工程任务，获得较多的盈利，进而会扩大生产规模；另一方面，一些盈利较少的企业，为获得更多的盈利所驱动，也投向建筑产业和建筑业相关的产业。当社会建筑业的生产能力大于需求时，建筑企业会竞相压低建筑产品的价格，以求承揽工程任务。这种情况，一方面迫使企业作出相应决策，进一步改善经营管理，加大技术进步的力度，降低产品成本、或是调整生产规模，或是转变投向其他产业，重新优化资源配置，使得建筑产品供求不平衡的差距逐渐缩小。

当然，建筑产品价格的涨落，都是以建筑产品的价值为基础，围绕价值而上下波动的。如果建筑产品的价格下跌到成本下限时，建筑企业不仅无利可图，而且连再生产也难以为继，这必将危及一些建筑企业的生存。

（3）建筑产品价格机制，是实现国家宏观调控的一种手段。市场供求变动所产生的市场价格变动，不仅影响建筑产品供求双方的决策，自动调节建筑企业的生产经营活动和建设项目业主的投资活动，同时也给国家宏观调控提供了信息。由于建造建筑产品需要较多的资金投入，对相关产业的波及影响较大，如果建筑产品的供需严重失调，仅靠市场驱使供求趋于平衡，难度较大。在特定的情况下，国家将根据市场价格提供的信息，通过利率、税率等经济手段和增加或压缩由国家所掌握的基本建设投资来影响建筑市场，以避免由市场自发调节所带来的严重的经济波动，促使建筑产品总供给和总需求之间的基本平衡。

（4）建筑产品价格是经济核算的计价形式。无论是建筑企业和与建筑企业相关的企业和单位，都不可避免地要以建筑产品的价格作为计价的基础。在建筑企业内部，要以建筑产品的价格计算经营收入，并以此为标准，确定企业的盈亏；建筑企业与建设项目业主之间，要以建筑产品价格结算工程价款，建设项目业主要以按建筑产品价格计算的工程投资支出计入固定资本；建筑企业要以按建筑产品价格计算的营业收入，按规定的税率交纳税金等等。可见，建筑产品价格，不仅对建筑企业的经济核算有着重要影响，而且对相关企业单位的有关数值的计算，也会产生连带的影响。

建筑产品价格的上述作用，是以竞争而有序的市场体系的存在和建筑产品价格机制的形成为前提的；否则，建筑产品价格应有的作用是难以正常而且正确地反映出来的。

（二）建筑产品价格的特点

由于建筑产品及其生产所具有的技术经济特点，决定了建筑产品价格的构成内容与定价方式都有很多与一般工业产品价格不大相同的特点。主要是：

1. 确定建筑产品价格的单件性

一般工业产品，除大型工业产品，如不同型号的大型机械设备、轮船等以外，都是按同一设计图纸，相同的工艺方法和生产过程加工制造，并按批量生产。因而同一规格产品的价格可以统一计算，而且价格相同。但是，建设产品是按建设项目业主的特定需要，根据其要求所确定的设计图纸进行施工建造，所以使得建筑产品的生产具有明显的单件性；各种不同的建筑产品由于所处的地区和产品的结构、构造、功能、规模、标准不同，生产所需的耗费当然也就不同，而且往往差距很大。因而建筑产品的价格只能按既定的建筑产品对象，单个计算确定。建筑产品价格的单件性，要求建筑产品的成本计算与之相适应，一般都应以单位工程为核算对象，计算其成本。

2. 建筑产品定价的两次性

一般工业产品，大都是先生产，后定价，计价一次完成（由于供求关系而调整价格属另一种情况）。而建筑产品的定价一般不可能一次完成。这是因为，建筑产品一般是先定价，后生产。即建筑企业通过投标方式获得建筑产品的承建任务以后，按照建筑产品的设计要求，与建设项目业主商定并签署合同确定建筑产品的价格。但这种价格是一种暂定价格。因为在建筑产品的建造过程中，实际发生的情况往往与预定的要求不大可能完全一样，如建筑产品所处地点的地质情况与设计不相符合，或建设项目业主在建筑产品建造过程中要求改变原设计，要求改用价高的建筑材料等等都会使得建筑产品的生产耗费发生变化。在这种情况下，就要按合同的有关规定对建筑产品的价格进行调整。因此，在建筑产品的交工验收时，要进行建筑产品竣工决算，最后确定建筑产品的价格。所以，建筑产品的计价具有二次性的特点，而第一次计价是基础，第二次计价是在原定价格基础上的调整。这就要求第一次计价不仅要为建设项目业主所接受，而且也要符合企业生产经营盈利的要求；第二次调价则要求建筑企业提出为建设项目业主所签证的调价依据以及合同的有关规定。

3. 建筑产品价格的组合性

不少工业产品大都是以最终产品的形态确定其价格，它的价格是完整不可分割的。而建筑产品的价格则具有明显的组合性。即建筑产品的价格虽然是按其最终产品形态确定的，但构成建筑产品的同类型的分部分项工程则可以以相对独立的形态计价；各分部分项工程价值之和，构成建筑产品的最终价格。正是由于建筑产品价格具有这一特点，使得建筑企业可以将已完分部分项工程以"假定产品"的形式，按合同规定作为向建设项目业主拨取工程进度款的依据；同时，也是企业与工程分包企业单位结算工程价款和企业内部单位之间进行经济核算的依据。

4. 建筑产品价格内涵的兼容性

一般工业产品要经过生产和销售两个环节，要分别计算生产费用和销售费用，并据以确定产品的生产价格和销售价格。建筑产品一般都采取工程承包的形式，建筑产品的交易，一般不需要经过独立的流通环节，而是生产过程和流通过程的统一，在生产建筑产品时，就包含着该产品的流通过程和流通费用在内。因此，建筑产品流通领域的利润即工业产品的销售利润也应包含在建筑产品的价格之中；同时属于建筑产品的流通费用，也应以生产费用的形式在建筑产品的价格中得到反映。

（三）建筑产品价格的形式

价格形式，是指由于制定价格的方式或条件不同而形成的不同价格类型。我国正处于从计划经济体制向市场经济体制的转变时期，因而建筑产品的价格也必然存在多种形式。主要的价格形式有以下几种：

1. 建筑产品理论价格

建筑产品的理论价格，由部门平均成本和按社会平均利润率计算的利润两部分构成。理论价格是以价格和价值一致的要求为出发点，不考虑由于国家有关价格的政策和供求因素所引起的价格和价值的背离。因而理论价格并不是实际执行的价格，从某种意义来讲，它只不过是一种立价原则。确立建筑产品的理论价格，可以比较客观地反映建筑业在国民经济中的地位和作用，也可以正确确定建筑产品与其他商品的比价，使不同部门、企业之间真正实现等价交换，并为正确评价建筑企业的经济效益提供合理的依据。因此，建筑产品的理论价格对于制定和执行实际应用价格有着重要的指导意义。

2. 建筑产品的计划价格

建筑产品的计划价格，也就是前面所述及的按国家统一规定计算的建筑安装工程的预算价值来确定的价格。建筑产品计划价格的最基本形式是施工图预算加签证。为了简化建筑产品价格的计算方法，加强对建筑产品价格的控制和管理，自1980年初以来，先后出现了概算包干、施工图预算加系数包干、平方米造价包干、小区综合造价包干、新增单位生产能力造价包干等多种定价形式。这些定价形式的基础仍是概算或预算定额，是由原来的施工图预算加签证定价方式派生和发展形成的，仍然属于计划价格的范畴。

建筑产品的计划价格，是在固定资产以国家预算内计划投资为主的条件下形成的。它与用行政手段分配生产任务的计划管理方式相联系，其基本出发点是压低建筑产品价格，以降低投资支出，保证固定资产的投资规模。建筑产品计划价格长期以来存在的问题是显而易见的，主要是：定额和利润水平偏低，主要从有利于投资方出发，而抑制了建筑企业应有的利益，在一定程度上限制了建筑企业的进步和发展；而预算定额是在一定时期，根据当时的技术、经济水平制定的，它具有相对的固定性，但是，社会的技术、经济条件总在不断发生变化，这就必然与预算定额的相对固定发生矛盾，尽管对预算定额也要作相应的修订，但这种修订总是滞后的，难以及时正确地反映建筑产品的社会消耗水平。随着社会经济的发展，特别是实行社会主义市场经济以后，建筑产品计划价格的矛盾，显得更为突出。在固定资产投资多元化的新形势下，仅从对国家财政收入的影响来看，由于对建筑产品采取微利的价格政策造成财政收入的损失，就将超过由此而给作为财政支出的固定资产投资所带来的节约额，建筑业实际创造的价值的一部分，无偿归于其他产业，也就是各种不同所有制的企业、单位和个人。

3. 建筑产品的浮动价格

浮动价格，是指以施工图预算确定的建筑产品计划价格作为标底，并规定一定的浮动幅度，允许建筑企业根据市场供求关系在建筑产品价格浮动的幅度内进行投标报价。最后中标的价格，就是建筑产品的浮动价格。由于这种价格最终还要用合同固定下来，所以这种浮动价格又称为合同价格。由此可见，建筑产品的浮动价格，是以建筑产品的计划价格为基础，围绕计划价格而浮动的，它实质上是一种可以浮动的计划价格。尽管如此，相对固定的建筑产品计划价格而言，采用建筑产品浮动价格在一定程度上有利于在建筑领域引入竞争机制，促进建筑企业扬长避短，努力降低成本，提高经济效益；而且使企业在一定范围内有了定价权，这就有可能使企业通过竞争的实践不断修正定价的基础数据，从而为企业对建筑产品自主定价创造了条件，也使建筑产品价格真正独立于投资预算之外成为可能。

4. 建筑产品的自由价格

自由价格，是指建筑企业根据市场供求情况和本企业的生产条件及生产耗费水平等因素自主地确定建筑产品的价格。自由价格是最适应于市场经济的价格形式，而主要的特征是随着市场供求关系的变化而变化，因而它能够灵敏地反映市场信息。自由价格是在竞争中形成的，它从一个侧面反映了企业竞争能力的差异。在市场经济条件下，自由价格亦称为竞争价格或市场价格。

建筑产品的自由价格，是以企业的个别劳动消耗量作为基本依据而制定的价格，它有利于充分发挥各企业的特长和优势,有利于引导企业通过降低个别劳动耗费量来提高自身的竞争能力,从而促进建筑产品社会必要劳动量的降低。

(四)建筑产品价格改革的趋势

随着我国社会主义市场经济体制的建立,特别是在实行招标投标制以来,建筑产品的价格形式和管理体制都发生了较大的变化。主要表现在:在价格形式上,突破了单一计划价格的形式,形成了计划价格、浮动价格等多种价格形式并存的格局;在价格实现方式上,改变了完全由行政手段办法,即指令性计划形式下达任务并实行单一的计划价格实现价格的方式,凡实行招标投标和议标的工程,市场交换成为实现价格的基本形式,市场的供求关系已起到了一定的调节作用;在价格管理上,由于价格实现方式的变化,价格完全由国家集中管理的体制已得到一定程度的改变。所有这些,较原有的建筑产品价格管理体制,显然是一种进步。但是,这些进步,仍然是表面的,并未触及建筑产品价格的定价基础、价格构成和价格水平这样一些带根本性的问题。由于建筑市场体系还不完善,招标投标制还不健全,使建筑产品价格严重背离价值的情况更为突出,对建筑业的发展和国家财政都带来不良后果,客观现实情况要求对建筑产品的价格进行改革;而社会主义市场经济的建立,需要建立市场机制,发挥价格机制的作用,也要求对建筑产品的价格进行改革。

建筑产品的价格改革,既有其必要性和重要性,又有其艰巨性和复杂性。因为建筑产品的价格改革,涉及国民经济价格体系的总体改革,涉及到有关各方面的经济利益的调整和理顺各方面的经济关系,在纵向方面要调整国家、企业、个人的经济利益关系;在横向方面,要调整与建设项目业主和相关企业的利益关系。所以,建筑产品的价格改革不是短期内所能完成的,必然要经历一个较长时期的、与总体改革相适应的各方面协调改革的过程。

建筑产品价格改革的趋势是,根据社会主义市场经济体制的要求,通过价格改革,使传统的单一的计划价格体制,转变为适应社会主义市场经济体制的建筑产品市场价格体制。它主要体现在,在价格形式上,应是能上下波动、具有弹性的市场价格;在价格的实现方式上,应充分发挥市场机制的作用,通过完善的建筑市场来实现;在价格的管理体制上,是以宏观控制为主的间接管理为主,最终实现建筑产品价格既反映建筑产品的价值,又反映供求关系的、价格水平合理化的目标。

在现阶段,应通过改革,逐步做到建筑产品价格合理化。即建筑产品价格水平和价格实现方式合理化,而核心又是建筑产品价格水平合理化,而价格水平合理化又要受价格实现方式的制约。价格水平合理化,包括价格构成、成本水平、利润水平三个方面的合理化;价格实现方式合理化包括完善建筑市场和完善宏观管理两个方面。

1. 建筑产品价格构成合理化

所谓建筑产品价格构成合理化,是指在确认建筑产品是商品的基础上,按商品价值构成的原理理顺各项费用的构成。建筑产品的价格,不仅要包括为建造建筑产品而发生的各种物化劳动耗费、必要的活劳动耗费和为社会提供剩余产品的劳动耗费等全部生产耗费,而且还应包括一定的工程风险的费用。这是因为,由于建筑产品的特点,生产周期较长,生产过程中的可变因素、不可控制的因素较多,它们很可能给建筑产品的建造过程带来不利的影响,引起生产耗费的增长。

2. 建筑产品成本水平合理化

建筑产品成本水平要实现合理化,应当建立科学的、反映客观实际情况的、包括劳动消耗和物资消耗等在内的各种预算定额所形成的预算定额体系,并将预算定额的水平由部门"平均先进"水平改为"部门平均水平,以合理的预算定额作为国家控制建筑产品价格水平的主要依据。建筑产品价格应是预算定额指导下,由市场机制作用所形成的市场价格。因此,制定合理的、科学的预算定额体系,并随着情况的变化而作及时调整是建筑产品价格合理化中的一个极其重要的问题。"政府宏观指导,企业自主报价,公平竞争形成价格,实行动态管理",这就是市场经济对建筑产品价格管理的要求。

3. 利润水平合理化

在建筑产品的价格中,应包括合理的利润。建筑产品的微利既不利于建筑业的发展,也不利于国家的财政收入。建筑产品价格中应含多少利润,怎样算合理,应从国民经济的整体中通过与相关产业的利润的比较,从既能体现建筑业为社会创造的价格,又能与国民经济相关产业利润水平的协调来确定。当然,这是一个比较复杂的问题,要通过价格体制的整体改革才能得以实现。

此外,有关完善建筑市场,完善宏观管理等涉及建筑产品价格实现方式合理化的问题,将在下章中论述。

四、建筑产品价值、成本和价格的关系

如上所述,建筑产品的价值、成本和价格之间存在着有机联系,它们之间的相互作用,直接影响建筑产品的利润,其关系大致如图 4-4 所示。

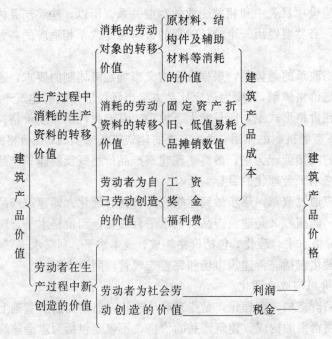

图 4-4 建筑产品价值、成本和价格关系图

根据图 4-4,可以作如下的概括分析:

(1) 建筑产品的价值,应由社会必要劳动量决定,它应包括为建造建筑产品所需的全部劳动耗费;建筑产品价值的货币表现,形成建筑产品价格。建筑产品的价格应以建筑产品的价值为基础,价格与价值可能发生背离,由此而对建筑企业的盈利带来影响。

（2）在建筑产品价格反映价值的情况下，建筑企业建造建筑产品实际发生的劳动耗费，即建筑产品的个别成本，低于构成建筑产品价格中的社会成本，不仅能使生产过程中发生的耗费能够得到补偿，而且还可以形成降低成本利润，连同价格中既定的利润部分，使得企业的利润额增大；如果企业建造建筑产品的个别成本与建筑产品价格中所含的社会成本相等，企业生产过程中发生的消耗可以得到补偿，企业仅能获得价格中所含的既定利润部分；如果企业建造建筑产品的个别成本高于建筑产品价格中的社会成本，不仅企业在生产过程中发生的耗费不能得到足够补偿，甚致价格中所含的既定利润部分也为补偿生产耗费所抵销，造成企业的亏损。可见，企业个别成本的高低，对企业的利润产生直接的影响。

（3）在建筑产品的价格与价值背离的情况下，如果建筑产品的价格水平高于价值时，企业建造建筑产品的耗费，不仅可以得到补偿，而且可以获得更多的利润，企业的个别成本水平越低，获得的利润越多；如果建筑产品的价格水平低于价值，建筑企业建造建筑产品的生产耗费不能得到补偿，就会造成亏损，使再生产不能顺利进行。

（4）从以上的一般分析可见，建筑产品的价格水平和建筑企业建造建筑产品的实际成本（即个别成本）水平，是影响建筑企业利润的两个基本因素。它们之间的关系是：价格水平高，实际成本水平低，企业获得的利润就多；相反，企业则无利润，甚至亏损。建筑产品价格中所含的税金，除部分随企业建造建筑产品的数值而直接上交国家外，相当一部分要随企业实现利润的增减而增减。

当然，以上的分析是理论上的抽象分析，在建筑企业的实际经济活动中，形成利润或亏损是多种因素相互作用的结果，但一般而言，建筑产品的价格水平、建造建筑产品的数量、建造建筑产品的实际成本水平是影响企业盈利或亏损的基本因素。

第三节 建筑产品的生产程序

一、建筑生产概述

从广义来讲，建筑生产包括建筑设计、建筑产品建造和建筑产品在使用过程中的维修等几个互为联系、又相互区别的几个方面。建筑设计是建造建筑产品的依据，而又只有通过建筑产品的建造，建筑设计的目的才能实现；建筑产品的维修，以建筑产品的存在为前提，通过建筑产品使用过程中的维修，以保证建筑产品的使用寿命和使用功能。因而建筑设计、建筑产品建造和建筑产品维修各有其不同的职能，它们形成了建筑生产体系。

建筑生产，通常又称为工程施工。它是建筑生产体系中的核心组成部分。只有通过建筑产品的建造活动，才能形成建筑生产的最终产品——房屋建筑物和构筑物。建筑产品的建造活动，是一种物质生产活动，它必须具有劳动者、劳动资料和劳动对象诸生产要素，形成一定的建筑生产力并在与之相联系的生产关系中进行。所以，建筑产品的建造过程是建筑产品建造过程与生产耗费过程的统一，最终形成建筑产品的实物形态和交换价值，通过交换，使建筑产品的价值得到实现。

二、建筑生产程序与基本建设程序的关系

建筑产品是为建设项目业主而建造的。因而建筑产品的生产程序与建设项目业主所进行基本建设程序有着密不可分的联系。但是两者又有区别，是两个不同的概念。建筑产品

的生产是物质生产活动，而建设项目业主所进行的基本建设，则是一种为实现固定资产而进行的投资活动；它们之间的联系是，建筑生产以建设项目业主进行基本建设的需要为前提，而建筑生产是完成基本建设的必经步骤，没有建筑生产，就不可能形成基本建设所需的固定资产。但是，不能由此得出结论，从事建筑产品生产的建筑业是附属于基本建设的组成部分。建筑生产程序与基本建设程序，建筑企业与建设项目业主是分属于两个不同的范畴，而不应当把它们之间的关系混为一谈。

为了说明建筑生产程序与基本建设程序之间的联系，可列图示如图4-5。其中双线框属建筑生产活动。

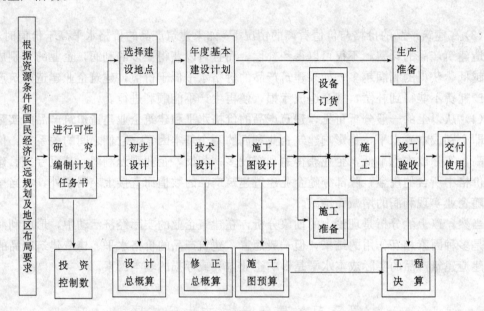

图 4-5 基本建设程序简图

三、建筑产品的生产程序

（一）建筑设计

这里所说的建筑设计，不是指与结构设计相对应的狭义的建筑设计，而是与建筑施工相对应的广义的建筑设计，其中包括勘察工作。建设项目业主对基本建设项目进行可行性研究论证以后，提出经过批准或确认的设计任务书，即可委托建筑业中的设计机构进行设计，并编制相应的设计文件。建筑设计一般可分以下阶段。

1. 工程地质勘察

通过工程地质勘察，以了解拟建工程地点的地质、地形、地貌、水文等方面的情况，为工程设计提供有关资料。通过地形测量，提出不同比例的地形图，反映拟建工程所在地附近的地形、地貌及建筑物的坐标位置；通过地质勘察，对拟建工程所在地地质条件的稳定性和适宜性作出评价，并为拟建工程基础结构方案的设计、地基处理和加固，不良地质现象的预防措施等提供资料；通过水文地质勘察，查明拟建工程附近的水文地质条件、水源范围、地下水资源的数量和质量，并提出合理的保护方案或开发方案。建筑勘察工作应按照国家有关部门制定的规范和要求进行。

2. 初步设计

初步设计是根据设计任务书提出的要求,对建设项目所作的较为粗略的设计。它的作用在于阐明在指定的建设地点、预定的投资额和规定的期限内,拟建工程在技术上的可行性和经济上的合理性,并作出基本的技术决定,同时编制设计概算。一般工业建设项目初步设计的主要内容包括:设计依据和设计指导思想,建设规模、总体部置、产品方案及原料、燃料,动力用量及来源;工艺流程及主要设备选型和配置,主要建筑物、构筑物和公用辅助设施,"三废治理"、占地面积和场地利用情况,主要建筑材料的耗用量,主要技术经济指标,建设工期和总概算等。

3. 技术设计

技术设计是初设计的继续和深化,它进一步具体地确定初步设计中所采取的工艺过程和建筑结构中的重大问题,解决初步设计阶段尚无条件解决而又需要进一步研究的问题。例如有关特殊工艺流程的试验、研究和确定,新型设备的试验、制作及确定,大型建筑物某些关键部位的试验、研究及确定等等。对初步设计方案的更改部分编制修正预算,列举配套工程项目的内容、规模和要求,配合建成的期限,提出与建设总进度相对应的分年度资金需要量等等。

4. 施工图设计

施工图设计,是建筑设计的最后阶段,它的作用是为建筑施工提供依据,使设计意图能够准确地得到实现。因此,施工图设计要能完整地表现建筑物的外形、内部空间的分割、结构体系、构造状况,正确反映建筑群的组成和周围环境的配合,具有详细的构造尺寸。施工图设计图纸是指导工程施工的主要技术文件,它一般包括:施工总平面图、房屋建筑施工平面图和剖面图、各种专门工程的施工图、安装施工详图、非标准设备加工或制作详图及所需设备和主要材料明细表。在此基础上,并编制施工图预算。

上述的建筑设计所包括的初步设计、技术设计和施工图设计三个阶段,一般是重大工程项目、技术复杂而又缺乏经验的工程项目所必经的设计过程;对一般工程项目,则分初步设计和施工图设计两个阶段。当工程项目的技术较为复杂时,可把初步设计的内容适当加深,这就称为扩大初步设计;在我国采用扩大初步设计和施工图设计相结合的两阶段设计较为普遍。

(二) 建筑施工

建筑施工,也称为建筑产品生产或建造。相对建筑设计而言,建筑施工包括施工现场的建筑安装活动,工厂化的建筑构配件生产和其他与建筑产品生产相关的辅助生产。这里仅指狭义的建筑施工,即施工现场的建筑安装活动。

建筑施工,是实现建筑产品建造的决定性阶段。通过建筑施工,将设计所要求的"设想建筑产品"转化为现实的建筑产品,形成建筑产品的使用价值;建筑产品的建造过程,同时又是建筑产品价值的形成过程,因而又是影响建筑企业经济效益的主要阶段。在建筑产品的建造过程中,首先要正确处理施工与设计的关系,即既要以建筑产品的设计为基本依据,又要通过施工实践,反作用于设计,及时发现设计可能出现的疏漏或失误,加以修订,使之更加完善。确保工程质量,是建筑产品建造中的头等重要问题。建筑产品的质量,不仅取决于施工质量,而且取决于设计质量、材料质量等因素。但是,给建设项目业主最直接的感受却是施工质量。施工质量不好,不仅不能实现设计所规定的使用功能,有些应有的局部功能可能完全没有实现,而且可能增加使用阶段的维修难度和费用,缩短建筑产品的使用寿命，严重的劣质工程，造成的危险更大，给使用者的人生安全带来严重的后果。所以，确保建筑产品质量，是建筑产品生产中的关键所在，也是考虑和决定与之相关问题的前提。

建筑产品的生产周期较长，在保证建筑产品质量的前提下，按施工期限完成建筑产品生产任务，或者缩短工期，对于建筑项目业主来说，无疑具有极大的吸引力。因为建筑产品按期或提早完工并交付使用，就意味着可以按期或者提前发挥投资效益；同时，对建筑企业也是有利的，可以加速资金的周转，承揽更多的施工任务。当然，工期的长短，要符合技术规律要求，否则，适得其反，欲速则不达，造成不良的后果，特别是对工程质量造成不良的影响，在经济上造成人力、物力的浪费。

在建筑产品的生产过程中，在保证实现设计所规定的使用功能的前提下，选择最优的施工方案，尽可能做到节约、降低消耗，使生产建筑产品的个别成本低于社会成本，是提高建筑企业经济效益的重要环节。

由于建筑产品具有体积庞大，露天高空作业的特点，因而在建筑产品生产过程中，始终十分注意并采取措施确保做到安全生产，又是建筑产品生产的又一重要要求。

建筑产品生产要经过一定的程序。在建筑产品设计既定的情况下，建筑产品的生产过程可分为施工准备，施工生产、交工验收、保修四个阶段。

1. 施工准备阶段

施工准备是为施工生产创造必要的和充分的技术、物资、场地、人力和组织等条件，以保证整个施工生产活动正常进行的必不可少的阶段。施工准备工作的内容很多，主要有以下几方面的工作：

(1) 技术准备。调查了解工程的基本情况，取得并熟悉与工程有关的技术资料，如建设总体规划、总平面布置、建设期限、分期分批建设投产或交付使用的要求、设计图纸和技术说明、建设地点的水文地质资料、引进项目的全套技术资料等；调查施工地区的社会、技术、经济、自然等环境条件以及交通运输条件，周边邻近建筑物的情况等；会审设计图纸，弄清设计意图；编制施工组织设计、施工预算和成本计划；组织必要的技术试验等。

(2) 物资准备。组织建筑材料、半成品、构配件的订购、加工生产及其运输和进场验收；组织机械设备的采购和施工机械的调配或租赁及其安装；搭建施工现场所需的临时设施等。

(3) 场地准备。拆除和处理场地原有的建筑物、构筑物和地下障碍物；接通水、电、通讯线路，铺设现场施工用的道路，平整场地；进行测量、定位、放线，必要时，还要埋设用于观察地面沉降、邻近建筑物变形的观测点。

(4) 人力和组织准备。组建项目班子，明确权责范围；下达施工任务，进行计划、技术、质量、安全和经济责任交底；落实协作分包施工力量，招聘合同工和临时工并组织必要的培训；组织施工队伍进场并进行合理调配等。

此外，还有冬雨期施工准备，资金准备、法律准备等。由于施工准备工作内容繁杂，因此，施工准备工作也应有工作计划，也应建立严格的工作责任制度，并应取得建设项目业主方、设计单位和有关单位的支持，共同做好施工准备工作。

2. 施工生产阶段

施工生产，是指在施工准备阶段所创造的生产条件的基础上，按照设计要求，通过具体的建筑和安装活动,直至建造成合格的最终建筑产品的生产过程。

施工生产活动的基本要求是,在确保完全实现设计所规定的使用功能和使用价值,确保建筑产品质量的前提下,通过合理组织施工和科学控制施工,以尽可能低的物化劳动和活劳动的消耗以及合理的工期建造出合格的建筑产品。

现代施工是一种社会化的生产活动,往往在一个建设项目的施工现场汇集着土建、安装、装饰等多种专业施工力量和辅助生产力量;某些高层或超高层、高难度工程,需要采用现代先进的施工技术和设备;还有一些工程跨越地区广,如高速公路、铁路、水利电力枢纽工程等,这些工程受环境条件、自然条件的影响很大,所有这些都表明了施工生是一项综合性很强的复杂的技术经济活动。这就要求有效而严密地组织施工活动,搞好施工过程的调度,并进行科学的施工控制。

(1) 加强施工的计划性,合理而有效地组织施工。根据有关技术经济文件的要求,制定科学的、周密而又切实可行的施工计划,包括施工进度计划、作业计划、网络计划、材料计划、运输计划、劳动力计划、质量计划、安全计划、成本计划和资金计划等,以此为依据全面地将劳动者、劳动资料和劳动对象有效地组织起来,使其在不同的时空中实现优化组织,严密配合,协调一致地进行高效有序的施工。

(2) 实行科学的施工控制,及时解决施工过程中的问题。为了确保施工生产按计划进行,还必须在施工生产过程中进行科学的施工控制。基本要求是,运用先进有效的手段跟踪监测施工生产的全过程,及时发现问题并采取针对性措施,纠正已发生的偏差,以保证施工生产顺利地进行。

实行施工控制的依据是施工计划和有关技术经济文件;施工控制的内容包括对施工进度、质量、成本、技术、资源供应、资金、安全、施工组织措施等进行全面而有效的控制。施工控制的手段,包括一般性的检查、监测的原始凭证、统计图表以及现代化的电子计算机、通讯和显示设备为主的自动跟踪、监测和反馈调整的控制系统。

(3) 及时进行施工调度,保证施工计划的全面实现。及时进行施工调度,是落实施工控制任务的重要手段。所谓施调度,是指在施工生产过程中,及时解决问题,不断组织新的平衡,建立和维护正常的施工条件和施工顺序,从而保证施工计划的实现。施工调度的主要任务是,对施工控制过程中的反馈及时进行调整,其内容包括,检查和督促施工生产过程中的施工准备工作;检查和监督计划、合同的执行;及时解决施工现场出现的矛盾,协调各有关单位之间的关系;检查和督促有关职能部门的工作,保证各类资源的供应,等等。

3. 交工验收

交工验收,是指对已完成设计所规定的全部工作内容,即将交付使用的最终建筑产品,依据一定的技术标准文件进行全面考核,以评价施工生产活动成果,检验设计和工程质量的一个重要环节,是建筑施工必经的最后程序。交工验收的参与者,主要建设项目业主方、建筑企业、设计单位和建设银行等,重要的建设项目,政府中的主管部门也要参与交工验收活动。

工程交工验收最基本的内容是检验工程质量是否合格。如果工程质量不合格,一律不准交工,必须经建筑企业修补到合格后,方可验收交付使用;如果工程质量低劣,难以修复到合格者,要追究经济责任乃至法律责任;若通过验收表明工程质量达到合格以上的,即可交付建设项目业主使用,表明建筑产品生产任务全部完成,从而使建筑企业作为建筑产品生产经营者所承担的经济责任、法律责任已基本解除；当然，按照合同要求，建筑企业还应承担保修义务。

交工验收，一般分为单项工程交工验收和全部工程交工验收。以上所说的交工验收，是指全部工程的最终交工验收。在施工生产过程中，对某些重要的分部、分项、工序（如隐蔽工程）的验收，对单位工程的验收属单项工程验收。在整个建设项目进行全部交工验收时，对已验收过的单项工程可不再办理验收手续，但应将有关验收凭证作为全部工程验收的附件并加以说明。

设计文件、施工图纸和工程技术档案，是进行工程交工验收所必须的技术文件和依据。建筑企业在工程完工时，应提出工程竣工报告，绘制详细的竣工图。因此，从施工开始，就必须建立技术档案，作为工程交工验收的必备资料。交工验收，意味着建筑企业与建设项目业主之间的商品交易关系的最终实现。因此，建筑企业应及时办理竣工决算，结算工程价款，清算损益；同时，全面总结该项建筑产品建造工作的经验与教训，积累有关技术、经济资料，作为企业今后进行生产经营决策时的参考。

4. 工程保修

工程保修，是指建筑企业将经过交工验收的建筑产品交付建设项目业主使用后，由企业对建设项目业主在一定期限内所提供的免费返修义务。工程保修，是工程施工的延伸，又是企业创信誉、开拓市场的一种经营活动方式；通过工程保修，可以获取信息反馈，有助于企业从建筑产品的使用过程中考察工程质量和使用功能的效用情况，从而有助于改善企业的生产经营管理。工程保修应按有关规定和建筑企业与建设项目业主签订的合同实施。

第四节 建筑工程的承发包方式

一、建筑产品交换的特点

建筑产品作为商品，是为交换而生产的。它具有一般商品交换的共性，即通过交换实现其使用价值和价值。但是，由于建筑产品及其生产的技术经济特点，建筑产品的交换又具有自身的特点。主要表现在以下几方面：

（一）建筑产品交换的区域性

一般商品的交换，呈现明显的商品的实物形态在空间的转移，即通过运输将商品从卖方转移到买方，随着商品的交换，同时实现了商品所有权的转移。但是，建筑产品的交换却是另一种情况。由于建筑产品具有体积庞大和固定性的特点，建筑产品的实物形态，总是与大地紧密相连，它们不能移动，它建造在哪里就只能在哪里实现它的功能。即是说，建筑产品的生产和消费的地点是一致的，而不能象一般商品那样，可以将商品的物体在市场上进行交易。但是，不能由此否定建筑产品交换的存在，进而否定建筑产品的商品属性。实际上，物体在空间的转移，只是商品交换的表面现象，从商品交换的经济实质来说，是商品所有权的转移。建筑产品的交换，正是从商品的所有权的转移这个意义来说的。由于受到建筑产品固定性的限制，因而建筑产品所有权的转移，即建筑产品的交换只能在一定的区域或范围内实现。所以，建筑产品的交换，具有区域性的特点。

（二）建筑产品交换的特定性

一般的商品是先生产，后交换，即商品生产者根据市场需要生产什么，就销售什么，交换的对象一般事先并不确定。而建筑产品则是根据建设项目业主的需要而建造的，因而在建筑产品生产之前，就明确了建筑产品的需求方。因而建筑产品交换的对应方是特定的，生产的建筑产品要符合建设项目业主的特定需要，形成建筑产品的交换具有特定性的特点。这一特点，使得建筑产品的交换，从生产一开始就形成一种十分明显的买方（建设项目业主）与卖方（建筑企业）的特定经济关系，而正确处理好两者之间的经济关系，对建筑产品的生产和交换都有着十分重要的影响。

（三）建筑产品交换的可分解性

一般商品总是以完整的实物形态进行交换。但是，建筑产品由于体形庞大，投资数额巨大，生产周期长，因而在建筑产品的建造过程中，可以按形成最终建筑产品的分部分项工程视为产品进行交换。在建筑产品交换过程中所采取的平行发包、或分期按已完分部分项工程结算，竣工决算的情形都显示了建筑产品交换可分解性的特点。

建筑产品交换的可分解性，使得建筑产品在交换过程中呈现多种复杂的经济关系：发包者与承包者的关系，总包者与分包者之间的关系，等等。因此，用契约形式规范各方的行为，明确各方的责任与权利，在建筑产品的交换过程中具有特别重要的意义。

二、建筑工程的承发包方式

由于建筑产品及其生产所具有的技术经济特点，使得建筑产品采取与一般商品既相似又不同的交换方式。建筑产品通常是由建设项目业主直接向招标选中的建筑企业、单位进行订货生产，这是建筑产品交换的基本形式。

建筑产品的订货方式，在实际工作中又称为承发包方式。建设项目业主为工程发包方，设计单位和建筑企业为工程设计或工程施工的承包方。在工程承发包形式下，建设项目业主与设计单位和建筑企业之间的承发包关系，实质上也就是商品交换的经济关系；承发包之间的相互关系，是通过承发包双方依法商定的设计或工程承包合同来连结的。

三、建筑工程承包的形式

在采用承发包方式实现建筑产品交换的情况下，建设项目业主可将建设项目委托给一个或若干个承包者去完成建设任务，因而按承发包的范围，又有以下几种承发包形式。

（一）平行承发包形式

平行承发包形式，是指建设项目业主将一个建设项目的设计任务、施工任务分别发包给多个设计单位和建筑企业承包。在这种承发包形式下，建设项目业主要分别与各个承包方签订承发包合同，必然存在多种协调关系，如与各设计单位之间的协调，与各建筑企业之间的协调，还有各设计单位与建筑企业之间的协调，等等。其协调的内容包括组织的、技术的和经济的种种问题，诸如相互之间的衔接配合、工程进度、工程质量、技术处理及费用承担等方面的问题。在建筑产品的建造过程中，建设项目业主方要协调解决众多的复杂问题，往往是不能胜任或难以胜任的，因而可能影响工程的顺利进行。

（二）设计、施工总承发包形式

设计、施工总承发包形式，是指建设项目业主将一个建设项目的设计任务发包给一个设计单位总承包，将全部施工任务发包给一个建筑企业总承包。在这种承发包形式下，仅有一个总包设计单位和一个总包建筑企业与建设项目业主发生承发包的关系，使得承发包的关系较为单一，简化了建设项目业主的协调和组织工作；设计与施工中的组织协调问题，分别由设计和施工的总承包者负责解决。但是，在这种承发包形式下，设计与施工仍然是分离的，仍然要由建设项目业主方去解决它们之间的协调配合等问题。

（三）项目建设总承发包形式

项目建设总承发包形式，是指建设项目业主将一个建设项目的全部建设任务，包括设计和施工等发包给项目建设总承包单位负责完成。采取项目建设总承发包形式，对建设项目业主来说，由于项目建设的总承发包合同，包括了主体工程、外围工程、设备工程的设计与施工，除建设项目业主方本身筹建项目所需的管理费用以外的全部投资，而且采用的是总价合同形式，并确定了总的建设周期。因此，承包对象单一，责任容易明确，协调关系相对较少，投资控制、进度控制的风险较小，显然这种承发包形式对建设项目业主是有利的。项目建设采取总承发包形式，建设项目业主方应对总承包单位的工作进行监督和控制，重点是对设计质量和施工力量进行控制，检查总承包单位是否按功能描述的要求进行设计和施工，总承包单位将承包的部分设计、施工任务转包出去，也应得到建设项目业主方的认可。

对总承包单位来说，由于处于总承包者的地位，项目建设的设计、施工任务都集于一身，需要统筹组织去完成，与各分包单位之间的关系，分包单位之间的关系也需要去协调，而且由于建设周期长，因而无论是在投资控制、进度控制等方面都要承担较大的风险。但是，在总承发包形式下，能将设计和施工紧密结合起来，共同寻求合理的设计与施工方案，以求提高设计与施工的经济效益，从而改变了在传统的承发包形式下，建筑企业处于对设计基本没有发言权，其任务是照图施工的被动地位。显然，设计与施工的紧密结合，无论是对总承包者，还是对建设项目业主都是有利的。采取总承包形式，也不能误解为既然是总承包，总承包者就可以自行决定一切。总承包者的工作，从根本上来说，是为建设项目业主服务的，因而在项目建设中应主动与建设项目业主方配合，并按合同规定接受其监督和控制，协同完成项目建设任务。

在采取项目建设总承发包的形式下，由于总承包单位的责任重大，承担的任务繁重，因而要求总承包者必须由有较高的技术水平和经营管理水平，具有雄厚的设计和施工实力，资金雄厚的大型建筑企业集团并为建设项目业主认可方能承担。如果一个企业的能力难以承担总承包任务时，也可以采取由一个实力较强的企业牵头，由数个建筑企业和设计单位实行联合承包的形式，一般大型的技术繁杂的项目建设常采用这种承包方式。

（四）项目建设总承发包管理形式

项目建设总承发包管理形式，是指建设项目业主将项目建设的全部建设任务及其管理工作发包给项目建设总承包单位总承包。项目建设总承包管理单位再把承包的设计与施工任务转包出去，自身只进行项目建设的组织管理和协调工作。在这种总承发包形式下，项目建设总承包单位，除了承担项目建设的总包责任以外，还承担了项目建设的管理工作和对分包单位的协调工作，因而对项目建设总承包管理单提出了更高的要求。

除上述的承发包形式以外，随着社会经济的发展，建筑工程的承发包形式也随之得到发展。如在最近几年出现的投资、设计、施工、经营一体化总承发包形式，就是由建设投资者和承包企业共同投资，承包企业不仅对项目建设的可行性研究、规划设计、施工的全过程实行总承包，而且在项目建成以后，还经营数年或十几年，然后再转让给建设项目投资者。

在实行建筑工程总承发包的形式下，由于建筑产品的建造要经过若干相对独立的专业工序的协同配合才能完成，尤其是一些较为复杂的建筑产品的建造更为突出，因而由一个企业单位要完成全部设计、施工任务是相当困难的。所以无论是在哪种总承包形式下，都会将一部分设计、施工任务分包给某些专门从事专业设计或施工的企业、单位去承包。在这种情况下，总承包企业、单位就与分包企业、单位之间形成对应关系。总承包企业、单位与建设项目业主形成最终建筑产品的交换关系；分包企业、单位，由于它们都是独立的经济主体，所以它们之间又形成另一种中间建筑产品或最终建筑产品的交换关系，它们都是建筑产品交换过程中平等的、应遵循等价交换原则的商品交换关系。

本 章 小 结

1. 本章主要介绍建筑产品的几个主要经济范畴。首先应明确建筑产品的基本概念、商品属性及其重要意义。

2. 建筑产品作为商品，必然存在价值、成本和价格等经济范畴，这是本章介绍的重点问题。建筑产品的价值是由生产建筑产品的社会必要劳动量决定的，它由（c＋v＋m）三部分构成；c＋v 两部分构成建筑产品的成本，建筑产品成本有社会成本和个别成本之分；建筑产品成本在建筑企业的生产经营活动中具有十分重要的意义。建筑产品的实际应用成本，是理论成本的具体化，表现为企业的生产经营成本。建筑企业生产经营成本经过了由资金转化为生产费用，由生产费用转化为成本两个阶段。建筑产品的应用成本，根据经济管理工作需要，分为实际成本、预算成本和计划成本，它们分别反映不同的消耗水平；各成本项目占成本总额的比重，称为成本结构，分析成本结构及其变动，有助于寻求降低成本的途径。降低建筑产品成本，要以确保工程质量为前提，主要途径是：节约材料消耗，提高机械设备的完好率和利用率，提高劳动生产率，提高企业的施工、技术管理的效能和水平。

3. 建筑产品价格是建筑产品价值的货币表现。建筑产品价格是企业之间竞争的工具，是调节供求关系的信号，是国家进行宏观调控的一种手段和经济核算的计价形式。

建筑产品价格具有单件性、两次性、组合性、兼容性的特点；建筑产品价格有理论价格、计划价格、浮动价格、自由价格几种类型，按建立社会主义市场经济体制的要求，建筑产品价格体制应逐步进行改革，实现建筑产品价格合理化。

4. 建筑产品价值、成本、价格有着密切的关系；建筑产品的价格水平、建筑企业的实际生产经营成本，是影响建筑企业利润的两个基本因素。

5. 建筑产品的生产程序与基本建设程序有着密切的联系，但两者又有区别，是两个不能等同的概念。建筑产品的生产程序包括建筑产品设计、建筑施工两个阶段，在每一阶段中，又必须按照生产技术规律，经历若干紧密衔接的若干阶段和步骤。

6. 建筑产品的交换，具有区域性、特定性、可分解性的特点。建筑工程承发包是实现建筑产品交换的基本形式，按工程承包的范围，有平行承发包、设计、施工总承发包、项目建设总承发包、项目建设总承发包管理等多种形式。

复 习 思 考 题

1. 什么是建筑产品？它的经济性质是什么？确认建筑产品的商品属性有何意义？
2. 建筑产品的价值是由什么决定的？是怎样构成的？

3. 什么是建筑产品成本？它在建筑企业的生产经营活动中具有什么意义？

4. 建筑产品的应用成本有哪几种表现形形式？实际经营成本是怎样形成的？降低建筑产品的实际成本有哪些主要途径？

5. 什么是建筑产品价格？它具有哪些特点和作用？

6. 现阶段建筑产品价格有哪几种类型？为什么对建筑产品的价格体制要进行改革？如何改革？

7. 建筑产品价值、成本、价格之间是什么关系？为什么说建筑产品的价格水平和企业的实际生产经营成本水平是影响建筑企业利润的两个基本因素？

8. 建筑产品的生产程序与基本建设程序有何联系和区别？建筑产品的生产要经过哪些阶段？包括哪些基本工作内容？

9. 建筑产品的交换具有哪些特点？建筑工程承发包有哪几种形式？

第五章 建筑市场

第一节 建筑市场概述

一、市场的基本概念

（一）市场的含义

在第二章我们曾经提到市场的概念，现在有必要作进一步的说明。市场的含义可以从不同的角度作出不同的解释。人们都习惯于把在一定时间、一定地点进行商品买卖的地方称为市场，或者说，市场就是商品交易的场所。但是，在生产者和商业经营者看来，市场是供产品或劳务销售的场所，是某种产品或劳务潜在的需求，因而市场又是产品销路和产品需求的同义词。以上都是属于狭义市场的解释，市场是指具体的商品交易场所。

从经济学的角度来看，市场则是一个广义的与商品经济紧密联系的经济范畴，它是指同商品、货币、价值、价格等相联系的商品交换过程以及人们在交换过程中的经济关系，或者说，广义的市场是指商品供求关系的总和。

（二）市场的构成要素

不论是狭义的市场或是广义的市场，它的形成都必须包括以下几个要素：

1. 有供交换的商品（包括货币）

市场是商品交换的产物。如果生产出来的产品不用于交换，就不能成为商品；没有用于交换的商品，市场也就没有存在的必要。

2. 同时有商品的买方和卖方

有了商品就必然有商品的卖方，但是还必须有这种商品的买方，才能实现商品的交换；相反，如果有某种商品的买方，而没有这种商品的卖方，实际上也就没有这种商品，自然也就不能实现该种商品的交换。商品交换的活动是由从事商品买卖的人来进行的，因而只有存在买卖双方，才能形成市场。

3. 具备买卖双方都能接受的价格和交易条件

由于买卖双方是两个不同的商品、货币所有者，都有其自身的经济利益，因而只有自愿互利，价格和交易的条件双方都能接受，商品交换才能完成，这也就是"自愿让渡"规律的体现。如果违背这个规律的要求，就不能完成商品交换，或者造成不良的结果。

如上所述，市场是商品供求关系的总和，商品从生产领域进入消费领域的流通过程的活动，就是市场活动的基本内容，而核心内容是商品的供给和需求，其他的市场活动都是围绕供求活动而展开的。商品供给方的活动，如市场预测、产品设计、销售路线、运输保管、制定价格、广告宣传、扩大推销、售后服务等等。商品需求方的购买活动，如选择进货对象、时间、地点和方式方法等活动。在一般情况下，商品供给方的活动，必须适应需求方的要求。

(三)市场活动的参与者

形成市场要有商品,而商品的交易要通过众多的商品交换参与者的活动才能实现。市场活动的参与者可以概括为商品生产者、消费者和商业中介人。这三种市场参与者在市场上所处的地位和作用各不相同,参与商品交换的目的和要求也不一样,他们都有各自不同的经济利益。

1. 商品生产者

由于生产资料的所有制不同,因而有不同经济性质的商品生产者。在社会主义制度下,主要的商品生产者是全民所有制企业、集体所有制企业,还有作为社会主义公有制经济补充的私营企业、个体生产者。不论其经济性质如何,作为商品生产者的共性来说,他们的活动都处于市场活动的起点,属于商品供给的一方,是商品的出卖者。商品生产者的基本作用,是为市场活动提供物质基础,即提供商品。从商品生产与商品流通的关系来看,生产决定流通,没有商品生产,便没有商品的流通,也就没有可供消费的物资。商品生产者参加市场活动的共同要求,是希望能够按照自己的意图把商品卖出去,除取得补偿价值外,还能获得利润。

2. 商品消费者

商品消费者的类型极其复杂,既有消费资料的消费者,又有生产资料的消费者;既包括企业、社会团体等集体消费者,也包括个人消费者。消费者的地位处于市场活动的终点,属于商品需求一方,是商品的购买者。商品消费者的基本作用,是完成商品流通过程,实现生产的目的。市场如果没有消费者,或者市场的商品不符合消费者的需要,市场活动就不能完成,生产也就不能继续进行。所以,消费者是决定市场活动能否完成的关键。商品消费者参加市场活动的共同要求,是希望能够按照自己的意愿买到所需要的商品。但是,不同的商品消费者,购买商品的目的和动机又各不相同。生产资料商品消费者往往又是商品生产者,他们向市场购买生产设备和原材料,是为了生产他能够向市场提供的商品;而生活资料商品消费者向市场购买商品,是为了满足其生活上的需要。所以从某种意义来说,生活资料的消费是最终消费。当然,这两类商品消费者的具体要求和动机还有很多区别,这里不作详述。

3. 商业中介者

商业中介者的种类很多,从业务经营的性质来看,有居间商业、代理商业、批发商业和零售商业等;从所有制性质来看,有不同所有制性质的商业。商业中介者在市场中具有双重身份,即他们既不是商品生产者,也不是商品消费者;但是,他们既是商品生产者出售商品的购买者,又是商品消费者购买商品的商品出售者,即既不生产也不消费,却又买又卖。商业中介者活动的特点是转手买卖,在市场中处于商品生产者和消费者的中介地位,起着商品交换的媒介作用。商业中介者的存在,对于加速商品流通,及时反馈商品消费信息,从而使商品生产更适合消费者的需要,以及促进消费、引导消费等都具有积极作用。商业中介者参加市场活动的一般要求是有买有卖,买是为了卖,并从商品的买进与卖出差价中取得费用的补偿和获得利润收入。

(四)市场体系

1. 市场体系的含义

所谓市场体系,从狭义来说,市场体系是指市场的组成,或者指市场结构;从广义来说，市场体系是指各类市场及其运行机制的有机统一体。即具有完整的市场结构，具有市场机制的调节功能，具有广阔的开放性和具有完备的市场运行规则。在较多的情况下，是从狭义来理解市场体系的。

2. 市场的分类

从不同的角度，根据不同的标准和标志，市场可作多种分类，市场一般的分类是：

(1) 按市场交易的对象来划分：可分为商品市场和生产要素市场两大类。商品市场按纵向可划分为基础产品市场、中间产品市场、最终产品市场；商品市场按横向可划分为消费品市场、生产资料市场、服务市场等。生产要素市场可划分为劳动力市场、金融市场、信息市场、科技市场等。在每一要素市场中，又可以按不同的标准作进一步的划分。

(2) 按市场运行的基本态势划分：可分为卖方市场、买方市场和均势市场。所谓卖方市场，是指卖方在市场上处于支配地位，买方处于被支配地位，在具有压倒优势的卖方力量的控制下运行的市场；买方市场则相反，是指买方在市场上处于支配地位，卖方处于被支配地位，在具有压倒优势的买方力量控制下运行的市场；均势市场是指买卖双方大体上处于平衡状况，在双方力量相互制约下稳定而又均衡运行的市场。

(3) 按市场交易的方式划分：可分为现货交易市场、期货交易市场和贷款交易市场。现货交易是根据约定付款和交货的方式，在限定的、极短的时间内完成交割的交易方式；期货交易是先达成交易契约，然后在将来某一时间进行交割的交易方式；贷款交易是通过借贷关系所进行的商品交易，它有延期付款交易和预先付款交易两种具体形式。

(4) 按交易对象的流动范围来划分：可划分为区域市场、国内统一市场和国际市场。区域市场是指交易活动以地区为活动空间的市场；国内统一市场是交易活动以一个国家为活动空间的市场；而当交易活动超越国界，成为以世界范围为活动空间的市场时，就形成了国际市场。

此外，市场还可以按其他标准进行分类。如按市场交易的对象，即商品的形态划分，可分为有形商品市场，如生产资料市场、消费资料市场；无形商品市场，如科技市场、金融市场、信息市场等；又如按交易双方的法权让渡关系划分，可分为使用权市场、占有权市场和所有权市场；又如按市场竞争的程度划分，可分为完全竞争市场、完全垄断市场、不完全竞争市场和寡头垄断市场等等。

上述各类市场之间有着紧密的内在联系。如按商品交易对象划分的市场，它总是在一定的空间，一定的运行态势，一定的交易方式下进行市场活动的；在每类市场内部各细分市场之间又形成一定的比例关系，即市场结构。完善的市场体系，是多类市场在相互联系、相互制约、相互依存中所形成的有机集合，它应当是各类型的市场都齐全、完整、配套，具有完备的市场结构。

二、建筑市场的含义和特点

(一) 建筑市场的含义

建筑市场是社会主义市场体系中的重要组成部分。它是以建筑产品的承发包活动为主要内容的市场，是建筑产品交换关系的总和。建筑市场同样可以从狭义和广义两方面来理解。

1. 狭义的建筑市场

狭义的建筑市场是指以建筑产品为交换内容的市场。它主要表现为建设项目业主通过招投标与建筑产品供给者形成承发包的商品交换关系。

2. 广义的建筑市场

广义的建筑市场，是指除了以建筑产品为交换内容的建筑产品市场（即狭义的建筑市场）以外，还包括与建筑产品的生产和交换紧密联系的勘察设计市场、建筑劳动力市场、建筑生产资料市场、建筑资金市场和建筑技术市场，由此形成的建筑市场体系。

在广义的建筑市场概念中，包括相应的基本内容：由建设项目业主（发包方）、建筑产品生产者（承包方）、建设中介服务组织组成的建筑市场主体；由不同形态的建筑产品组成的建筑市场客体；在价值规律的作用下，以招标投标为主要竞争形式来调节市场供求的建筑市场机制；与建筑产品生产和交换相关的、保证建筑市场正常运行的要素市场体系、中介服务组织体系；保证市场秩序，保护市场主体合法权益的法律法规和监督管理体系等等。可见，建筑市场是由建筑产品的生产和交换所形成的各种交易关系的总和，是整个大市场有机体的组成部分，它既是生产要素市场中的一部分，也是消费品市场中的一部分。

（二）建筑市场的特点

在第四章中曾对建筑产品交换的一些特点作过说明，这里着重从建筑市场活动中的一些主要方面说明建筑市场的特点。

1. 建筑产品供求双方直接订货交易

建筑市场的这一特点，是由建筑产品的单件性和固定性所决定的。在一般商品市场中，用于交易的商品具有同质性和可替代性，即同种产品的不同生产者向市场提供的商品对消费者来说，基本上是相同的。而建筑产品则表现出多样性的特征。市场上所需要的建筑产品并不由生产者决定，而是由需求者的特定需要所决定的。因此，建筑产品的生产者就不可能像制造电视机、电冰箱、洗衣机、汽车等商品那样，预先生产出某种型号的产品，再通过批发、零售等商业中介环节进入市场，等候消费者挑选和购买，而只能直接与建筑产品需求者就建筑产品的质量、标准、功能、规模、价格、交工时间、付款方式和时间等内容商定交易条件，按照需求者的具体要求，然后在指定的地点为需求者建造建筑产品。所以，在建筑市场中，并不以具有实物形态的建筑产品作为交易对象，而是先确定交易关系，再从事商品生产。也正是由于这一交易特点，使得建筑市场不象一般商品市场那样具有固定的交易场所，而是体现为建筑产品需求者与生产者之间随建筑产品的建造地点而形成的交易关系。

2. 建筑产品交易量的不稳定性和易于出现买方市场

建筑市场交易的建筑产品，既有生产性的建筑产品，也有作为生活资料的建筑产品。建筑市场交易建筑产品的量，决定于社会经济发展的情况和人民生活水平的提高程度。当社会经济发展较快的时期，固定资产投资的规模扩大，会出现建筑产品需求量增大，而使得建筑市场建筑产品的交易量增大；当社会经济发展的调整或停滞时期，固定资产的投资规模相对缩小，而使得建筑市场建筑产品的交易量相应减少。所以，所以建筑市场中建筑产品的交易量波动较大，呈现出不稳定的特点。

建筑生产组织机构是根据建筑量的需求而存在和发展的。当建筑市场的需求量大时，建筑生产组织机构相应发展。但建筑生产组织机构具有相对稳定性。当市场对建筑产品的需求急剧减少时，建筑市场往往会出现建筑生产能力远远大于建筑需求的情况。这种供求关系的过分悬殊，使得建筑市场呈现过分向买方市场倾斜。从而使得建筑市场上出现买方占优势，处于主动地位，而卖方处于被动不利的地位，建筑生产者之间的竞争也更加激烈，这对建筑生产者的发展和利益无疑会造成较大的影响，对建筑生产者的生产经营决策和建筑市场的管理都提出了更高的要求；同时，也说明国家采取经济的、法律的、行政的手段对建筑市场进行宏观调控的必要性。

3. 以招标投标为主的不完全市场竞争

任何市场，只要不是独此一家，另无它店，就必然存在竞争。竞争是市场经济的客观经济规律。市场竞争的方式是多种多样的，建筑市场竞争的基本方式是采用招标投标制。即建筑产品需求者通过招标的方式，向欲投标的建筑产品生产者说明，在何地建造何种建筑产品以及种种技术的、经济的、时间的具体要求和生产者应具备的条件等等。建筑生产者以投标的方式向建筑产品需求者作出回应，表明愿以什么样的价格、产品质量、交工时间和用什么施工方法满足建筑产品需求者的要求，以此作为向其他同行投标者展开竞争，以求获得中标。当然，招标投标是建筑市场竞争的基本方式，而不是唯一的竞争方式，此外还有邀请协商（俗称为"议标"）和比价等方式。

建筑市场竞争的性质，多属于特定约束条件下的不完全竞争。由于建筑产品的单件性、区域性以及用途和规模的多样性，建筑产品需求者往往对建筑产品生产者的适应能力提出若干具体的要求，政府主管部门通常也对建筑产品及其生产条件和建筑产品生产者的资质作出某些规定，这就为竞争设立了约束条件，使建筑市场的不完全竞争更具局限性。随着约束条件不同，竞争的程度也有所差别。

例如，量多面广的城乡一般住宅建筑，技术要求不是很复杂，对建筑产品生产者的资质通常没有很高的特殊要求，因而可以参与竞争者众多，竞争的范围也就十分广阔，供求双方都有较大的回旋余地。但是，某些技术要求复杂的工业、交通和大型公用建设项目，诸如石油化工厂、高速公路、超高层的多功能建筑、大型体育场馆、航空港以及电视发射塔等，对建筑产品生产者的资质有相当严格的要求，竞争的范围仅限于为数不多的建筑产品需求者和具备相应条件的建筑产品生产者，双方选择的余地相对要小，有时甚至会形成寡占市场的局面。

另有一些专业性特别强的大型工程项目，例如核电站、隧道、大桥、海洋工程等，只有少数技术水平高、管理能力强的专业建筑生产者才有能力承担，建筑产品需求者很少有选择余地，在这种情况下，市场的竞争程度就会相对较小。

4. 建筑市场有独特的定价方式

市场上的竞争，在商品的功能、质量相同的前提下，主要表现为价格的竞争。建筑市场上的竞争同样也不例外。但是，在建筑市场上有一套独特的定价程式。即根据建筑产品需求者对建造建筑产品的各种具体要求和生产条件，建筑产品生产者以书面形式秘密投标报价；建筑产品需求者在约定的时间和地点同时公布投标生产者的报价，即开标；建筑产品需求者从投标者中选择满意的建筑产品生产者，并与之达成订货交易，即决标。但是，这种成交价格并不是一成不变的，而是往往按照双方议定的条件，允许根据建筑产品生产过程中发生的某些变化对投标报价作相应的调整。因此，只有在建筑产品竣工验收后，才能最终确定建筑产品的价格。

5. 建筑市场有严格的行为规范

为了保证建筑市场活动有序地进行，行政主管部门或行会组织，都要明文制定相应的市场规则,以规范建筑产品需求者和生产者的行为。例如参与建筑市场活动各方应当具备的条件,建筑产品需求者应当怎样确切表达自己的购买要求,建筑产品生产者应当如何对需求者的购买要求作出明确的反映,双方成交的程序和合同条件等都作出具体的明文规定。这些行为规范对建筑市场的参与者都具有法律的或道义的约束力,以保证建筑市场的有序进行。

6. 建筑市场的风险较大

有市场竞争,必然存在风险。与一般市场不同的是建筑市场中的风险较大,建筑产品生产者和需求者双方都存在着风险。

对建筑产品生产者的风险主要表现在三个方面:一是定价风险。建筑市场中的竞争,在很大程度上是价格上的竞争,定价过高,难以中标,不能承揽生产任务;定价过低,则可能导致亏损,甚至企业破产。而建筑产品是先按照招投标定价,然后生产,这种预先确定的价格很难保证其合理性。二是生产过程中的风险。建筑产品的生产周期长,生产过程中可能遇到许多干扰因素,有些是可以预见的,有的则难以预见(特别是气候条件)。这些干扰因素,不仅直接影响建筑产品成本,而且会影响生产周期,甚至影响建筑产品的质量和功能。三是需求者支付能力的风险。建筑产品需求者建造建筑产品是否具有相应的支付能力,对建筑产品生产者至关重要。如果需求者的实际支付能力小于建筑产品价款时,就会形成拖欠工程款的情况,这无疑会影响建筑产品生产者的资金周转,甚至使生产难以继续进行。

建筑市场对建筑产品需求者的风险,主要是由先确定交易关系,后进行产品生产的特点所引起的。主要表现在以下两方面:一是片面追求低价而影响产品质量的风险。由于建筑产品需求者往往希望在保证产品质量的前提下,能低价完成建筑产品的建造。但是价格与价值毕竟有着内在的联系,如果价格过分低于价值,建筑产品生产者为了有利可图或不致亏损,而可能采取非正常压低生产费用的手段来完成建筑产品的建造任务,这就会影响建筑产品达到预定的质量要求。二是预付工程款的危险。由于建筑产品的价值巨大,一般要由建筑产品需求者向建筑产品生产者预支一定数额的工程价款,以后随工程进度逐步抵扣,这就可能出现某些建筑产品生产者挪用工程价款而不能按时完成工程任务,不能实现建筑产品需求者预定的要求,影响固定资产按时交付使用。

建筑市场中需求者可能承担的风险有些是可以避免的,关键在于需求者对建筑生产的技术经济规律要有一个直观、正确的认识,不要片面追求低价格、短工期;既要保证建筑产品质量,又要按社会必要劳动耗费确定价格,使建筑产品生产者的耗费能够得到补偿;既要合理确定建筑产品的交工时间,又要按合同规定为建筑产品生产者提供必要的条件。

第二节 建筑市场的主体、客体和运行机制

一、建筑市场的主体和客体

(一)建筑市场的主体

建筑市场的主体,即建筑市场活动的参与者。建筑市场的主体包括由发包工程(即建筑产品的购买)的政府主管部门、企事业单位、房地产开发公司或个人所组成的建设项目业主方;包括由工程的勘察设计单位、建筑企业、构配件及非标准件生产企业等组成的建

筑产品承包方；为建筑市场主体服务的各种中介服务机构三部分构成。

1. 建筑产品需求者——业主方

建设项目业主是一种统称,指建筑产品的购买者或预订者。作为市场主体的业主方,即有建造建筑产品的需求,又具有建造建筑产品相应的资金和各种准建证件,在建筑市场中发包建筑产品（包括咨询、设计、施工）任务,并最终得到建筑产品的所有权的政府部门、企事业单位和个人。

建设项目业主可以是各级政府、专业部门、政府委托的资产管理部门；可以是学校、医院、工厂、房地产开发公司等各种企业事业单位；也可以是个人和个人合伙。在我国建设工程中,过去一般称为建设单位或甲方,在国际工程承包中通常称为业主方。建设项目业主,在发包工程和组织工程建设时进入建筑市场,成为建筑市场的主体之一。

作为业主方要投资兴建某一建筑产品,要承担相应的责任和风险,要切实做好应由业主方所做的各项工作,以保证建筑产品建造任务的完成。建设项目业主方的主要工作是：

筹措建造建筑产品的资金,是保证完成建筑产品建造任务的重要条件,因而是业主方的一项极其重要的任务。业主的类型不同,筹措建设资金的方式也不尽一样。

当政府作为业主时,主要的资金来源为财政预算拨款。改革开放以来,由政府组织投资建设项目的资金筹措,采取多渠道的方式,如发行建设债券,向外国政府或金融机构贷款,加入国际金融组织并利用其优惠的贷款条件向其贷款,制定优惠政策吸引外国企业向土地开发、城市基础设施等领域投资等。采用多渠道的资金筹措方式,对于缓解我国建设资金不足的状况起了积极作用。

企业作为业主时,筹措资金的渠道更多。企业的自有资金是企业建筑投资的主要资金来源。此外,企业还可以通过银行贷款,按规定发行股票或债券,向其他企业或个人集资等方式筹措资金。企业还可以与国内企业或国外企业合资兴建某一建筑产品。如将拟建建筑产品,如通用办公楼、高级公寓、一般民用住宅等直接销售或出租取得收益时,若市场需求量大而供应量紧缺,可以采用产前预售或预租的方式筹措资金,等等。

个人作为业主时,建造建筑产品的资金来源主要是自有资金和银行贷款。

业主要做的工作还包括：

(1) 明确拟建工程的范围并确定项目的总目标。包括工程建设规模,工程的内容和组成,对工程的使用功能和质量要求,总的投资规模,总的建设工期要求等。

(2) 提供建筑基地并完成施工前的现场准备工作,包括征地、拆迁和现场的"三通一平"工作。

(3) 办理各种与工程建设有关的审批手续,如用水、用电、消防、环保、道路占用、交通改线、管线搬迁、施工许可证等。

(4) 对工程实施的全过程进行管理,从设计前的准备阶段,到设计阶段、施工阶段、直至交工验收、保修阶段,都要进行项目目标控制,即投资控制、进度控制和质量控制。其中阶段性的工作有：选择设计方案,确定设计单位,组织施工招标,确定施工单位,参加隐蔽工程验收和工程竣工验收。

2. 建筑产品生产者——承包方

建筑产品生产承包方,是指具有一定生产能力和相应资金,具有承包工程建设任务的营业资格,在建筑市场中能够按照业主方的要求,提供不同形态的建筑产品,获得相应的工程价款的建筑企业、单位。按照生产的产品形态和方式，承包方包括勘察设计单位、建筑安装企业、混凝土构配件厂、非标准件制造厂等。按照它们提供的主要建筑产品，可以分为不同的专业化建筑企业。例如水电、铁路、冶金、市政工程等专业性公司。按照承包的方式，还可以分为总承包企业和专业承包企业。在我国建设工程中，一般称为建筑企业、施工企业或者乙方。这些企业单位，是建筑市场主体中的主要组成部分。

建筑产品生产承包方，具有经营自主权，实行独立核算、自负盈亏，形成有自身经济利益的经济实体。具备承包建筑产品生产任务的资格，是进入建筑市场的前提条件。承包方在建筑市场中主要通过投标竞争方式，获得业主方认可来承揽建筑产品建造的全部或部分任务。承包方的基本任务是按照业主的要求，完成承包的工程任务。勘察设计单位完成工程的勘察设计任务；建筑安装企业完成建筑安装工程的施工任务；混凝土构配件、非标准件厂等，虽然不直接建造建筑产品，但其产品是与建筑产品形成直接相关的部分，所以在工程量大时，也承包其相应产品的生产任务。建筑企业的主要工作，在第四章已概括作过说明，不再阐述。

3. 建筑中介服务组织

中介服务组织，是指具有相应的专业服务能力，在建筑市场中受承包方、发包方或政府管理机构的委托，对建筑产品建造进行估算测量、咨询代理、建设监理等高智能服务，并取得服务费用的咨询服务机构和其他建设专业服务组织。

在市场经济运行中，中介组织作为政府、市场、企业之间联系的纽带，具有政府行政管理不可替代的作用。发达的中介组织是市场体系成熟和市场经济发达的重要表现。从市场中介组织的工作内容和作用来看，建筑市场的中介组织有以下五种类型：

（1）协调和约束市场主体行为的自律性组织。如建筑业协会、建设监理协会等。这些组织在政府和企业之间发挥桥梁纽带作用，协助政府进行行业管理。这类组织的任务是：贯彻国家的有关方针政策，调查收集行业的发展情况和存在问题，及时向政府反映，作为政府制订有关政策法规的依据；制订行规，规范约束企业行为，协调企业之间的关系，调解企业之间的争议，维护市场正常程序；收集发布行业动态及市场信息；组织开展教育培训，推广应用高新技术等等。

（2）保证公平交易、公平竞争的公证机构。如为工程建设服务的专业会计师事务所、审计师事务所、律师事务所、资产和资信评估机构、公证机构、合同纠纷的调解仲裁机构等等。这类机构独立于承发包双方之外，以有偿服务的形式，承担原来由政府部门承担的一些微观管理职能。通过中介组织的技术服务，使企业了解自身的权力，协助企业追究侵权者的责任，维护企业的合法权益；受政府部门的委托，有关中介组织承担某些监督、审计等工作；受承发包双方的委托，对争议和纠纷进行调解和仲裁，等等。通过中介组织的这些工作，对维护建筑市场秩序有着重要作用。

（3）提供技术、经济和工程建设管理服务的各种咨询和代理机构。如提供工程技术咨询的机构，编制标底和标价、审查工程造价的代理机构，工程建设监理机构，提供信息服务的机构，等等。随着社会主义市场经济的建立和发展，对建设工程的管理提出了更高的要求，咨询代理机构在新形势下应运而生，并随着建筑市场的发展而相应发展。咨询服务机构，在促进建筑市场发育，为承发包双方作技术经济的咨询，监理工程建设，以取得更大的经济效益等方面，必将发挥越来越重要的作用。

(4) 监督市场活动，维护市场正常秩序的检查认证机构。如质量检查、监督、认证机构，计量、检查、检测机构及其他建筑产品检测、鉴定机构等。在建筑市场的交易中，发包方为了得到建筑物完美的使用功能，保证投资效益；承包方为了保证自己的信誉，提高企业的竞争力，都十分重视建筑产品的质量。为了对建筑产品的质量进行监督和检查，并客观、公正地认定建筑产品的质量，这就需要一些中立于承发包双方的监督检查机构，对建筑产品的质量进行检测和认定。建筑产品质量不仅关系到承发包双方的利益问题，而且直接关系到人民生命财产安全的重大问题，所以严格建筑产品质量的监测是建筑市场中的一个极其重要的问题，必须引起各方的高度重视。

(二) 建筑市场的客体

1. 建筑市场客体的含义

市场客体是市场主体在市场活动中的交易对象，体现着市场交易中的经济关系，是各种经济利益的物质承担者；市场主体与市场客体是构成市场运作的两大系统。

建筑市场的客体是指为交换而生产的建筑产品。在建筑市场中交易的建筑产品，从广义来理解，既包括有形的产品——建筑物、构筑物，也包括无形产品——为建造建筑产品而提供的各种服务。建筑市场客体，凝结着承包方为建造建筑产品而发生的物化劳动和活劳动，业主方则以投入资金的方式，以取得它的使用价值。在不同的生产和交易阶段，建筑产品表现为不同的形态。如在勘察设计阶段，它表现为勘察设计单位提供的设计方案、设计图纸和勘察报告；在建筑产品建造阶段，它表现为建筑安装企业提供的最终产品，即各种各样的房屋建筑物和构筑物。

2. 建筑市场客体的商品属性和法定性

建筑市场客体——建筑产品的商品属性，在第四章已作过说明。正是由于为交换而建造的建筑产品，才有必要在建筑市场进行交易，因而它体现建筑市场主体之间的经济关系。也正是由于建筑市场和建筑产品的这些特点，所以建筑产品的质量标准是以国家标准、国家规范的形式颁布实施的，使之具有决定性。建筑企业建造建筑产品必须严格遵守国家制订的标准、规范，如果违反国家制订的标准和规范，要承担法律责任。

二、建筑市场的运行机制

建筑市场活动主要体现为市场主体，即市场参与者对建筑产品生产的发包和承包活动。在市场经济条件下，价值规律必然在市场活动中发挥作用。价值规律的具体内容和要求，是通过市场机制来贯彻和实现的。市场机制的运行过程亦就是价格规律发生调节作用的过程。而市场机制的基本构成主要包括价格机制、供求机制、风险机构、竞争机制，这些机制相互联系，互为条件，组成一个有机制约的体系，实现价值规律的客观要求和调节功能。

(一) 价格机制

在第四章，对价格机制及其作用已经作过说明。从市场机制的整体来看，价格机制是通过市场价格变动→生产规模变动→市场供求变动→市场价格变动这样一种循环往复的运动方式，调节着建筑产品生产者与需求者之间的关系，实现着价值规律的作用。即是说，建筑产品市场上价格的变化，总是受建筑产品供求状况的影响。在一般情况下，市场上对建筑产品需求增加，供给能力不变，建筑产品的价格就会上扬；当建筑产品需求不变或者有所减少，供给能力增加或不变，建筑产品价格就会下降。建筑产品价格的变化会影响建筑材料、机械、设备、人工等生产要素价格的变化；同样，生产要素价格的变化会导致建筑产品生产成本的变化，进而影响建筑产品价格的变化。

（二）竞争机制

竞争机制反映竞争同供求关系、价格变动等市场活动的有机联系。竞争是商品经济的必然产物。建筑市场中的竞争，是指建筑产品生产者为了从建筑产品需求者那里获得建筑产品的承建任务，以获得经济利益而在两者之间的市场上发生的一种经济行为。竞争是商品经济的本质属性，只要存在商品生产和交换，商品生产者为了争取自身的利益而进行的竞争就不可避免。

在建筑市场中，在买方市场的情况下，竞争的主体主要是建筑产品生产者之间为争取承包工程任务而进行的竞争；竞争的方式主要是招标投标制。竞争的手段，主要是在合理的价格、优良的产品质量、较短的工期、良好的社会信誉等方面，以求符合建筑产品需求者的意愿而争取中标，获得建筑产品的建造任务。

建筑产品生产者为了在竞争中居于有利地位，尽力充实自身的实力，积极借助于技术进步，强化生产经营的科学管理，提高劳动生产率，使生产建筑产品的个别实际成本低于社会平均成本，从而在价格竞争中取得优势；相反，则在竞争中处于不利的地位。竞争的结果，必然是优胜劣汰。

竞争机制是整个市场机制的基本要素，无论是价格机制还是其他市场机制，都要通过竞争机制起作用；市场机制促进生产力发展和调节社会资源分配比例的作用，都是通过竞争机制来实现的。没有竞争，市场机制就无法存在和发挥作用；而竞争作为市场机制的一个重要组成部分，其发挥作用的程度又受到市场本身完善程度的制约。

（三）供求机制

供求机制是供求双方矛盾运动的平衡机制，也是建筑市场供求关系同价格、竞争等市场要素的内在联系。

供求机制的主要内容和作用是：

（1）供求关系的变化，导致市场价格的涨落，而市场价格的涨落，又引起供求关系的变化，使二者不断趋于相对平衡。

（2）供求关系的变化导致市场竞争关系的改变。当建筑产品的生产能力大于建筑产品的需求时，建筑产品生产者之间的竞争加剧，建筑产品需求者在竞争上处于有利地位；当建筑产品的生产能力小于建筑产品的需求时，建筑产品需求者之间的竞争加剧，建筑产品生产者在竞争中处于有利地位；当建筑产品的生产能力与建筑产品的需求大体平衡时，各方面的竞争展开得最充分，竞争机制的作用发挥得最强烈。

（3）建筑产品的生产能力和建筑产品的需求都具有弹性，它们的变动受到诸多因素的影响。建筑产品需求的变动，要受到社会经济的发展水平，固定资产投资所需资金的筹集所制约；建筑产品生产能力的变动，则取决于建筑产品的需求和价格水平，劳动力的工资水平和流向等因素的影响。因此，完善供求机制，实现供求的大体平衡是一个多种因素共同发挥作用的过程。

（四）风险机制

风险机制是市场活动同盈利、亏损和破产之间相互联系和作用的机制。在市场经济条件下，任何一个经济主体都面临着盈利、亏损、破产等多种可能性，都必须承担相应的风险。风险机制以盈利的诱惑力和破产的压力共同作用于企业，从而鞭策企业注重经营，强化管理，更新技术。企业一旦没有风险，就会失去增强企业活力的内在动力。因此，风险机制是一种极为重要的市场机制。

要建立风险机制，必须做好三个方面的工作：一是完善企业自主经营、自负盈亏的制度。这是风险机制发生作用的最基本的条件。二是把企业推向市场，使企业的利益同市场实现成果联系起来，承担市场风险。这样，风险机制就会充分地发挥作用。三是实行企业破产制度。破产是风险机制的最高层次的作用形式，也是风险机制运行的关键条件。只有在破产制度下，企业才会真正感到经营是风险性的活动，才能千方百计地增强企业抵御风险的能力。

从上述可见，价格机制是市场运行机制的核心，竞争机制、供求机制、风险机制是市场机制发生作用的具体形式，市场机制内部各要素构成一个整体系统，它们从不同的方面贯彻着价值规律的客观要求，共同实现价值规律的作用。

在建筑市场中，充分发挥上述市场机制的作用，能调节建筑产品的生产和流通，推动建筑产品生产的发展。市场机制的作用，是市场的内在功能。只要有商品生产和交换，市场机制的作用就客观存在。同时，它们的这种作用，即根据市场信号来调节生产和流通，实现资源的合理配置，对推动经济的发展是有利的。但是也必须看到，市场机制的这些调节作用主要适用于个量平衡和短期资源的配置，而对于总量的平衡和长期资源配置的合理化则不是充分有效的；这些机制的作用，是以商品生产者自身的经济利益作为经济活动的出发点和归宿，不可能自动实现当前利益和长远利益、局部利益和全局利益的最佳组合；这些机制的调节作用是事后的、摇摆不定的，带有经济震荡和使社会劳动造成浪费的性质。因此，市场机制并不是完美无缺的，它的调节作用又有其自身不可克服的局限性和盲目性的一面。所以，在充分发挥市场机制作用的同时，还必须由国家通过采取经济的、法律的、行政的手段对市场进行宏观调控，使市场得以健康有序的发展。

第三节 建筑市场的运行规范

一、建筑市场运行规范的概念

（一）建筑市场运行规范的含义

所谓建筑市场运行规范，是指在建筑市场运行中，市场活动的参与者按法定的、市场公认的规则来约束和规范自己在市场活动中所发生的经济行为以及建筑产品的生产必须遵守法定的技术规范和建筑产品应达到的质量标准。

建筑市场运行规范的内容，包括各市场主体参与市场活动的行为规范和市场客体的生产及其品质的要求两个方面。前者是指对人的方面的行为要求，后者是指对物的方面的质量要求。建筑市场运行规范包括从建筑产品的拟建、招标投标、勘察设计、施工生产、交工验收、竣工决算等全过程、全方位运行的规范。

建筑市场运行的规范标准，在我国主要是由国家颁发的有关法律、各级政府主管部门制订的有关法规、规范和标准等。

（二）建立建筑市场运行规范的必要性

1. 建立市场运行规范，是保证市场正常运行的客观需要

在社会主义市场经济条件下，由各类市场构成全国的现代市场体系。各类市场之间紧

密联系，互相配合，互相制约，各类市场的活动，反映了社会经济运行的状况。建筑市场是社会市场体系的有机组成部分。建筑市场的运行状况，必然对社会大市场的运行有着直接和间接的影响，社会大市场的运行状况，也必然对建筑市场的运行有着影响。因此，建立建筑市场的运行规范，既是保证建筑市场正常运行的条件，也是有关市场正常运行的需要。

2. 建立市场运行规范，是维护市场活动参与者合法权益的需要

在建筑市场的运行中，业主方、承包方、中介者都有着各自的经济利益。在参加市场活动中，他们之间都要发生各种各样的经济关系；也会由于各自的经济利益而发生碰撞。要处理好建筑市场中所发生的各种经济关系，就要求依法规范市场活动参与者的经济行为。建立市场运行规范，既是保证市场正常运行的要求，也是维护市场参与者的合法经济利益的需要。

3. 建立市场运行规范，是确保建筑产品的生产符合规划要求和达到质量标准的需要

作为建筑市场客体的建筑产品，有其自身特有的特征，它总是与土地相联系，在地面占据一定的空间，而土地又是有限的资源。因此建筑产品的建造必须符合城乡建设的规划，不能任意建造；建造建筑产品耗资巨大，使用时间长，其质量如何，与人民的生命财产直接相关，因而对建筑产品必须从勘察设计开始到施工建筑结束，都必须实行全过程的规范化，以确保建筑产品达到规定的质量标准。

4. 建立市场运行规范，是政府主管部门对市场进行调控和管理的需要

如前所述，市场机制对市场的运行和调节有其积极作用，但也有其自发性和局限性。因而市场的运行客观上要求国家对市场进行宏观调控，要求政府主管部门对建筑市场进行有效的组织和管理。建立建筑市场运行规范，实际上也是政府主管部门对建筑市场进行组织和管理的一种必要手段。

二、建筑市场主体行为规范

（一）建筑市场运行主要规则的基本内容

建筑市场主体参与建筑市场活动，必须遵守市场规则，即有关机构（政府、立法机构、行业协会等）按照市场运行的客观要求制定或沿袭下来的由法律、法规、制度所规定的行为准则。

市场规则可分为两大类：体制性规则和运行性规则。前者主要包含在一些承认和维护财产所有权的法律制度之中，保证市场运行主体的财产所有权及其收益不受侵犯。后者则寓于政府制定的关于市场活动的法规和条例之中，包括进入市场的各主体的行为规范以及处理各主体之间相互关系的准则。这些规范和准则，明确了市场上什么是不可以做的，要求市场主体只能在不损害公众利益的前提下追求和实现自身的利益。具体地说，市场规则大体上包括以下基本内容：

1. 市场进入规则

市场主体进入市场需遵循一定的法规和具备相应的条件。

2. 市场竞争规则

这是保证各市场主体能够在平等的基础上充分竞争的行为准则。为了实现平等竞争，政府有必要制定和实施一系列有关市场竞争的规则，用以防止市场垄断和不正当竞争，排除超经济的行政权力的不当干涉，消除市场的分割和封锁以及对部分市场主体的歧视性待遇

等等。

3. 市场交易规则

这是关于市场交易行为的规范和准则。如交易必须公开，交易必须公正，交易必须在自愿、等价、互惠的基础上进行等等。

（二）业主方的行为规范

建设项目业主是建筑产品的需求者。他意欲获得某种建筑产品而且应具有相应的支付能力。政府主管部门对业主的主要要求是，建筑场地必须取得所有权或使用权证书，拟建建筑产品的用途及技术条件符合有关规定，建筑物的设计经主管部门审查批准并取得施工许可证等，具备了这些条件的建筑产品需求者，一般来说方可成为建筑市场合法的买主，才可以进入建筑市场按照有关规定开展招标活动，并与中标的建筑产品生产者签订承发包合同，按照合同规定的条款，享有自己的权益和履行合同规定的义务；到工程竣工验收后，取得建筑产品的使用权和准予启用的证书。

（三）承包方的行为规范

建筑产品生产者，即承包者，按照业主的要求，从事建筑产品的建造。由于建筑产品的种类繁多，使用寿命较长，耗资巨大，建筑物的质量直接关系到使用者和社会公众的人身财产安全，因而对建筑产品的生产技术、生产条件和产品质量国家都有严格的要求；对建筑产品生产者应具备的条件，政府主管部门通过制定法规作出详细具体的规定。建筑产品承包者应具备的条件主要包括以下内容：

（1）工程施工的经历；

（2）企业经理和总工程师、总会计师、总经济师的资历及技术职称；

（3）专业技术人员占职工年平均人数的比例；

（4）固定资产和流动资金数额及技术装备情况；

（5）施工能力（年完成总产值）。

按照上述条件，将承包者划分为若干等级，并规定其相应的业务范围。我国现行《施工企业资质管理规定》，对从事各种房屋建筑、土木工程、设备安装、管线敷设等活动的41种专业施工企业等级标准，都作了详细的规定。

对于施工企业的资质等级都要经过政府主管部门的审批。各专业一级施工企业由建设部统一审批；二、三、四级施工企业按其隶属关系，分别由国务院有关主管部门及省、自治区、直辖市的建设行政主管部门审批。各等级的施工企业进入市场按《资质等级证书》规定的工程承包范围进行承包活动，不得越级承包工程。建设项目业主也不得将工程发包给不具备承包该工程资质条件的施工企业。任何企业不得采取行贿、回扣等不正当手段获取工程任务，也不允许有不对工程施工进行管理，不承担技术、经济责任，只收取管理费的倒手转包行为。

对于承包者活动的地域范围，许多国家都将承包商分为全国性和地方性两类。我国规定一、二级施工企业可以跨省独立承包工程；三、四级施工企业和持有地方建设行政主管部门发给的《资质审查证书》的非等级企业，可以跨省向总包企业分包工程或提供劳务。经济特区、边远地区和建设任务大而施工力量不足的地区，工程所在地建设行政主管部门可以允许外省和国务院有关主管部门所属的三、四级施工企业进入本地区独立承包工程。

无论是哪种等级的承包者，都应履行工程承发包合同，享有合同条款规定的权益和应承担的义务和责任。

（四）建设中介服务组织的行为规范

建筑中介服务组织，作为第三产业的组成部分，具有其自身的特点，这就是：

1. 知识密集

中介服务组织是以其成员的专业知识为客户服务。这种服务是非物质性的。中介服务活动所投入的生产要素主要是人，即中介服务人员的活劳动（脑力劳动）。中介服务组织最需要的是专门人才，并应使服务人员的知识结构与中介服务的需要相适应，这是中介服务活动取得良好效果的重要条件。所以，中介服务组织属于知识密集型的产业。

2. 综合性

中介服务活动往往涉及多学科、多专业，而不是局限于某一学科、某一专业领域。因此，要求中介服务组织成员在精通某一专业的基础上，还应当具备判断和处理所涉及的相关专业问题的知识和能力，也就是要能够综合运用多学科的专业知识来处理实际问题。

3. 单件性

中介服务组织是根据客户的要求和具体条件而工作的，具有明显的单件性的特点，因而适合于采取承包的经营方式。

4. 客观性和自主性

中介服务活动是接受客户的委托，为客户的利益服务的；但是不能要求中介服务人员判断和处理问题时以客户的主观意志为转移，而必须保持其客观性和自主性。

各种不同类型的中介服务组织，根据其业务性质，其组成人员应具备的条件，又有其不同的要求。中介服务组织的性质和特点，决定着中介服务机构及其人员应具备相应的条件。这些条件是由政府主管部门通过制定法规的形式来实现的；只有具备组成中介服务组织机构的条件，得到有关政府主管部门批准后，才能开展中介服务活动。

中介服务组织在开展业务活动中，以向客户提供服务，从而获得相应的报酬为目的，而不能为了自身利益损害客户的利益。这就要求中介服务组织按有关规定规范自己在中介服务活动中的行为，承担社会责任，同时应具备高尚的职业道德，以自身的良好的服务业绩建立社会信誉。

三、建筑市场客体的生产及品质要求

作为建筑市场客体的建筑产品，由于它所具有的特点，使得其生产过程和产品的质量都必须按照有关的法规严格加以规范，以维护社会的整体利益和建筑市场主体的合法权益，从而保证建筑市场正常、健康地运行。

（一）建筑产品的建造必须遵守土地、规划法规

建筑产品总是与土地相连，而土地又是有限资源，为了合理有效地使用土地，国家制定了相关的政策法规。因此在选定建筑产品的建造地点时，就必须按有关法规办事。建筑产品又总是建造于某一区域，在城市建造建筑产品，必须遵守城市规划法；在村镇建造建筑产品，必须遵守村镇规划法；在居住区建造建筑产品，必须遵守居住区建设法规等等。从而使建筑产品的建造置于城市建设、村镇建设的整体规划之中，服从于整体规划的需要，而不能自行其是，盲目建造。

（二）建筑产品的建造过程必须贯彻有关技术标准和技术规程。

由于建筑产品的体积庞大、耗资很多，尤其是产品的质量与用户和社会公众的生命财

产安全直接相关。因此从建筑产品生产的勘察、设计、招标,到工程施工、竣工的全过程,都必须严格按照政府主管部门制定的技术标准和技术规程执行,诸如房屋建筑、铁路、公路、桥梁、隧道、港口等工程的设计规范和施工验收规范以及给排水工程、采暖通风工程、电梯及自动扶梯工程、供电和电器安装工程等专业工程设计及施工验收规范等等。在工程施工过程中还必须遵守施工操作规程、设备维护与检修规程、安全技术规程等。而且,对建筑产品的生产环境,诸如建筑场地、临时道路、供水、供电以及临时建筑物等服务于建筑产品生产的设施,也必须符合既定的要求。

(三) 根据质量检查评定标准确定建筑产品的质量等级

政府主管部门根据施工及验收规范制定产品质量检验评定标准,据以评定分项工程、分部工程、单位工程质量等级的方法、程序和标准。经检验评定符合质量要求的建筑产品,才能交付使用。至此才意味着建筑产品可供建筑市场主体之间进行最终的交换。

上述法规是根据建筑产品生产的客观规律要求制定的。要求建筑产品的需求者和生产者都必须严格遵守,以保证建筑产品的质量和具备相应的使用功能,满足使用者的要求。

第四节 建筑市场体系

如前所述,广义的建筑市场体系,除了建筑产品需求者和生产者进行订货交易的建筑产品市场(即狭义的建筑市场)以外,还包括与建筑生产密切相关的勘察设计市场、建筑生产资料市场、劳动力市场、技术市场和资金市场等。这些市场的存在和发展,是建筑产品市场存在和发展的必要条件,而建筑产品市场的繁荣和发展,又直接影响这些市场的繁荣和兴旺。可见,构成建筑市场体系的各个个别市场之间紧密依存,互为制约。下面着重分析与建筑产品相关市场的特点:

一、勘察设计市场

(一) 勘察设计市场的特征

就建筑生产的全过程而言,勘察设计是建筑生产的起点和依据,是建筑产品生产必经的一个阶段。由于勘察设计工作一般独立于建筑产品建造过程之外,是由专门从事勘察设计活动的勘察设计机构来完成的,因而在市场经济条件下,客观上需要形成勘察设计市场。勘察设计市场的主体为建筑项目业主与勘察设计机构;勘察设计市场的客体为勘察设计产品。勘察设计市场除具有建筑产品市场的一些特点以外,还具有以下的主要特征:

1. 勘察设计产品属于知识、技术密集型产品

建造建筑产品首先要进行勘察设计。勘察设计成果即勘察设计产品。勘察设计产品包括勘察报告、测绘图纸、设计方案、模型、设计图纸、设计说明书、计算书、设计概预算等。勘察设计产品,是根据建设项目业主建造建筑产品的意图和要求,通过具有相应专业知识和技术能力的勘察设计工作者应用相关的专业知识和技术所形成的产物。所以,勘察设计产品,是一种知识、技术密集型的产品。勘察设计产品,虽然不是实物产品,但是它通过模型、设计图纸等规定了最终建筑产品的形态,使用功能,是建造建筑产品的基本依据。因此,勘察设计活动同样是一种物质生产活动,创造价值和使用价值。在市场经济条件下,勘察设计产品和其他有形的实物产品一样,具有商品的性质。勘察设计产品的价值构成最终建筑产品价值的一部分。所以,勘察设计产品成为勘察设计市场供求双方交易的

载体。

2. 勘察设计市场的竞争性差异较大

勘察设计产品的供应方是各类勘察设计机构。设计机构可以分为建筑设计机构和专业设计机构两大类型。建筑设计机构是指以土建为主的综合性设计机构，如一般工业设计院、民用建筑设计院（所、室）、城市规划设计院、市政工程设计院、交通工程设计院等；专业设计机构，在我国是指中央部属、地方所属的设计院，如冶金工业设计院、石油工业设计院、煤炭工业设计院、纺织工业设计院、水利电力工业设计院等，这些专业设计院，主要从事本部门工业建筑的工艺设计与土建设计，在多数情况下，以工艺设计为主。但是，建筑设计机构与专业设计机构的界限并不是绝对严格划分的，相互之间往往交叉完成某些设计任务。设计机构的主要生产要素是具有一定专业技术知识和能力的人。根据政府主管部门的规定，设计机构应具备按规定的条件经批准并确定其等级后，方能按规定的业务范围承揽设计任务，从事勘察设计活动。

由于勘察设计的对象不同，在勘察设计市场上竞争的情况有着明显的差别。一般民用建筑设计的需求面广量大，相对而言，专业性不是很强，许多综合性的民用建筑设计机构都能胜任这类勘察设计任务，所以竞争的范围较为广泛，当供求不平衡时，竞争尤为激烈。但是，专业性较强，技术要求繁杂的大型建设项目，如铁路、桥梁、高速公路、港口、石油化工、冶金以及城市交通系统等项目，需求者为数有限，有能力的供给者一般也仅限于少数的专业设计机构，因而他们按专业部门或地域划分活动范围，往往形成寡占甚至独占市场。需求者与供给者之间在交易中虽然也有费用多少之争，但更多的是相互依存、合作共事的关系，其竞争性就不如一般民用建筑那么激烈。

3. 勘察设计产品价格采用取费形式

勘察设计产品提供者根据需求者的委托或通过招标投标的方式承揽勘察设计任务，并按照有关取费规定向需求者收取勘察设计费。这是因为，科学技术是生产力，勘察设计人员从事勘察设计的活动属于生产性的劳动，必然为社会创造新的价值。实行设计收费制度，是为了反映勘察设计工作者所创造的价值，使从事勘察设计活动形成勘察设计产品而发生的劳动耗费得到补偿，并反映其为社会劳动所创造的价值；同时，并完整地反映最终建筑产品的价值。

设计的取费标准，一般是根据建筑物类型，建设规模（造价或面积）、工程复杂程度、工艺成熟条件、采用标准设计的程度等因素来制定的。设计的取费标准，也就是勘察设计产品的价格；勘察设计质量和取费标准，是勘察设计市场竞争的主要因素。

（二）勘察设计市场的作用

勘察设计市场是建筑市场体系中的重要组成部分，它的完善和发展，对建筑产品市场的运行有着重要影响。由于勘察设计是建造建筑产品的基本依据，只有通过勘察设计市场交易，形成勘察设计产品之后，方能据以进行建筑产品的施工活动，随之推动建筑劳动力市场、生产资料市场的运行。从这个意义来讲，勘察设计市场，在建筑市场体系中起着领先和基础性的作用。同时，勘察设计产品的质量，对建筑产品的质量起着决定性的作用（当然工程施工质量、建筑材料质量对建筑产品质量同样有着极其重要的影响），所以，完善和发展勘察设计市场，是构建建筑市场体系中极其重要的一环。

二、建筑生产资料市场

(一) 建筑生产资料市场的特征

建筑生产资料是指生产建筑产品所需的劳动资料（如各种工具、机械设备等）和劳动对象（如建筑材料、构配件等）。在市场经济条件下，建筑生产资料通过生产资料市场进行交易，以满足建筑生产的需要。生产资料市场是有形商品市场的组成部分，以建筑生产资料的需求者（建筑产品生产者）和供给者（建筑生产资料经营者）为市场主体，以具体的劳动资料和劳动对象为交换客体进行市场交易活动。建筑生产资料市场的主要特征是：

1. 市场交易量大

由于建筑产品具有体积庞大的特点，决定了建造建筑产品需要大量的建筑材料和构配件，在建筑产品的经营成本中，材料费约占成本总额的65%左右，所以在建筑生产资料市场中，主要的建筑材料，如钢材、水泥等大都是大宗的、数量较多、价值较大的交易，因而交易的价格是否合理对供求双方的经济利益都有很大的影响；而建筑材料的质量与建筑产品的质量直接相关。

2. 市场交易品种繁多

由于建筑产品具有单件性和多样性的特点，因而所需要的建筑材料和建筑机具的品种和规格繁多，据统计，现在市场上交易的建筑材料多达1200多种，随着科技的发展和人民生活水平的提高，一些建筑材料将会淘汰，而有更多的新型建筑材料应运而生，这就使得建筑生产资料市场交易的品种更加多样化。

3. 市场交易与建筑产品的生产并行

由于建筑产品生产所需的材料量大，品种繁多，特别是一些材料的时效性很强，因而建筑产品建造时所需的材料，特别是主要材料不象某些商品生产那样，先储存材料，然后进行生产，而是根据建造建筑产品所需的材料，及时在市场交易，及时用于生产，因而建筑材料的交易与建筑产品的生产在时间上基本是并行的，同时在空间上往往是产地与消费地的直接转移。

4. 加工订货占有较大比重

建造建筑产品所需的各种构配件，往往都是特定的，因而建筑产品生产者在市场上购买这部分构配件，往往根据需要，采取加工定货的形式向有关厂家进行交易。

5. 市场竞争激烈

建筑生产资料的需求者和供应者都是大量的，时有新的供应者参加市场交易，因而建筑生产资料市场竞争的范围相当广阔，近似于完全竞争市场，价格变化对供求关系的反映相当敏感。

6. 某些生产资料采用租赁形式，形成租赁市场

建筑生产过程中所需的某些劳动资料，如大型施工机械、金属架料、钢模等往往采用租赁形式，供建筑生产者有偿使用，在建筑生产资料市场中形成机具租赁市场。

(二) 建筑生产资料市场的作用

1. 建筑生产资料市场是建立和完善建筑市场体系的重要组成部分

建筑生产资料市场是建筑产品生产者获得建筑物资来源的关键环节，对其他建筑要素市场的发展进程起着重要作用。只有当建筑生产资料市场得到一定程度的发展，建筑产品市场才能因生产者有了足够的原材料和建筑机具来进行建筑产品的生产和交易；劳动力市场才能向劳动者提供更多的就业机会；同时对资金市场、技术市场的发展和繁荣也有着一

定的影响。

2. 建筑生产资料市场是促使建筑生产资料再生产顺利进行的必要条件

建筑生产资料作为商品，通过市场交易，一方面满足了建筑产品生产的需要；另一方面，使得建筑生产资料的价值得以实现，才能使生产建筑生产资料的生产耗费得到补偿，并实现新创造的价值。建筑生产资料的再生产是一个连续的生产与流通统一的经济过程。没有建筑生产资料的生产，当然也就没有建筑生产资料的流通；建筑生产资料的流通受阻或停顿，就会引起建筑产品生产的中断或停顿。

3. 建筑生产资料市场是制约建筑产品市场运行和发展的重要因素

一般地说，建筑生产的发展程度决定了建筑生产资料生产的规模和范围，但是建筑生产资料市场自身发展的程度，对建筑生产的发展进程又有强大的反作用力。当建筑生产资料市场与建筑产品市场的发展相适应时，建筑产品市场能够正常运行并得到发展；反之，则会影响建筑产品市场的正常运行和发展。

三、建筑劳动力市场

（一）建筑劳动力市场的特征

所谓劳动力市场，是指劳动力供求之间在劳动力使用权转让与购买者达成的一系列合约关系的总和。建筑业属于劳动密集型的产业。在建筑产品的生产过程中，手工劳动占有较大的比重，需要的劳动力数量大，因而建筑劳动力市场是建筑市场体系中的一个重要要素市场。在建筑劳动力市场中，劳动力的需求者为生产建筑产品的建筑企业，供应者主要为农村建筑队也有单个的建筑劳动力提供者。建筑劳动力市场具有以下的特征：

1. 需要劳动力量大，且主要来源于农村

据统计，1994年全国建筑业的从业人员为2448.8万人，其中农村建筑队的从业人员就达969.3万人，占建筑业总从业人员的39.6%，就是城镇国有建筑企业和集体建筑企业的从业人员，大部分也是来源于农村。据测算，我国农村的剩余劳动力多达2.2亿多人，而建筑业又是农村剩余劳动力转化的一个重要渠道，所以建筑劳动力市场具有丰富的潜在人力资源，随着我国经济建设的发展和投资规模的扩大，建筑劳动力市场有着很大的发展潜力。

2. 劳动力需求的不均衡性

由于建筑产品生产的特点，决定了在工程施工的不同阶段、不同季节对劳动力的数量有不同的要求，特别是国家采取宏观经济政策和投资规模的变化而引起建筑产品市场需求的波动，都会对建筑劳动力市场的需求产生很大的影响。正是由于劳动力的资源丰富，需求不均衡，往往是供大于求，所以建筑劳动力市场基本上是一种买方市场。

3. 劳动力需求的灵活性与结构的层次性

由于我国正处于从计划经济体制向社会主义市场经济的转变时期，因而建筑业的劳动力主要由两部分组成，一部分是固定工和长期合同工，一部分是农民工和临时工。随着建筑业改革的深入，在组织形式上实行管理层和劳务层的分离，为了适应建筑生产的特点，深化用工制度的改革，克服固定用工制的弊端，因而建筑企业固定工的比重将会逐渐减少，而根据生产任务的多少，随时向劳动力市场求得相应的劳动力，这就使得建筑劳动力市场的需求呈现灵活起伏的态势。

根据建筑生产的需要，建筑企业所需劳动力应保持合理的结构层次。建筑业虽然属于劳动密集型产业，但绝不是等于说建筑业所需的劳动力可以不具备技术和专业知识，只要具有体力就行了。事实上，建筑是涉及众多知识的应用，有着自身特有技术的产业，因而客观上存在多种技术工作。现代建筑科学技术的发展，在建筑生产中不断采用新的技术和工艺，对劳动者素质的要求也越来越高，并要求劳动力具有合理的层次结构，即技术工种结构、技术等级结构、生产工人与辅助生产工人及其他人员的比例。就我国的现状而言，劳动力资源丰富，具有从事简单的技术工种、低等级技术工人和非技术工人的劳动力众多，足以满足建筑生产的需要。但是，较多复杂的技术工种，高等级的技术工人的劳动力则相对不足，不能满足建筑生产需要。

劳动力市场供给的不合理的层次结构，必将导致从事简单技术工种和辅助工作的劳动力供大于求，形成竞争激烈的状况；而从事复杂技术工种、高等级技术工人的供不应求，往往形成降格以求的状况，这对建筑生产也必然造成一定的影响。

（二）建筑劳动力市场的作用

建筑劳动力市场为劳动者，特别是农村劳动者提供了就业的渠道，这对于劳动力资源的开发，发挥劳动资源的效能无疑起着重要作用。劳动力市场对于建筑产品的生产更是有着直接的、至关重要的影响。如前所述，建筑产品市场的供给能力主要表现为生产能力。建筑劳动者在建筑生产力中是最重要最活跃的因素。建筑产品生产所需的劳动力，既有数量的需要，又有素质的要求。建筑产品生产者，通过劳动力市场灵活地、多层次地求得劳动力，是保证完成建筑产品建造任务的极其重要的条件。而建筑劳动者的素质，对于建筑产品的质量、建筑技术进步，劳动生产率和建筑产品生产者的经济效益等都有着直接的影响。就我国的现状而言，建筑劳动者的素质虽有吃苦耐劳、积极工作、适应流动性生产的优良品质，但文化知识、技术水平从整体来看并不高，难以更好地适应建筑业科学技术水平发展的需要。这种情况，将会使建筑劳动力市场的供求矛盾显得更为突出。因此，提高建筑劳动者的素质，是建筑业更好地发展面临的一个重要课题。

四、建筑科技市场

（一）建筑科技市场的特征

科技市场从广义而言，是指在一定时空范围内反映科技产品交换中所发生的各种经济关系和技术活动的总和。科技成果，即科技产品的商品化是科技市场的基础。建筑科技产品既包括建筑新技术、新结构、新材料、新工艺等"硬技术"，也包括先进的生产组织管理方法和计算机软件等"软科学"，供需要科技产品的用户选择，用户通过市场交换获得之后直接用于建筑产品生产，并取得应有的经济效益。

科技市场的需求者，主要是为解决勘察设计或施工中急需解决的某些技术问题和为增强未来竞争能力而寻求技术储备的勘察设计机构和建筑企业。科技市场的供给者主要是建筑科研、设计机构和有科技力量的建筑企业以及拥有非职务发明专利权的个人发明家。

科技市场具有以下的特征：

1. 科技商品具有其特殊的性质

科技产品是一种知识性的产品，它是一种优选和系统化的知识体系，通常以专用技术资料、图纸、工艺技术的数据、设计方案等形态出现。科技产品是智力积累的产物，它必须有高水平的科技实力做后盾，一项新的科技成果的获得，是无数科技工作者长期智力积累的结果。科技产品在技术上具有创造性，是与已有的科技不同的新的科技成果。

2. 科技产品买卖的多次性

科技产品是一种知识,在它经过买卖之后,卖方并没有因此失去该知识的所有权。一般来说,在特有的技术条件及必要的契约保护下,科技产品的购买者往往只得到该知识的使用权,而不具有该知识的所有权。科技产品的所有者则可以把同一对象多次出售。这就要求以法律的形式,兼顾市场容量和买卖双方的利益,定出适当的保护期限,并确定其转让的程度和数量。

3. 科技产品买卖的保密性

科技成果通常都有一定的技术诀窍,需要对外保密,否则技术诀窍被公开,科技成果将失去交换价值。所以在科技市场上科技产品未成交前,要对买方严格保密,只能通过双方反复洽谈、论证其技术性能、经济指标等之后,才能最终实现科技产品的交易。科技市场的保密性,要求在法律上确认卖方的所有权,并且提供法律的保护,"专利法"就是为此而设立的。

在我国社会主义市场经济条件下,科技市场还体现了企业与企业、企业与科研单位之间的互助合作关系,除了科技产品有交换价值以外,还可根据平等互助互利的原则,开展科技成果的推广交流,反对采取不正当手段进行技术垄断和技术封锁,使科技市场的存在和发展更加有利于社会主义市场经济的发展。

(二)建筑科技市场的作用

科学技术市场,是建筑市场体系中的重要组成部分。我国的建筑科技市场尚处于探索和健全、完善的阶段,随着社会主义市场经济的发展,它对促进建筑科技和建筑生产的发展,必将更好地发挥其积极作用。

1. 科技市场是联系建筑科技与建筑生产的桥梁

建立科技市场,以商品形式有偿转让科技成果,可以有效地把建筑科研单位与建筑产品生产单位之间的经济利益紧密地联合起来,从而促进科研与建筑生产的结合,推动科研和建筑生产的发展。

2. 科技市场可以推动市场机制的发挥

采用新的科技成果,可以推动建筑产品生产的技术进步,提高建筑劳动生产率和产品质量,有助于增强建筑产品生产者在市场上的竞争力;而在科技活动中引进市场机制,必然也会促进科技成果的市场竞争,促使对科研机构的运行机制进行改革,面向建筑生产发展的需求选择科研课题,并通过科技市场的中介作用,迅速将科研成果转化为现实的生产力。

3. 科技市场有利于调动科研人员的积极性

科技成果在市场上实行有偿转让,可以发挥广大科技工作者的聪明才智,调动他们的积极性和创造性。科研成果,必然用于生产实践才能体现其价值。在经过市场有偿转让后,建筑产品生产者必然会尽全力发挥其作用。这样,即使得科研机构和科技人员获得转让科技成果的报酬,用于维持和发展科技活动;又标志着这些科技成果将得到社会承认,显示出其社会价值,同时,对建筑生产的发展起着积极的推动作用。

此外,在建筑市场中,还应包括资金市场。资金市场是指资金供求双方以市场方式进行资金融通所发生的经济关系的总和。资金市场由资金供求主体、金融工具和金融中介三个要素构成。资金供求主体,即资金融通的当事人。在建筑资金市场中,主要是建筑企业、单位和金融机构；金融工具是指使资金市场活动得以实现的各种手段，即各种形态的货币商品，如债券、股票、票据、借款合同、抵押契约、可转让存款等等，资金供求对象正是通过创造和使用各种金融工具来实现资金的融通；金融中介则是以中间人身份媒介资金供求双方，从而使资金交易、信用等关系得到顺利建立，资金流动得以便利实现的专门组织与个人，如商业银行、投资银行、证券公司、证券交易所、证券经济人、信托投资公司、保险公司、信用合作社等。

在我国现阶段，建筑资金市场正在开始形成。建设项目业主的固定资产投资，可由业主向投资银行申请长期贷款来取得；某些大规模的建设项目，也可通过按规定的程序委托证券公司等发行股票的办法筹集资金；建筑企业的固定资产投资也可以通过以上渠道取得，所需的流动资金通常向银行申请贷款取得。过去，固定资产投资和建筑企业所需资金都由中国建设银行按指令性计划统一划拨。改革开放后，实行"拨改贷"，一度由建设银行独家经办。近几年来情况开始有所改变，一些专业银行已打破原有的专业分工界限，分别介入固定资产投资筹资活动和贷款业务，企业资金的筹集呈多元化格局，发行债券、股票、国内外合资联营筹资的方式都已存在，随着金融体制的进一步发展，建筑资金市场必将逐步发育成熟。

在上述建筑市场体系中，建筑产品市场起着主导作用，建筑产品市场的存在和发展，是其他相关市场存在和发展的前提条件；而其他相关市场的存在和发展，对建筑市场的存在和发展又起着制约的作用。因此，各相关市场与建筑产品市场必须协调发展，以保证建筑产品生产任务的顺利完成。

第五节　建筑市场的需求和供给

一、建筑市场的需求

（一）建筑市场需求的含义

建筑市场需求，是指人们通过建筑市场的交易活动得以实现的需求。这种需求，应具备两个条件，一是人们有获得建筑产品的愿望；二是有获得建筑产品的支付能力。建筑市场需求是受一定生产力水平制约的有限度的需求。建筑市场需求与社会建筑总需求既有联系，又有区别，是两个不同的概念。社会建筑总需求，包括建筑市场需求和非建筑市场需求。建筑市场需求，表现为一定时期建筑产品需求者通过市场交易获得的建筑产品总量；非建筑市场需求，是指一定时期人们不通过建筑市场而自行建造使用的建筑物总量。如农民为改善居住条件而自行建造的房屋等。可见，建筑市场需求是社会建筑需求的组成部分。在商品经济比较发达的条件下，建筑市场需求在社会建筑总需求中占有主导地位，人们对建筑产品的需求，主要是通过建筑市场的交易来获得的。随着社会经济的发展，建筑生产社会化程度的提高，建筑市场需求占社会建筑总需求的比重将会越来越大。

（二）建筑市场需求的内容

建筑产品有的用于满足生产需要，有的用于改善人民的物质文化生活。因此，建筑市场需求可分为生产性的建筑市场需求和非生产性的建筑市场需求两大类型。

1. 生产性的建筑市场需求

指直接用于物质生产和直接为物质生产服务的各项建筑物和构筑物。生产性的建筑市场需求，涉及国民经济的各部门，如工业建设，建筑业建设，农、林、水利、气象建设，运输、邮电建设，商业和物资供应建设，地质资源勘探等各种建设。

2. 非生产性的建筑市场需求

一般指用于满足人民物质生活和福利需要的建筑物和构筑物。如住宅、文教卫生、科学研究、市政公用，生活服务以及其他的非生产性建设。

将建筑市场需求划分为生产性和非生产性两大类，可以考察建筑市场总需求构成的合理性；从客观来看，两者的需求应根据社会生产发展的需要和改善人民生活的要求保持兼顾两者的适当比例，以保证在生产发展的前提下，改善人民的物质文化生活，促进社会的进步。

（三）建筑市场需求的特征

建筑市场需求与一般商品的需求比较，具有以下的特征：

1. 建筑市场需求的个别性

在分析建筑产品的特征时，曾提及建筑产品具有单件性及特定性的特征，与之相应的，在建筑市场上的需求表现为个别性的特征。建筑市场需求的个别性是由对建筑产品需求的不同愿望和支付能力两方面的因素决定的。当建筑产品作为生活资料时，由于不同需求者的不同愿望与相应的支付能力，因而建筑产品的使用功能、造型、空间和平面组合、使用的材料等都不会一样；同样，当建筑产品作为生产资料时，作为需求者的不同企业在生产规模、生产工艺、产品特征、生产组织等方面均有显著的差异，加之各企业的经营状况、盈利水平、发展战略、扩大再生产的能力等方面也互不相同，因而对建筑产品的需求也表现出明显的个别性。这一特征，决定建筑市场的供给方式，不可能象一般工业品那样大批量生产以满足市场需要，而是按需求者的特定要求，通过单件生产来供给其需求。

2. 建筑需求的一次性

由于建筑产品的使用寿命一般长达数十年，有的甚至达上百年，而且投资数额巨大，因而对特定建筑产品的需求者来说，某一建筑需求得以实现之后，对该建筑的重置需求，会较长时期中断，直至该建筑的使用寿命终止；而新的建筑需求，往往又不是原有建筑的重复。所以，从这个意义来讲，特定的建筑需求，具有一次性的特征。但是由于特定的建筑需求对需求者来说，是因时制宜而出现的，因而又使得建筑市场的需求具有连续性。由于建筑需求要受多种因素制约和建筑需求的重置周期较长，因而导致建筑需求的不稳定性，其波动幅度比一般市场大，这就使得建筑市场的供给呈现相应的不稳定性。

3. 建筑需求具有较强的计划性

建筑市场需求在很大程度上要受国家固定资产投资规模和结构的影响。而固定资产的投资具有很强的计划性。从内容来看，包括投资规模计划、新增生产能力和新增固定资产计划以及建设项目计划；从时间上看，有长期计划、中期（五年）计划和年度计划；此外，还有严格的项目审批程序。即使在投资来源多元化的条件下，这种计划依然存在。当这种计划符合客观经济规律时，可以使建筑市场的需要呈现出稳定、连续发展的局面，有利于充分利用社会资源和提高社会生产力；反之，则可能造成建筑市场需求的大起大落，引起供求关系失衡，不利于经济建设和建筑业的发展。因此，提高制定固定资产投资计划的科学性，保证计划的连续性、稳定性，对建筑市场需求的稳步发展具有重要意义，也是使建筑市场总体供求关系保持动态平衡的必要条件之一。

二、建筑市场的供给

建筑市场的需求，是通过建筑市场的供给来实现的。建筑市场供给是与建筑市场需求相对应的，两者构成建筑市场活动的主体。建筑市场供给方，即建筑产品的生产者，也就是从事建筑产品设计活动的设计单位和从事建筑产品建造的建筑企业。建筑市场的供给有以下的特征：

1. 建筑供给弹性大

从整体来看，建筑业是劳动密集型的产业，技术装备系数较低，劳动力的构成因素较强。因而通过增加劳动力的数量来扩大生产能力是一条重要的途径。特别是一般不需要高难技术的中、小型建筑工程的建造，手工劳动所占比重较大，使用的也是一般常用并易于生产的建筑材料，这就使并不需要拥有多少资本的中、小型建筑企业进入建筑市场成为可能。当建筑需求旺盛时，这类供给者就会迅速膨胀起来。当然，不同建筑产品的供给弹性并不完全相同，一些具有高难技术要求的建筑产品的建造，供给弹性相对就小。

2. 建筑供给被动适应需求

在一般市场中，从生产决定消费，消费反作用于生产的意义来说，主要表现为供给决定需求，需求反作用于供给。但是，在建筑市场中，供给者不能象一般商品生产者那样，通过对市场行情的估计、分析、预测、自主决定生产的产品种类、数量和价格等，而只能按业主的需求接受定货后生产。产品的形式、功能、质量、供货时间都由需求者确定，供给者只能被动地接受需求者的订货后供给。而需求者主要是选择有信用、重视质量、保证工期、价格合理的供给者承包建筑产品生产。认识建筑供给被动适应需求这一特征。对于促进建筑供给者积极搞开发工程投资、房地产开发、一业为主、多种经营，尽可能减少人力和资产的固定，保持经营的伸缩性，以适应建筑需求变化大，供给被动的特征具有重要意义。

3. 建筑供给的内容主要是生产能力

在一般市场中，所谓供给是指生产者通过市场提供给需求者的产品量。而在建筑市场中，供给的主要内容是能生产各种建筑产品的生产能力。这一特征，是建筑产品的生产主要采取定货生产，即承发包的形式所决定的。由于建设项目业主对建筑产品的需求在先，然后通过定货由供给者生产，因而建筑市场供给者投入的人力和物力是与需求者既定的使用价值量相适应的，在建筑市场中不会出现由于供过于求而导致产品过剩或产品不适销对路的情况。由于建筑需求者的决策失误，造成建筑产品不适应需要而出现闲置和浪费是另一种情况。建筑市场供求关系的不平衡，则体现为需求总量的投资额与体现供给总量的生产能力的不平衡来反映。建筑市场供给的这一特点，虽然避免了由于产品供过于求而造成社会资源的浪费，但是，这一特点并不能避免生产能力供过于求，不能充分发挥现有生产能力的作用而造成的浪费。这种浪费会导致建筑生产率的下降和社会总产品的减少，其后果也是严重的。因此，在宏观上，应采取一定的措施，尽可能使建筑生产能力与投资需求之间保持大致的动态平衡。

4. 建筑供给方式多样化

在建筑市场中，作为建筑产品供给者的设计单位和建筑企业，向需求者提供不同生产阶段的服务，即提供不同形态的产品。设计单位除了向需求者提供设计产品以外，还可能向需求者提供咨询服务，为需求者监督施工生产过程，或与建筑企业共同向需求者提供最终产品。建筑企业可以向需求者提供最终产品,也可以提供阶段产品或部分产品;可以由一个建筑企业单独向需求者提供产品,也可以由多个建筑企业联合向需求者提供产品。建筑市场供给方式多样化这一特点,使得建筑市场中供求双方之间的关系较为复杂。采用哪种供给方式,在大多数情况下由需求者决定。选择适应的供给方式,直接关系建筑产品的生产过程和产品质量,关系到需求者自身的行为及其与供给者之间的关系;选择适当的供给方式,涉及诸多因素,而不同的供给方式为需求者提供了多种选择的可能性,客观上为需求和供给的最佳结合创造了条件。这一特征,也是建筑供给被动适应需求的反映。

三、建筑市场需求与供给的平衡关系

(一)建筑市场需求与供给平衡的意义

在市场经济条件下,建筑需求与建筑供给是通过建筑市场来联系的。保持建筑需求与供给的大致平衡,是一种理想的要求。但实际上建筑市场的需求与供给之间往往呈现不平衡的状况。当固定资产投资规模扩大,建筑需求增加,就会出现供不应求的情况,建筑供给者就会相应增多并扩大生产能力,使从事建筑供应的人员队伍迅速膨胀;当建筑供应的生产能力扩大过分超过需求时,在建筑市场上又会出现供过于求的情况,从而使得一些建筑供给者的生产任务减少,一些建筑供应者的生产难以为继,甚至倒闭破产,造成建筑生产能力不能充分发挥其作用。在市场经济条件下,建筑市场需求与供给的不平衡虽然不可避免,但供求的严重失调,对建筑市场的正常运行会导致严重的不良后果。尽管市场机制可以在一定程度调节供求关系,但毕竟有其局限性。为了避免建筑总需求与总供给之间的严重失调,导致建筑市场的大起大落,这就要求国家采取相应的经济政策措施、计划手段等对建筑的总需求与总供给进行宏观调控。通过建筑市场对建筑的需求与供给进行宏观总体引导,使两者之间保持大致的动态平衡,这对于推动建筑市场和相关市场的正常运行,促进社会经济的发展具有十分重要的意义。

(二)建筑产品总需求与总供给平衡的主要内容与要求

1. 价值平衡与实物平衡的统一

在社会主义市场经济条件下,建筑产品的需求量和供给量都采取价值的形式进行综合反映。建筑产品的价值是由生产建筑产品所耗费的物化劳动和劳动者为生产建筑产品耗费的活劳动构成的。生产建筑产品耗费的物化劳动,主要表现为生产资料的耗费,包括劳动资料耗费的价值和劳动对象耗费的价值,它们都是由耗费的生产资料的实物量和单位价值综合形成的;生产建筑产品耗费的活劳动是由劳动者消耗的劳动时间和单位时间的劳动报酬综合形成。可见,建筑产品需求和供给的总价值都是以生产建筑产品耗费的生产资料的实物量和建筑劳动者的人数为基础的。在一定的生产资料价格水平和劳动生产率条件下,建筑需求的价值量越大,建筑供给所需的生产资料实物量和劳动者的人数越多;反之,则少。所以,建筑需求和供给的价值平衡,必须与相应的物力和人力的平衡相统一,否则就会影响建筑需求与供给的平衡,影响建筑市场和相关市场的正常运行。

2. 建筑产品需求与供给总量平衡与结构平衡的统一

建筑产品需求与供应总量的平衡,应以合理的需求结构和供给结构的平衡为基础。需求结构是指建筑需求总量的构成比例关系。建筑需求结构应反映经济发展规律的要求,符合发展生产和改善人民物质文化生活的需要。一定的建筑产品需求结构,要求一定的供给结构与之相适应。这是因为建造不同类型的建筑产品,在生产技术上具有不同的要求,因

此,要由具有相应生产技术水平、建筑生产能力的生产者去建造。如果建筑产品供应结构与需求结构严重失衡,就会造成建筑产品需求不能得到满足,或者建筑供给的某些生产能力的闲置,不能发挥其应有的效能,从而对宏观经济和建筑市场的运行都可能造成不利的影响。所以,建筑需求与供给的总量平衡应与结构平衡相统一。

第六节 建筑市场的影响因素

建筑市场作为一个市场体系,有其不同于一般市场的特点和运行规律,而建筑市场又存在于社会经济大环境之中,与社会经济的发展和相关市场的运行有着密切的联系,因而建筑市场的供求关系变化,运行机制都不可避免地要受到许多外界因素的影响。对建筑市场主要的影响因素有:固定资产投资、建筑生产要素市场和房地产市场。

一、固定资产投资

建筑市场的需求,在总体上表现为固定资产投资。固定资产投资对建筑市场有着决定性的影响。这种影响主要表现在投资需求、投资规模、投资结构和投资项目四个方面。

(一) 固定资产的投资需求

固定资产投资需求,主要取决于以下几方面的因素:

1. 社会发展生产的需求

发展生产,对固定资产的投资需求有着重大影响。发展生产对生产性固定资产投资的需求,包括重置投资(更新投资)和净投资(新增投资)两部分。前者属于原有固定资产的重置更新,后者属于固定资产的新增扩大。固定资产的重置投资是利用基本折旧进行投资,净投资是新增固定资产的投资,其需求决定于生产发展的规模和速度的需要。一般地说,国民经济增长得越快,需要增加的净投资也就越多。而固定资产系数(即要增加单位国民收入所需要的生产性固定投资额)的高低,也会影响投资的需要量。而固定资产的系数与固定资产的利用状况有着密切的关系。固定资产的利用情况好,增加国民收入所需的投资额就会减少;反之,就会增大。

2. 人口增长和人民物质文化生活水平提高的要求

随着人口增长和人民物质文化生活水平的不断提高,必然会增加非生产性固定资产投资的需求,主要表现为新增住宅建筑的投资要求,同时还表现为增加文化、教育、卫生、旅游、娱乐等固定资产投资的需求。非生产性固定资产投资的需求,主要受两个方面的因素影响:一是非生产性固定资产折旧重置投资需求;二是非生产性固定资产净投资的需求,其中,包括新增人口非生产性固定资产投资的需求和人民物质文化生活条件改善新增非生产性固定资产投资的需求。

3. 扩大再生产的实现方式

社会扩大再生产的实现方式,既可以通过新建、扩建增加生产性的固定资产来进行,也可以通过设备更新和技术改造的方式来实现。采用不同的投资方式,为达到同样扩大生产的目的而所需的投资相差较大,必然会引起不同的建筑需求。据统计,改造现有企业比新建同样生产能力的企业可节省投资一半左右,对建筑的需求相对较小。当然,改造现有企业也有一定的限度,随着生产的发展和社会进步,总需要有一定比例的新建、扩建投资。因此,正确处理更新改造和新建扩建的关系,对于社会总投资的需求量有着直接的影响。

（二）固定资产的投资规模

所谓固定资产的投资规模，是指在一定时期内固定资产的投资总额。确定固定资产投资规模，即要以固定资产投资的合理需求为依据，又要以国家在一定时期内的财力、物力和人力的实际可能为条件，做到量力而行。确定固定资产投资规模的保障条件，主要有以下三个方面：

1. 财力条件

财力条件是确定固定资产投资规模的主要条件。固定资产的投资规模要受折旧基金和积累基金的制约。折旧基金的数额受固定资产的价值和折旧率两个因素的制约。而积累基金则受国民收入和积累率的制约。在积累基金中，一部分为流动资产积累，一部分为固定资产积累，而后者所占的比重较大。积累是固定资产投资的主要源泉，在国民收入既定的情况下，积累与消费是互为消长的。从供给的角度来看，积累越多，越有利于生产的扩大和供给的增加，有利于人们长远生活水平的提高；从消费的角度来看，积累太多，必然使人民的当前消费受到影响，不利于提高劳动者的积极性，影响生产和建设的发展。因此，应根据国民经济的发展，国民收入的增长情况，统筹兼顾，保持积累和消费的适当比例，以利于社会生产的发展和人民物质文化生活的改善。

2. 物力条件

固定资产投资包括机器设备的购置和建筑安装工程两部分。完成固定资产投资必须具有相应的物质保证，如所需机器设备的供应，建造建筑产品所需的建筑材料、施工机具等的供应以及相应的动力、运输等条件的提供等，所有这些都与投资有一定的比例关系；只有具有相应的物力条件，固定资产投资才有可能实现。

3. 人力条件

完成固定资产投资，起决定作用的是人的因素。在一定的劳动生产率水平条件下，固定资产投资额与建筑劳动者人数之间应保持一定的比例关系。如果两者的比例严重失调，就会对投资的实现或劳动力作用的发挥造成影响。在建筑队伍内部，还应与投资结构所需的技术力量保持相应的比例，各类专业技术人才之间也要形成合理的比例。建筑队伍人员的素质，对完成固定资产的数量和质量有着直接的重要影响。

由于固定资产投资涉及面广，影响的时间长，当投资规模适当时，可以促进国民经济持续、稳定、协调的发展；如果投资过度，规模膨胀，将会造成财力、物力的缺口，对国民经济的正常运行带来不良后果，迟早要被迫压缩投资规模，但往往要造成许多损失。因此，保持投资规模的稳定增长，对于国民经济的持续、稳定、协调发展是至关重要的，而且对建筑业的发展也是十分重要的。

（三）固定资产投资结构

所谓固定资产投资结构，是指固定资产投资在国民经济各部门、各地区、各类项目之间的分配比例。固定资产的投资结构，对经济结构和经济布局有着重要的影响，对建筑市场的需求与供给必然有着直接的关系。

1. 固定资产投资结构的表现形式

固定资产投资结构涉及多种关系，可以从不同的角度分类表现其构成比例。在固定资产投资结构分类表现中，最主要的是投资的部门结构和地区结构。此外，还包括维持简单再生产与扩大再生产的投资比例；生产性建设与非生产性建设投资的比例；新建项目与更新改造项目投资的比例；房屋建筑与土木工程投资的比例；高科技项目与一般项目投资的比例，等等。在一定时期内，固定资产投资额既定的情况下，投资结构就会对经济结构和经济布局的变化有着重大的影响。为了最大限度地发挥固定资产投资的效果，就必须使投资结构合理化。

2. 固定资产投资结构对建筑市场的影响

固定资产的投资结构，表现为建筑产品的需求结构。在建筑市场需求与供给总量基本平衡的前提下，投资结构的变化可能导致建筑市场供求关系在某些领域会出现供大于求或供小于求的局面。因此，建筑市场需求与供给的平衡，应建立在各个领域、各个方面供求平衡的基础上。这就要求建筑市场的供给结构具有一定的灵活性，能够在一定范围内及时调整，以适应需求结构的变化，保持建筑市场供求关系的动态平衡。

（四）固定资产投资项目

固定资产的投资规模和投资结构总是通过具体的投资项目体现出来的。固定资产投资项目的规模，按国家规定的标准，划分为大、中、小三种类型。投资项目的规模结构对建筑企业的规模结构有着一定的影响。不同规模的投资项目要求相应规模的建筑企业完成其建设任务。如果投资项目的规模结构发生重大变化，就会使建筑市场中不同规模项目的供求关系相应改变。当然，当投资项目的规模结构发生变化时，建筑企业可以通过调整经营和承包方式来适应这种变化，如通过联合承包来承接大型投资项目，通过分散经营来承揽中、小型投资项目。这虽然不直接改变原有的建筑企业的规模结构，实际上也是根据投资规模结构的变化所作的建筑供给结构的调整。

应当看到，由于建筑产品的生产周期长、区域性强、建筑市场供给数量的增减，地区分布、专业方向、规模结构的调整等，在时间上都不可能与投资规模的增减，投资结构和投资项目的调整同步进行。即是说，建筑市场供给的变化总是滞后于需求的变化，而且滞后的时间较长。当固定资产投资变化不大而且较有规律时，对建筑市场不会产生不利影响，建筑市场的供求关系可以保持动态平衡；反之，就会对建筑市场产生巨大的振荡，产生极其严重的后果。因此，制定固定资产投资的中、长期计划，并在综合平衡的基础上保证其合理性、连续性和稳定性，是促使建筑市场健康发展的重要条件。

二、建筑生产要素市场

建筑生产要素市场，是建筑生产资料市场、建筑劳动力市场建筑科技市场，资金市场等的总称。建筑产品的建造，必须具有劳动者、劳动资料和劳动对象等基本要素。在市场经济条件下，建筑产品生产者通过建筑劳动力市场招聘劳动者，通过生产资料市场获得劳动资料和劳动对象。正是建筑生产要素市场为建筑产品的建造创造了条件，使建筑市场的供给成为可能，进而使建筑的需求能够得以实现。可见，建筑生产要素市场与建筑市场之间紧密联系，存在着相互促进，相互制约的关系，即建筑市场的发展有赖于建筑生产要素市场的发展；而建筑生产要素市场的发展，又要以建筑市场的需求为前提。

在建筑生产要素市场中，建筑产品的供给者是建筑生产资料的需求者；建筑机具、建筑材料的生产者和建筑劳动者则是供给者。这两者之间，形成建筑生产要素市场的供求关系。建筑市场的需求，通过建筑市场的供给，对建筑生产要素市场产生重大影响。一般来说，建筑市场供求基本平衡时，建筑市场对建筑生产要素市场的需求较为平稳；当建筑市场供不应求时，建筑生产要素市场中的生产资料市场，尤其是建筑材料市场会呈现供不应求的情况；当建筑市场供过于求时，建筑生产要素市场中的生产资料市场，尤其是建筑材料市场又会出现"疲软"的情况。由于我国的劳动力资源丰富，农村剩余劳动力量大，因而建筑劳动力市场在较长时期内，处于供过于求的情况。当然，建筑市场供求关系的变化，对劳动力市场也必然会产生影响，使所起的作用只是对供过于求的关系趋于缓解或加剧，这是就总体而言。在不同的地区之间，由于建筑需求和人力资源各异，当建筑需求大于建筑供给、该地区劳动力资源不足时，也会出现建筑劳动力市场供不应求的情况。

建筑生产要素市场不是被动地适应建筑市场的需要，实际上它可以反作用于建筑市场。建筑生产要素市场为建筑市场提供的生产资料的数量和质量，劳动者人数和素质，对建筑市场的供给产生重要影响；建筑供给所需要的生产资料，特别是建筑材料的品种、规格多种多样，因而供求之间很难绝对平衡，供不应求、供过于求的情况经常可见；建筑生产资料的生产也有一定的周期，这与建筑市场的需求在时间上，往往也难以一致；原有某些建筑材料的逐渐被淘汰，新建筑材料的出现，又会使建筑生产发生相应的变化；特别是建筑生产资料价值、价格的变化，对建筑产品价值、价格的变化有着直接的影响。所以，建筑生产要素市场对建筑市场的供给是一个重要的影响因素。建筑生产要素市场，除了受建筑市场的影响外，还要受其相关市场的影响，这是社会化大生产的规律所决定的。

三、房地产市场

在第一章，从产业的角度阐述了建筑业与房地产业的区别和联系。与此相对应，建筑市场与房地产市场，属于两个不同的范畴，但两者之间又有着紧密的联系，因而房地产市场又是影响建筑市场的因素之一。

（一）房地产市场的含义

狭义的房地产市场，是指以房地产为交换内容的场所；广义的房地产市场，则是指房地产在商品流通领域中各种交换方式和交换关系的总和。房地产市场从内容来看包括房屋和土地两个方面的交换，但由于房屋与土地联系在一起，同时，土地的转让不是以种植而是以建造房屋为目的，所以一般统称为房地产市场。

（二）房地产市场的类型

按照房地产市场的业务内容，可以分为以下几类：

1. 房地产租赁市场

其业务内容是出租房屋。如出租办公楼、通用厂房、仓库、住宅等建筑物，也可以仅仅出租土地。在房地产租赁市场中，住宅租赁占有相当大的比重。

2. 房地产交易的中介市场

房地产交易的中介市场是指以房地产的买卖、交换的代理或媒介为业务内容的市场。这类交易市场的作用主要是：宣传房地产政策；开展代购代销、供求登记；提供咨询服务；提供房地产信息；规定价格标准、审定销售房屋估价；调剂房屋余缺、办理交易立契；办理房地产抵押贷款业务等等。这类房地产市场，对于促进房地产的实物交易，加速房地产的流通起着商业中介人的作用。

3. 房地产买卖市场

房地产买卖市场是指房地产供求双方直接进行买卖、交换的市场。在这类市场中出售的对象大多是住宅、办公楼、通用厂房、仓库等，既可以一次性出售，也可以分期分批出售；既可以出售整个建筑物，也可以出售建筑物的一部分。由于建筑产品价值巨大，在这类市场中往往采用分期付款,产前销售等形式,以利于促进买卖关系的确立。

4. 房地产开发市场

房地产开发市场是指以城市新区的开发（初次开发）和旧区的再开发（旧城改造）为目的的大规模的房地产业务。城市房地产开发,与城市建设的综合开发相联系,涉及市政、公用、动力、通讯等基础设施相应的配套工程建设。城市房地产的开发,往往与房地产的买卖密切相联,例如,将经过开发的土地有偿转让供其他投资者使用或直接在土地上兴建住宅、厂房、办公楼或其他经营性房屋,再进行出售或出租。房地产开发是城市建设整体化和系统化发展的一条重要途径。

（三）房地产市场与建筑市场的关系

建筑市场与房地产市场的区别在于:当同是以建筑产品作为交换内容时,供给者是建筑产品直接生产者的,属于建筑市场的范畴;供给者不是建筑产品直接生产者的,属于房地产市场的范畴。但建筑市场与房地产市场又有着紧密的联系。对建筑市场来说,以出售租赁活动为业务的房地产业是需求者;对房地产市场来说,建筑业则是供给者。房地产市场的发展,有赖于建筑市场为其提供建筑产品;而房地产市场的发展,又为建筑市场增加建筑产品的需求,有助于建筑市场的兴旺和发展。

对房地产的需求,虽然要受国民经济发展状况的影响,可能或快或慢,或大或小,但从社会发展的情况来看,其需求是呈上升趋势的。因而房地产需求的变化,必然是影响建筑市场变化的一个重要因素。

本 章 小 结

1. 本章主要介绍建筑市场的特征、运行机制、行为规范、市场体系、供求矛盾和影响因素等主要内容。首先,应明确市场的一般概念和基本知识。

2. 建筑市场的基本特征是:供求双方直接订货交易,交易的不稳定性,以招标投标为主的不完全竞争,独特的定价方式,严格的市场行为规范和具有较大的风险性。

3. 建筑市场活动的参与者,构成建筑市场的主体,它由建设项目业主方、承包方和中介组织三部分构成;建筑市场的客体包括建筑产品和为建筑产品生产所提供的各种服务。建筑市场活动主要体现为市场主体之间为建筑产品生产的发包和承包活动;由于它是一种商品交换活动,价值规律的作用通过市场机制来贯彻和实现,包括价格、供求、竞争和风险机制。

4. 为了保证建筑市场的正常运行,必须建立建筑市场的运行规范。包括建筑市场主体的行为规范,即建筑市场规则;建筑市场客体、即建筑产品生产及其质量的规范与要求。

5. 建筑市场是由建筑产品市场、勘察设计市场、建筑生产资料市场、建筑劳动力市场、技术市场、资金市场等形成的建筑市场体系,它们各具特点,为建筑产品的建造发挥着不同的作用。

6. 建筑市场活动,主要表现为建筑产品的市场需求和供给。建筑市场需求具有个别性、一次性、较强的计划性的特征;建筑市场的供给,具有供给弹性大、被动适应需求、供给的内容主要是生产能力、供给方式多样化等特征。建筑供求的大致平衡,对建筑市场的正常运行具有重要意义。建筑需求与供给的总量平衡,包括价值平衡与实物平衡的统一;建筑需求与供给总量平衡与结构平衡的统一。

7. 建筑市场的影响因素主要有固定资产投资、建筑生产要素市场和房地产市场。固定资产投资对建筑市场有着决定性的影响，主要表现在投资需求、投资规模、投资结构和投资项目几个方面；建筑生产要素市场的运行情况，对建筑市场的运行有着重要影响；房地产市场的需求，直接影响建筑市场的需求，因而也是影响建筑市场的一个重要因素。

复习思考题

1. 什么是市场？它是由哪些要素构成的？市场活动的参与者包括哪些方面？
2. 什么是市场体系？有哪些不同类型的市场？
3. 什么是建筑市场？它具有哪些特点？
4. 建筑市场的主体包括哪几个方面？建筑市场的客体是指什么？
5. 什么是建筑市场的运行机制？它包括哪些内容？
6. 为什么要建立建筑市场运行规范？建筑市场主体的行为规范包括什么内容？建筑市场客体的生产和质量要求的规范包括哪些方面？
7. 建筑市场体系是由哪些要素市场构成的？它们的特点和作用是什么？
8. 建筑市场的需求包括哪些内容？建筑市场需求具有哪些特征？
9. 建筑市场的供给具有哪些特征？
10. 建筑市场需求与供给的平衡的意义何在？它包括哪些内容？
11. 建筑市场的影响因素有哪些？

第六章 建筑市场的招标投标

第一节 建筑市场招标投标概述

一、招标投标制度概念

(一) 招标投标的一般含义

招标投标是指在市场交易中,由唯一的买主(或卖主)设定"标的",招请若干个卖主(或买主)通过秘密报价进行竞争,从中选择优胜者与之达成交易协议,随后按协议实现标的的一种经济活动。招标投标是商品经济发展的产物,是商品交易中的一种竞争方式,它通常适用于大宗的商品交易。

招标投标的"标"可以是不同的商品,但以建筑产品最为常见。在市场活动中,常常很自然地把招标投标与建筑产品的建造相联系,在这种情况下,招标可以看作是建筑产品需求者的一种购买方式,而投标则可以看作是建筑产品生产者的一种销售方式;从招标和投标双方的共同角度来看,招标投标是实现建筑产品承包的必经阶段,也可以视为建筑产品的交换方式。

(二) 建筑招标投标的采用

招标投标制虽然产生于资本主义社会,但不能因此而认为它是资本主义社会所独有的,作为商品经济产生的招标投标制,只要在商品经济条件下就可以采用。

招标投标制在我国的采用,经历了一个曲折的发展过程。在我国建筑工程采用招标投标方式大约于1864年出现于上海。鸦片战争后,帝国主义列强大规模侵入我国,加紧了对我国的殖民统治和经济掠夺。随着外国资本的侵入日益增多,西方殖民者也把招标投标办法引入我国。最初,是外国营造厂商之间为夺取外资工程的投标竞争。之后,随着我国建筑营造业的兴起和发展,又推动了招标投标的应用。国内投资的重要工程亦广泛采用这一方式。到20世纪20~30年代,招标投标在我国许多地区有了不同程度的发展,其中以沿海各大城市(如上海、天津等)最为突出,这时招标投标已经有了整套完整的办法。例如,招标作为业主独立的经济活动一般均已委托建筑师制定招标章程并监督执行。业主一般通过报纸广告来招请营造商投标;章程的内容主要包括:是否选最低标价为中标者,有无投标人数量的限制,对投标人的资格要求,主持招标工作的建筑师事务所,登记、投标、决标的时间和地点,各项有关费用等。建筑师只是主持招标的具体工作,而选择最终的中标者则由业主决定。

1949年新中国成立之后,从50年代开始,在近30年的时期中,由于我国实行计划经济体制,否认建筑产品是商品,建筑生产任务由政府按基本建设计划统一分配,建筑企业提供劳务,因而建筑产品实际上也就不存在市场交换,作为市场交易方式的招标投标制自然也就被否定不予采用。1978年,我国实行改革开放政策以后,重新肯定要按经济规律办事,重视发展商品经济和发挥价值规律的作用,在这种情况下,招标投标制又重新得以采用。1981年,开始在深圳等少数地区试行招标投标制,在总结几年试点经验的基础上,国务院于1984年9月颁发了《关于改革建筑业和基本建设管理体制若干问题的暂行规定》,其中提出要"大力推行工程招标承包制";同年11月,国家计划委员会、城乡建设环境保护部颁发了《建筑工程招标投标暂行规定》,1985年6月,国家计划委员会、城乡建设环境保护部又颁发了《工程设计招标投标暂行办法》。其后,招标投标制在全国各地采用的比例日益增大,各地政府主管机构相继制定和颁发了当地招标投标的管理办法、规定和实施细则,使招标投标工作逐步走上全行业统一管理的轨道。但是,由于长期实行计划经济体制的影响和建筑市场体系完全形成还要经历一个发展和完善的过程,而因招标投标制的更好实施和完善,也还需要一个较长时间的发展过程。

二、招标投标的机制

在市场经济条件下,建筑产品的需求者要通过建筑市场择优选择建筑产品的供给者,建造所需的建筑物,而建筑产品的供给者也需要通过建筑市场寻求建筑产品的需求者,承揽建筑产品的建造任务。双方的这一要求,是通过招标投标方式来联结的。由于招标投标是涉及建筑需求与建筑供给双向运作的经济活动,它必然形成一种互为联系,互为制约的机制,这种招标投标的运作机制,实质上也就是市场经济条件下市场机制的体现。其作用表现在以下几方面:

1. 灵敏地传递建筑市场信息

这里所说的建筑市场信息,是指与建筑产品需求和供给的有关信息。由于在建筑市场中,不是以已建成的建筑产品直接进行交易,加之建筑市场需求具有区域性和间断性的特点,因而在针对特定的建筑产品确立交换关系之前,供求双方(个体)相互之间的了解是极其有限的,而这种相互之间的了解,又是确立相互交换关系的必要前提,否则,会给供求双方带来不利的后果。建筑产品的建造采用招标投标方式,就为建筑供给者与需求者之间的相互了解创造了条件。通过招标投标,可以使建筑需求者对供给者的了解,建筑供给者不仅能了解特定建筑产品需求者的意愿,而且还能从不同建筑产品需求者的招标要求、条件中了解建筑市场需求的变化和发展趋势,为建筑供给者更好地适应需求提供了可靠的信息。同时,通过招标投标,可以加深建筑供给者之间的相互了解。因为建筑供给者一旦参与某一工程的投标,所有投标者的主要数据资料,如报价、工期、主要材料用量,关键的技术方案或措施等都将公开。无论是否中标,投标者都可直接或间接地了解竞争对手的一些技术经济方面的情况,从而有利于对自己在建筑市场中的竞争地位作出客观的分析判断,有助于改善自身的经营管理和以后的投标工作。

2. 有效地促成建筑供求双方交换关系的选择和确立

建筑市场所采用的招标投标方式,实际上是建筑产品供求双方相互选择的一种有效方式。在建筑市场中,由于建筑产品的建造采用承发包方式,交换关系确立于产品生产之前,因而供求双方的相互选择就显得特别重要。采用招标投标的方式,就为供求双方在较大范围内进行相互的选择创造了条件,为特定建筑产品需求者与供给者的相互了解,从而确立相互之间的交换关系提供了可能性。

从建筑产品需求者对建筑产品供给者的选择来看,基本的出发点是"择优",也就是希望所选择的供给者报价较低,工期较短,具有生产质量较好的建筑产品的能力;同时,为了尽可能减少和避免需求者自身的风险,还希望供给者具有良好的社会信誉和财务状况。但是，在建筑产品需求者相对缺乏有关必要的知识和经验的情况下，可以委托咨询机构为其服务，以期实现"择优"的需求。

建筑产品供给者选择需求者的出发点，在于选择能发挥自身专业优势的建筑产品的建造并能获得盈利。这就涉及招标工程所需要的技术条件与自己的技术优势或专长是否吻合。在工程所在地能否经济、合理地组织施工，招标工程的建筑时间及其所需要的生产力资源与自己现有的和能够合理组织的生产力资源是否协调等等问题。由于建筑产品的供给者长期从事专业性的生产经营性活动，相对需求者来说，具有较丰富的建筑市场行为的知识和经验，因而在正常情况下，供给者的选择结果应当符合自身的经济利益。这里所指的"正常情况"，是指建筑市场总体供求关系基本保持平衡，绝大多数供给者都比较成熟。若不具备这些条件，建筑产品的供给者就会"饥不择食"，其选择的结果，不仅不能发挥自己的专业优势，甚至可能严重损害自己的经济利益。

3. 有力地推动建筑市场的竞争

在建筑市场中采用招标投标方式，最明显的表现就是建筑产品供给者之间的竞争。而这种竞争最直接的表现是价格上的竞争。这种竞争，在建筑市场供过于求时表现得尤为激烈。建筑产品供给者为了承揽任务，往往降低建筑产品价格以求中标，这对建筑产品需求者来说无疑是有利的。但是，这种竞争并不是无原则、无限制的。任何产品的价格与价值都有着紧密的联系，产品成本是价格的最低限。建筑产品供给者为维持简单再生产，其生产耗费应得到足额补偿，要实现扩大再生产，就必须获得利润。所以建筑产品供给者之间在价格上的竞争，不应是不顾成本和盈利的简单让利行为。否则，将导致社会劳动所创造的价值在不同部门和企业之间的不合理转移，由此而实现的交换是不平等的交换。因此，供给者之间的价格竞争应当主要通过不同建筑产品供给者个别劳动消耗水平之间的竞争来实现。由于各建筑产品供给者的生产技术和经营管理能力等情况不同，生产建筑产品的个别劳动耗费水平也就不一样。而在招标投标中，一般总是个别劳动耗费水平较低的供给者在竞争中处于有利地位，中标的可能相对较大。招标投标中的竞争，推动建筑产品供给者不断提高其生产技术和经营管理水平，降低生产建筑产品的个别劳动耗费。这种竞争的结果，自然是优胜劣汰，凡是总体个别劳动耗费水平低于社会平均劳动耗费水平的供给者，就能继续生存，发展，扩大生产能力；反之，那些总体个别劳动耗费高于社会平均劳动耗费的供给者，就会停滞萎缩、直至破产。其结果将对原有生产力资源进行重新组合，有利于促进社会劳动生产率水平的提高。

从上述可见，招标投标是商品交换的一种方式，在其运作过程中，商品经济所存在的价值规律，供求规律和竞争规律等都将发挥其作用。由于建筑产品和建筑市场的特点，建筑市场中的招标投标也表现出一些与一般商品交换所不同的方面，所以，招标投标是建筑产品进行交换的一种特殊方式。

三、建筑市场招标的方式与方法

（一）招标的方式

所谓招标，是指招标单位（或称发包单位）标明其拟招标工程的内容、要求等以招引或邀请某些愿意承包者对其承包该工程所要求的价格、时间等进行投标报价，以便招标者进行比价而选中投标者而达到交易的行为。建筑市场中的招标，通常有以下几种方式：

1. 公开招标方式

公开招标，是一种具有较强竞争性的招标方式。采用这种招标方式时，招标者通过报纸或专业性刊物或者利用广播、电视等手段发布招标通告，招请承包商参与投标竞争。在招标通告中说明工程的名称、性质、规模、建造地点、建设要求以及何时何地领取招标文件等。凡是符合规定条件的承包商都可以自愿参加投标，因而相对其他招标方式，其竞争最为激烈。公开招标方式可以较广泛地吸引投标者，从而使招标者有较大的选择范围。可以在众多的投标者之间选择报价合理、工期较短、具有良好信誉的承包商承担建筑产品的建造任务。公开招标，有利于促进承包商之间的竞争，总的来说，对招标者较为有利。但是，采用这种招标方式，招标者审查投标者资格和标书的工作量较大，招标费用支出也较多，同时，参加竞争的投标者越多，每个投标者的中标概率越小，损失投标费用的风险就越大，而这种风险必然反映在标价上，最终还是要由业主负担。此外，采用公开招标方式，除严格审查投标者的资格信誉外，还必须认真评审投标文件，合理确定评标标准，以防某些承包商故意压低标价进行"抢标"，如果业主追求低标价，有可能使自己承担严重的不良后果。

2. 有限招标方式

有限投标又称为选择性招标，我国习惯称为邀请招标，准确地说应称为邀请投标。采用这种招标方式时，由招标者根据自己了解和掌握的信息，过去与承包商合作的经验或由咨询机构所提供的承包商的情况等，向经过预先选择的数目有限的承包商发出信函，邀请他们参与某项工程的投标竞争。被邀请的承包商数目通常在3~10个之间。

采用有限（邀请）招标方式，对招标者来说，由于被邀请参加竞争的投标者为数有限而且是预先选择确定的，因而招标的范围和工作量较小，这样既可以节省招标费用，又可以缩短招标工作的时间，加快工程的发包；对投标者来说，采用这种招标方式，由于参与投标竞争的单位受到限制，因此相应地提高了每个投标者的中标概率，因而对应邀投标者也是有利的。但是，由于这种招标方式限制了竞争范围，很可能把一些具有竞争实力的承包商排除在外，这是不符合自由竞争、机会均等原则的。因此，在某些国家对有限招标的应用范围加以限制，通常规定在下列情况下允许采用有限招标方式：

（1）由于工程性质特殊，要求承建单位拥有某种专用技术设备、具有相应的技术力量和施工经验，因此使招标工程只能具有相应条件的少数承包商承建。

（2）工程规模较小，如采用公开招标的方式，招标者与投标者所支付的费用要多，与所得好处或工程价值不成比例。

（3）由于工程紧迫或保密要求（如军事、国防、高科技研究基地等）等原因，而不宜公开招标。

（4）已经采用过公开招标方式，但招标失败，未产生中标单位。

我国《建筑工程招标投标暂行规定》中有"少数特殊工程或偏僻地区的工程，投标企业不愿投标者，可由项目主管部门或当地政府指定投标单位"的规定，这是有限招标在我国的一种特殊形式。

3. 议标方式

议标在国际上又称为谈判招标，这是一种非竞争性的招标。由于不存在竞争，所以，严格地说，议标不能成为一种招标方式，只是一种协商谈判方式。但它是实际存在于建筑市场中的一种交易方式，故在此一并介绍。

采用议标方式时，业主直接邀请某一承包商就其承建某工程的条件进行洽谈，达成协议后将工程任务委托该承包商去完成。第一家协商不成，可另外邀请承包商协商，直至达成协议为止。议标方式一般只能适用以下几种情况：

（1）因工程需用特殊的施工设备和相应的施工经验，或为了保护某项专利等特定原因，只能考虑与某一符合要求的承包商协商。

（2）工程性质特殊，内容复杂，发包前不能清楚详尽地确定其中的若干技术细节和近似的工程。

（3）工程规模不大，而且与已发包的大工程相联，不易分割。

（4）工期特别紧迫的工程。

（5）公开招标或选择性招标未能产生中标单位，预期重新组织招标也不会有结果。

（6）业主拟开发某种新技术，需要承包者从设计阶段开始就参与合作。

（二）招标的方法

建筑工程招标，可以按整个工程进行招标，也可以按施工阶段如按基础工程、结构工程、安装工程、装修工程进行分阶段招标。不同施工阶段的招标，可以采用同一种招标方式，也可以采用不同的招标方式。

对于确定的标的来说，在多数情况下是采用一种招标方式进行的一次性招标。采用这种招标方法，整个招标工作一次完成，便于管理。但在招标之前，就必须做好各项准备工作，因而前期准备时间较长，这对于一些大型工程项目来说，就会延长建造时间，投资见效期就可能向后延长。

在招标工作的实践中，也有对同一标的组织两阶段招标的情况，即一次两段式招标。通常的作法是，第一阶段采取公开招标方式，在招标时说明招标分两阶段进行，并在招标文件中对希望达到的目标或效果予以说明；第二阶段招标则采用选择性的招标方式进行，即在公开招标的基础上，邀请较理想的投标者再次投标，然后确定中标者并与之签订承包合同。

采用两阶段招标方式的原因：一是招标工程的内容尚未最后确定，一时又难以完全确定，但又希望工程能够早日开工；二是工程比较复杂，施工的有关技术或工艺对项目经济性有较大影响，希望投标者在投标时提出各自不同的方案（主要是施工方案，有时也可能涉及到结构设计方案），并据此提出相应的价格。可见，两阶段招标方式与公开招标未产生中标单位而改用选择性招标方式是有区别的。

第二节 工程施工招标的程序和主要内容

一、工程施工招标的程序

实行工程施工招标，必须具备一定的条件。根据我国《建筑工程招标投标暂行规定》，实行工程施工招标，必须有经过批准的工程建设计划、设计文件和所需的资金。在实践中，地方政府主管部门多将这些条件规定得更为具体，以保证招标工作的正常进行。

工程施工招标工作的程序一般分为准备阶段、招标阶段和决标成交阶段。各阶段的工作内容及其相互关系如图 6-1 所示。

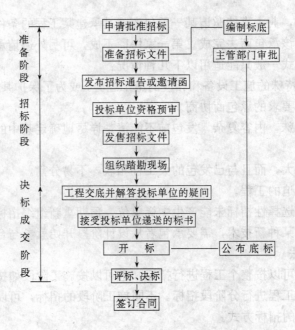

图 6-1 工程施工招标的一般程序

二、工程施工招标工作的主要内容

(一)准备招标文件

具备工程施工招标条件的工程项目,由业主向主管部门提出招标申请,经审查批准后,即准备招标文件。

招标文件是建筑产品需求者向可能的建筑产品供给(生产)者详细阐明其购买意图的一系列文件,它是投标单位编制投标书的主要依据。招标文件可以由业主自行准备,也可委托咨询机构代办。招标文件通常包括以下基本内容:

1. 工程综合说明

目的在于帮助投标单位了解招标工程的概貌,内容包括工程名称、规模、地址、发包的主要内容、设计单位、基础、结构、装修、设备概况、场地和地基地质条件、给排水、供电、供热、道路和通讯设施以及工期要求等。

2. 设计图纸和技术说明书

目的在于使投标单位了解工程的具体内容和技术要求,能据以拟订施工方案和进度计划。设计图纸的深度随招标阶段相适应的设计阶段的不同而有所不同。初步设计阶段招标,应提供总平面图,个体工程平面图、立面图、剖面图和主要结构图,以及装修、设备的做法说明。施工图阶段招标,则应提供全部施工图纸(可不包括大样)。技术说明书应满足以下几点要求:

(1)对工程的要求做出清楚而详尽的说明,使各投标单位能有共同的理解,并且不需要做大量准备工作即能结合图纸与工程量清单估算出工程造价。

(2)使投标单位不必担心将承担由于他所不能控制的环境或事件而引起的任何意外风险,以致不能预先估计这些风险对造价和工期的影响。

(3)明确招标工程所适用的施工验收技术规范和保修期及保险期内承包单位应负的责

任。

(4) 明确承包单位应提供的其他服务。

(5) 有关特殊产品、专门施工方法及指定材料产地或来源以及等效代用品的说明。

(6) 有关施工机械设备、脚手架、临时设施、现场清理及其他特殊要求的说明。

3. 工程量清单和单价表

(1) 工程量清单。工程量清单是投标单位计算标价的依据，目的在于统一各投标单位标价计算的实物工程量基础，避免由于投标单位计算方法不同而引起工程量的差异，从而影响评标结果。工程量清单通常以一个体工程为对象，按分部分项列出工程数量；对工程量的计算方法应予说明。

(2) 单价表。单价表是采用单价合同承包方式时投标单位的报价文件和招标单位评标的主要依据。通常由招标单位开列分部分项工程名称，例如土石方、混凝土、砖石砌体等，交由投标单位填报；招标单位也可先开出可接受的参考单价，投标单位分别表示同意或另行提出自己的报价。

4. 投标须知

投标须知是指导投标单位正确和完善履行投标手续，对招标单位的购买要求作出明确响应的文件，其目的在于避免造成废标，使投标取得预期的效果。投标须知的一般内容为填写和送投标书的注意事项，应交投标保证金和担保函，无效标书（废标）条件，决标优惠条件，勘察现场和解答问题的安排，投标地点及截止日期，开标地点、时间等。我国还列入业主供料情况及材料调价与办法等。

5. 合同主要条件

其作用一是供投标单位事先明确，中标后作为工程承包人应承担的义务和责任；二是中标后作为商量正式合同的基础。主要内容应包括：合同所依据的法律、法规；工程内容（工程项目一揽表）；承包方式；总包价；开工、竣工日期；技术资料供应内容和时间；施工准备工作；材料供应及价款结算办法；工程价款结算办法；工程质量及验收标准；工程变更；停工及窝工损失的处理办法；提前竣工奖励及拖延工期罚款；竣工验收与最终结算；保修期内维修责任与费用；分包；争端的处理等。

(二) 制定标底

1. 制定标底的作用：制定标底是招标的一项重要准备工作。标底是业主对招标工程的估价或预期价格，或者说是业主购买建筑产品的计划价格。标底可以由业主自己组织力量制定，也可以委托设计单位或咨询单位制定。标底的作用，一是供业主预先明确招标工程的投资额度，并据此筹措安排相应的资金；二是为上级主管部门提供核实建设规模的依据；三是作为衡量投标单位报价是否合理的主要尺度。因此，应以严肃的态度和科学的方法来制定标底；标底经核实报主管部门审核批准或备案，在开标之前须严格保密，不得对外泄漏。

2. 制定标底的依据：在我国《建设工程招标投标暂行规定》中指出："工程施工招标的标底，在批准的概算或修正概算以内，由招标单位确定"。即是说，制定标底以概（预）算为基础。但是，设计概算是建设项目全部投资的预计数额，除工程施工费用外，还包括设备购置、征地、拆迁场地处理、勘察设计、职工培训以及建设单位管理等多项费用，而工程施工往往采取分阶段或单项工程招标，因而上述某些费用就不一定包括在标底之内。还有普遍存在的市场采购材料差价，在概算中通常难以考虑。但在制定标底则必须对这些影响造价的因素予以适当的估计。此外，不可预见费的比率因具体工程而不同，所有这些都须在制定标底时予以考虑。总的来说，制定标底的依据与编制概（预）算是一致的，只是要求更为详细和具体。

当前，我国工程施工招标的标底，主要采用以施工图预算为基础的方法来编制，也有以概算定额或扩大综合定额为基础以及以平方米造价包干为基础制定的。

（三）发布招标通告或邀请投标函

业主的招标申请经主管部门批准，各项招标文件准备好以后，即可发出招标通告或邀请投标函。

采用公开招标方式时，应视工程性质和规模在当地或全国性发行的报刊上发布招标通告。招标通告应包括的主要内容有：招标单位和招标工程名称，招标工程简介，承包方式，投标单位资格及应提交的文件，招标日程安排，领取招标文件的地点、时间和应缴纳的费用等。

采用选择性招标方式时，应由招标单位向预先选定的建筑企业发出邀请投标函，也可以发布通告，公开招请建筑承包商报名参加资格评审，从中选定若干邀请对象，然后发函邀请其参加投标，并同时随函送给招标文件。

发布招标通告或邀请投标函之后，如招标条件发生重大变化或有其他特殊情况，可以宣布停止招标，但必须立即通知各投标单位。

（四）投标单位资格审查

1. 投标单位资格审查的目的

对投标单位进行资格审查的目的在于，了解投标单位的技术和财务实力以及管理经验，使招标取得比较理想的结果。限制不符合要求条件的单位参加投标，既可以保证将工程发包给符合条件要求的承包商，维护招标者的利益，又可以避免投标的盲目性，减少社会资源的浪费。在采用公开招标方式时，通常在发售招标文件之前对报名参加投标的单位进行资格审查，合格者才准许购买招标文件，所以称为资格预审。在采用选择性招标的情况下，实际上都是通过直接或间接的资格审查之后才决定邀请对象的。

2. 投标单位资格审查的内容

招标单位通常是通过"投标单位情况调查表"对投标单位进行资格审查的。根据招标工程的具体情况，如建筑体系、结构形式、现场施工条件等，资格审查的内容和评价侧重点亦不尽相同，一般来说，资格审查的内容主要包括投标单位的技术等级、主要施工经历和成就、技术人员概况、施工机械设备简况、近年来（一般为五年）所完成的主要工程、正在施工的承建项目、资金和财务状况等。除根据投标者所填调查表了解其情况外，必要时，可以到投标单位在建工程施工现场或已建工程进行实地调查；如果招标工程规模大，技术、质量要求高，对投标单位的资格审查工作应当格外慎重，应作深入的调查了解。

（五）招标工程交底及答疑

招标单位发出招标文件，组织投标单位踏勘现场之后，应邀投标单位的代表开会。进行招标工程交底并解答投标单位的疑问。

招标工程交底的内容，主要是介绍工程概况，明确工程质量要求，工程验收标准，工期要求，说明业主供料情况、材料款和工程款的支付办法，投标注意事项，招标文件中未明确的其他问题。

投标单位对招标文件中有关内容的疑问，可以预先以书面形式提出，也可以在招标工程交底会上口头提出。但招标单位对投标单位所提出的涉及招标工程的任何问题，都只能在答疑会上公开解答，在开标之前，不得与投标单位的代表单独接触并个别解答任何问题。其目的在于保证各投标单位从招标单位获得完全相同的信息，从而使各投标单位处于平等竞争的地位。招标单位对投标单位所提问题的回答，应以书面记录的方式印发给各投标单位，作为招标文件的补充。

（六）开标、评标和决标

1. 开标

所谓开标，是指在预定的日期、时间和地点，由招标单位主持，在有各投标单位、公证机构及有关部门代表参加的情况下，当众由公证人员检查并确认标书的合法性质，逐一拆看，公开宣布各投标单位标书的主要内容的过程。在我国有的地区有时也采用非公开开标的方式，即在投标单位缺席的情况下，由上述其他单位参加并启封标函。从招标投标的机制来看，在采用公开招标和选择性招标时，应当采用公开开标的方式，这是保证各投标单位平等竞争的条件之一，有利于投标单位了解自己的竞争对手，客观地估计自己的竞争能力和竞争地位，并逐步提高自己的投标策略水平。开标后，若全部投标单位的报价都大幅度超过标底，经复核标底无误，招标单位可宣布投标无效，另行组织其他形式的招标。

2. 评标

所谓评标，是指开标后，先排除无效标书，经公证人员检查确认以后，由评标小组从工程技术和财务的角度审查评议有效标书的过程。评标小组或委员会可由招标单位的专业人员组成，也可以邀请相关部门的代表和专家参加。评标工作视其内容繁简，可以在开标的当场进行，也可以在开标后的其他时间进行；但评标的原则和标准必须在开标时当场宣布，并记入开标记录。评标的原则是保护竞争，对所有投标单位一视同仁；若对某些投标单位实行优惠政策（例如对本地建筑企业在标价上给以适当照顾）应在招标通告或投标单位须知中事先说明。评标的标准是拥有足以胜任招标工程的技术、财务和施工管理能力，信誉良好，报价和工期合理，施工方案先进可靠等。就投标报价而言，不应简单地只看总价，而应对分部分项工程的报价进行分析比较，视其是否合理。评标多采用定量分析方法，但指标的设置和各个指标权数的确定是否合理，对评价结果影响较大。评标的结果是评标报告，一般列出 2~3 名候选中标单位，由招标单位决策人作出最终抉择。

3. 决标

所谓决标，是指在评标的基础上决定中标单位。一般不太复杂的工程，可在开标当场决定中标单位，并通知未中标单位退还招标文件、领回押金的时间和地点。规模较大，内容复杂的工程，则应由招标单位分别与评标小组所推荐的候选中标单位就技术力量、施工方案、机械设备、材料供应、进度安排以及决定标价的其他因素进行调查和磋商，经过全面权衡比较，然后择优决标。决标后应立即向中标单位发出中标通知书，并以适当形式通知未中标单位。

中标通知书发出之后，招标单位与中标单位应在约定的期限内进行合同谈判，双方就合同条款达成协议，正式签订合同，至此，招标工作即告结束。

第三节 工程施工投标的程序及主要内容

一、工程施工投标的程序

所谓工程施工投标,是指愿意承包某项工程施工的建筑企业(建筑产品供给者)向工程招标单位按其要求报送承包该项工程的价格、施工进度、施工方案等文件,供招标单位选择确定承发包关系的活动。

工程施工投标,是涉及建筑企业通过建筑市场承揽工程施工任务最重要的经营活动之一,它也是《建筑企业经营管理》课程的重要内容。这里,仅从阐述招标投标制完整性的需要出发,作一概要性的介绍。

在建筑市场中,建筑企业在一定时期可能面对若干个招标工程,它应当根据自己的生产能力和优势,以中标可能相对较大的招标工程作为自己的投标对象。

为了做好投标工作,力争在投标竞争中取胜,建筑企业应设置由经理(或业务副经理)、总工程师、总经济师、总会计师和有关部门负责人组成的投标工作机构。平时掌握市场动态,搜集积累有关资料;遇有招标而又确定投标的项目,则研究投标策略,组织编制标书,力争中标。投标报价工作,应严守秘密,不得泄漏。

工程施工投标的一般程序如图 6-2 所示。

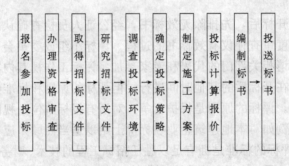

图 6-2 工程施工投标程序

二、工程施工投标工作的主要内容

(一)研究招标文件

建筑企业报名(或接受邀请)参加某一工程施工的投标,通过资格审查,取得招标文件之后,首要的工作是认真仔细地研究招标文件,充分了解其内容和要求,以便安排部署投标工作,发现应提请招标单位予以澄清的疑点。研究招标文件的重点,主要是:

(1)研究招标工程说明,借以获得对招标工程全貌的概括性了解,以便确定总的投标策略和方案。

(2)熟悉并详细研究设计图纸和技术说明书,目的在于弄清工程的技术细节和具体要求,使制定施工方案和报价有确切的依据。为此,要详细了解设计规定的各部位做法和材料品种、规格的要求;确切掌握整个建筑物及其各部件的尺寸、各种图纸之间的关系(建筑图与结构图、平面、立面与剖面图、设备图与建筑图、结构图的关系等),发现不清楚或互相矛盾之处,要提请招标单位解释或更正。

(3) 研究合同主要条款：明确中标后应承担的义务和责任以及应享受的权利。重点是承包方式，开竣工时间及工期奖罚，材料供应及价款估算方法，预付款的支付和工程价款的结算办法，工程变更及停工、窝工损失处理办法等。因为这些因素或者关系到施工方案的安排，或者关系到资金的周转，最终都会影响工程造价，所以都要认真研究，以减少风险。

（二）调查投标环境

所谓投标环境，是指招标工程施工的自然、经济和社会条件。这些条件都是工程施工的制约因素，必然影响工程施工的生产成本，所以是投标单位报价时必须考虑的因素，在确定报价前要尽可能了解清楚。调查投标环境的重点，通常有以下几个方面：

1. 施工现场条件

可以通过踏勘现场和研究招标文件中的地质勘探报告等资料了解现场条件。了解的主要内容有：场地的地理位置，地上、地下有无障碍物，地基地质及其承载能力，地下水位，进入现场的通道（铁路、公路、水路），给排水、供电和通讯设施，材料堆放地的最大可能容量，是否需要二次搬运，现场混凝土搅拌、主构件预制场地，临时设施场地，土石方临时堆放场地及弃土运距等。

2. 自然条件

主要了解影响工程施工的风、雨、雪、气温等因素，例如台风季节或雨季的起止期、风速、降雨量，洪水期最高水位，常年最高、最低和平均气温以及地震烈度等。这些资料应请招标单位提供，或从当地气象、防汛、地震部门取得。

3. 材料和设备的供应条件

主要了解包括沙石等大宗地方材料的采购和运输，钢材、水泥、木材、玻璃等主要材料的可能供应来源和价格，当地供应配件的能力和价格，当地租赁建筑机械的可能性和价格等方面的情况。

除了解以上情况外，还应调查了解专业分包的能力和条件，以及当地生活必需品的供应情况等。

（三）确定投标策略

1. 确定投标策略的含义

所谓投标策略，是指建筑企业为实现工程投标取胜并能获得盈利而采取的手段。投标策略服从企业的经营战略。建筑企业的投标策略包括两个方面的含义：一是从企业的实际生产能力、经营管理水平和所处的竞争环境出发，为实现企业的经营战略目标，对投标工程的选择；二是就已决定投标的工程，采取什么策略力争实现中标的目的。

2. 投标的一般策略

采取正确的投标策略，对于提高中标的概率并获得较好的盈利具有重要作用。采用投标策略，要从招标者的要求和企业自身的情况结合起来考虑；采用投标策略实际上是企业参与市场竞争手段的体现。当然，这是指合法的竞争手段。一般的投标策略有以下几种：

（1）以信誉和实力取胜。企业长期通过承建工程所建立起来的良好社会信誉和拥有的技术及经济实力，是获得投标资格并在竞争中处于有利地位的重要前提条件。这往往是大、中型建筑企业的长期经营策略。这种策略，要靠企业在长期承包工程中，以技术和管理上的优势，以合理的价格，按规定的工期，为业主提供优良质量的建筑产品和竣工后的良好服务的实际业绩来体现，它非一日之功所能奏效，要靠企业长期的努力和不断积累才能形成。

（2）以确保工程质量取胜。保证工程施工质量，是招标单位最为关心的问题之一。企业要根据招标工程的特点和要求，从施工技术、施工组织设计等方面提出切实可行的措施，确保工程施工质量。

（3）以缩短工期取胜。在保证工程质量的前提下，按时或提前竣工，直接关系业主尽快获得投资效益，因而是招标单位关心的又一重要问题。企业通过采取有效措施尽可能缩短施工工期，并能保证进度计划的合理性和可行性，从而使招标工程能早些投入使用，早些获得收益，以此吸引业主。

（4）以合理的价格取胜：能保证工程质量而价格又比较合理，这对于业主一般都具有较强的吸引力。企业要着眼于挖掘内部潜力，采用新技术和提高管理水平，通过降低工程成本并能获得盈利的途径，以较为合理的价格，以求投标取胜。

（5）靠改进设计取胜。通过仔细研究设计图纸，若发现明显不合理之处，可提出改进设计的建议和能切实降低造价的措施。在这种情况下，一般仍要按原设计报价，再按建议的方案另行报价。

以上所述，是投标的一般策略。就具体的工程施工投标而言，投标策略又是具体而有针对性的。如发现招标文件中有不明确之处并有可能据此提出索赔时，可报低价争取中标，然后据理提出索赔，又如在投标中采用长远发展的策略，其目的不在于在当前的招标工程中获得应有的利润，而着眼于发展，争取将来的优势，开辟新的市场，掌握某种有发展前途的工程施工技术等，宁可在当前投标工程上以微利，甚至保本的价格参与竞争，但从发展的观点来看，对企业则是有利的。

（四）制定施工方案

施工方案是投标报价的一个前提条件，也是招标单位评标时要考虑的因素之一。施工方案应由投标单位的技术负责人主持制定，主要考虑施工方法，主要施工机具的配置，各工种劳动力的安排及现场施工人员的平衡，施工进度及分批竣工的安排，安全措施等，要求在技术和工期两方面对招标单位有吸引力，同时又有助于降低工程成本。由于投标的时间往往相当紧迫，因而施工方案不可能编得很详细，只能抓住重点，简明扼要地说明问题。当工程规模大，技术要求高，现场条件复杂时，施工方案先进与否，往往成为能否中标的一个重要因素。

（五）投标计算和报价决策

1. 投标计算

投标计算是投标单位对承建招标工程所要发生的各种费用的计算。在进行投标计算时，必须首先根据招标文件复核或计算实物工程量。实物工程量是计算标价的重要依据，实物工程量计算是否准确，直接影响标价的多少。核对工程量的内容主要是：项目是否齐全，有无漏项或者重复；工程量的计算是否正确；工程做法及用料是否与图纸上的要求相符等等。核对工程量可采用重点抽查的办法进行。即选择工程量较大，造价较高的项目按图纸进行详细计算；一般项目则只粗略估算其是否基本合理即可。如遇未附有工程量清单的投标工程，投标单位就应据图详细计算其实物工程量。

如确实发现招标单位提供的工程量清单中有某些错误或漏项，一般不能任意更改或补充,因为这样做会使招标单位在评标时失去统一性和可比性。但可以在标函中加以说明,留待中标后签订合同时再加以纠正;或留待施工估算时作为调整承包价格处理(如为非固定总价包死合同形式者适用)。

在核实工程量的基础上,按各项消耗定额并进行计价,分别计算各项费用,以确定投标工程应计的价值。招标的实质在于不同投标单位个别劳动消耗水平的竞争,因而投标单位还应根据本企业的实际消耗水平等经验数据进行计算,为确定投标报价提供依据。

2. 投标报价决策

投标报价是投标的关键性工作,报价是否合理,直接关系到投标的成败。报价是在投标计算的基础上,综合考虑企业的经营目标、竞争对手情况、投标策略等多种因素后所作出的决策。

在投标报价决策中,要着重考虑的是中标概率和利润期望值,即既要提高中标的可能性,又要中标后企业能获得盈利。这是一个比较复杂的问题。投标决策者应根据招标工程的特点,业主方和企业自身的情况,竞争对手等情况以及投标等因素,进行定性和定量的分析,作出正确的判断,对投标报价作出相应的决策。投标报价的一般作法是:任务不足或对某一工程特别感兴趣时,报价相对较低,反之,则报价相对较高;竞争对手多,自己又无竞争优势的工程,报价相对较低,反之,则相对较高;为了占领市场,扩大企业影响,有时采用低利或保本的报价决策,等等。但是,单纯为了中标,而不惜亏本,压低报价的作法是不可取的。其后果必然造成企业的生产耗费不能得到补偿,造成亏损,或者采用不正当手段减少消耗,从而影响工程质量,造成隐患,酿成严重的后果,同时还会影响建筑市场的正常运行。

对招标工程的投标报价决策作出之后,即可按招标单位的要求正式编制标书,并在规定的时间之内(投标截止时间以前),将标书投送到指定地点,等候开标。

第四节 工程施工合同

一、经济合同概述

(一) 经济合同概念

工程施工合同,属于经济合同的一个分类,而经济合同又属于合同的一个分类。合同又称为契约,它是当事人之间为了实现某种特定的目的而确立、变更和终止双方权利义务关系的协议。合同分为民事合同、劳动合同、经济合同等。

经济合同是指国家机关、企业、事业单位、社会团体、个体经营户、专业户、承包经营户之间,依据国家法律、政策规定的要求,为实现一定的经济目的,而明确相互权利和义务关系的协议。

我国经济合同法第二条规定:"经济合同是法人之间为实现一定的经济目的,明确相互权利义务关系的协议"。而第五十四条又明确规定"个体经营户、农村社员同法人之间签订的经济合同,应参照经济合同法执行。"

可见,经济合同签约双方或各方中至少有一方具有法人资格。法人是相对自然人而言的,指具有民事主体资格的社会组织,即社会组织在法律上的人格化。自然人即公民,通常是指拥有某国的国籍,并根据该国的宪法和法律享有权利和义务的人。根据《中华人民共和国国籍法》的规定，凡具有中华人民共和国国籍的人，均为中国公民。

法人则是按照法定程序成立，设有一定的组织机构，拥有独立的财产或独立经营管理的财产，能以自己的名义在社会经济活动中享有权利和承担义务，并能在法院起诉和应诉的组织。概括地说，法人应具备的条件是：依法成立；有必要的财产和经费；有自己的名称，组织机构和场所；能承担民事责任。

经济合同关系，实际上是一种法律关系，即经济合同当事人依照经济合同法律规范的规定，享有的经济权利和经济义务的关系。

（二）经济合同法律关系的构成要素

经济合同法律关系的构成要素包括：

1. 主体

是指经济合同法律关系的参加者或当事人。享有经济权利的一方称为权利主体；承担经济义务的一方，称为义务主体。实际上，在我国具有经济合同法律关系主体资格者，现阶段包括法人和特殊情况下的公民。这里所指的"特殊情况下的公民"，是指在社会主义市场经济条件下，从事一定经济活动的公民，主要包括：城镇个体工商业者；农村专业户、承包经营户；从事农业产品交换的个体农民。

2. 客体

是指参加经济合同法律关系主体的经济权利和经济义务共同指向的对象，即"标的"（指货物、劳务、工程项目等）。

3. 内容

是指经济合同法律关系主体享有的经济权利和承担的义务。

（三）经济合同的形式和主要条款

1. 经济合同的形式

经济合同的形式，是指签订经济合同当事人双方经过协商，作出共同的意思表示的具体方式。我国《经济合同法》第三条规定："经济合同，除即时清结者外，应当采取书面形式。当事人协商同意的有关修改合同的文书、电报和图表，也是合同的组成部分"。

2. 经济合同的主要条款

是当事人双方权利和义务全面的具体的体现。它集中地反映了当事人签订经济合同的目的和要求，也是当事人履行经济合同和承担法律责任的依据。根据经济合同的不同种类，各种经济合同的主要条款也有所不同。我国经济合同法所规定的主要条款包括：标的；数量和质量；价款或者酬金；履行的期限，地点和方式；违约责任五个方面。

（四）经济合同的订立和履行

经济合同的订立分"要约"和"承诺"两个阶段。要约是向对方提出订立合同的建议和要求，以及合同的基本内容。承诺是对他方提出的要求完全同意。如另一方未完全同意对方的要求，并作出进一步建议，便不能视为承诺，而应看作是新的要约。一份合同的订立，往往要经过要约——新要约——再要约——承诺这样一个反复的过程。

参与订立经济合同的当事人要有合法的资格。企业、个体户要有工商行政管理局批准颁发的营业执照，并在其经营范围内订立合同。经济合同要由法人的法定代表（厂长、经理等）或法定代表委派的承办人签订。委托其他代理人签订合同，应明确代理权限，代理人在其代理过程中的行为后果应由委托人承担。

1. 经济合同的订立

订立经济合同必须遵守国家的法律，必须符合国家政策和计划的要求，不得利用合同进行违法活动，扰乱经济秩序，破坏国家计划，损害国家利益和社会公共利益，牟取非法收入；在签订合同时，双方要在平等互利的基础上，协商一致，任何一方不得把自己的意志强加给对方，任何单位和个人不得非法干预。我国经济合同法规定，下列经济合同为无效合同：

(1) 违反法律和国家政策、计划的合同；

(2) 采取欺诈、威胁等手段所签订的合同；

(3) 代理人超越代理权限签订的合同、或以被代理人的名义同自己或者同自己所代理的其他人签订的合同；

(4) 违反国家利益或社会公共利益的经济合同。

无效的经济合同，从订立的时候起，就没有法律约束力。经确认经济合同部分无效的，如果不影响其余部分的效力，其余部分仍然有效。

2. 经济合同的履行

经济合同的履行，是指当事人双方依据经济合同的条款，实现各自享有的权利，并承担各自负有的义务。我国经济合同法规定："经济合同依法成立，即具有法律约束力，当事人必须全面履行合同规定的义务，任何一方不能擅自变更或解除合同。"经济合同的履行，应当遵守全面履行原则和实际履行原则。全面履行也称适当履行，它是指经济合同当事人双方必须按照合同规定的全部条件完全履行。也就是说，义务人必须在约定的期限、约定的地点、以约定的方式按合同规定的标的数量、质量和价格等全面的履行。实际履行也称实物履行，它是指经济合同当事人双方必须依据经济合同约定的标的履行，约定的标的是什么，就应以什么标的交付，而不允许采用其他替代性的标的交付，也不允许采取给付货币的方式替代原规定的标的履行。依照实际履行原则，不允许当事人一方为了谋取某种小集团的私利，采取支付违约金或赔偿金的手段，而故意不按合同规定的标的履行义务。

3. 经济合同担保

经济合同担保，是指合同当事人依据法律规定或双方约定，为了保证全面履行合同而设立的保证权利人的权利得以实现的法律手段。目前通行的担保主要有保证、定金、抵押、留置几种方式。保证是保证人（单位）以自己的名义保证一方当事人履行合同，被保证人不履行合同时，保证人应负连带责任。定金是一方当事人预先付给一定数额的货币作为合同成立的证明，如给付定金一方不履行合同，则无权收回定金；如接受定金一方不履行合同应加倍返回定金。抵押是当事人以自己的财产作为履行合同的保证，如果不履行合同，对方可以依法变卖其财产。留置权是在来料加工或修理，复制物品中，一方有权扣留对方的财产以保证对方偿付酬金的一种担保方式。运用上述几种担保方式，有助于增加当事人的责任感，促进经济合同的全面履行。

(五) 经济合同纠纷的仲裁

合同纠纷是指在合同执行过程中，双方当事人对其权利或义务有不同的主张和要求，也可称为合同争议。合同纠纷按其产生的直接原因，可分为价格纠纷、质量纠纷、货损货差纠纷、延期纠纷、拖欠合同价款纠纷、单方面中止合同纠纷以及由于转包渔利、诈骗、买空、卖空等违法犯罪而引起的纠纷等。根据我国经济合同法的规定，"经济合同发生纠纷时，当事人可以通过协商或者调解解决。当事人不愿意通过协商调解解决或者协商、调解不成的，可以依据合同的仲裁条款或者事后达成的书面协议，向仲裁机构申请仲裁。当事人没有在经济合同中订立仲裁条款，事后又没有达成书面仲裁协议的，可以向人民法院起诉"。

二、工程施工合同的特征、类别和内容

（一）工程施工合同的含义

国内工程施工合同，是指以工程建设为目的，以建设单位（工程发包人或称建设项目业主）为一方，建筑企业（承包人或称施工单位）为另一方，按照合法程序所签订的合同，它是经济合同的一种类型。合同一经签约，立即有效，受经济合同法的调节和制约，直至合同终止。

（二）工程施工合同的特征

工程施工合同，除具有一般经济合同的共同点外，还具有以下的特征。

1. 签约依据的计划性

工程施工合同必须根据国家批准的投资计划、计划任务书签约。

2. 合同关系的多层次性

由于工程建设的技术，经济活动极其复杂，形成合同的多层次性，往往有总包合同、分包合同、联合承包合同等类型。

3. 合同标的物的差异性

施工合同的标的物为建筑工程，但由于建筑工程具有单件性和多样性的特点，因而不同标的物的施工合同相互的差异性较为显著。

4. 合同履约期的延长性

工程施工合同的履约方式随工程建设的连续性和渐进性而持续进行，由于工程竣工后尚须办理工程竣工验收、决算、结算工程价款、签订包修合同等，所以合同的履约期较工程建设周期要长一些，履约期较工程建设周期具有明显的延后性。

5. 工程施工合同具有较大的风险性

由于工程投资的数额较大，施工周期较长，物资价格的可变因素较大，工程质量直接关系使用者的生命财产安全，因而工程施工合同的签订和履约都具有较大的风险性。

（三）工程施工合同的类型

工程施工合同属于经济合同中建设工程承包合同的一个类别。建设工程承包，包括勘察设计、建筑、安装等内容。按合同标的性质划分，可分为建设工程、可行性研究、勘察或设计合同；建设工程施工合同；物资供应合同、劳务合同。建设工程施工合同的适用范围是土木工程（含建筑工程）、设备安装、管道线路敷设、装修装饰及房屋修缮等土木建筑安装工程。

工程施工合同按所包括的工程范围和承包关系划分，可分为总包合同、分包合同等；按承包合同类型和计价方法划分，可分为固定价合同、计量定价合同、单价合同、成本加酬金合同、统包合同等。承发包双方签订工程施工合同，必须具备相应的资质条件和履行施工合同的能力。对合同范围的工程实施建设时，发包方必须具备相应的组织协调能力，承包方必须具备有关部门核定的资质等级并持有营业执照等证明文件。承发包双方必须在中标后的规定时间内，或于开工前依法签订书面工程施工合同，并全面履行合同。

（四）施工合同的主要内容

工程施工合同,应以《中华人民共和国经济合同法》、《建筑安装工程承包合同条例》和《建设工程施工合同管理办法》为依据,包括以下主要内容:

1. 发包方与承包方名称;
2. 工程概况(工程名称、地点、工程内容和承包范围等);
3. 工程造价和承包方式;
4. 开竣工日期及中间交工程的开、竣工日期;
5. 材料及设备的供应和进场期限;
6. 工程变更与增减条款;
7. 工程质量保修期及保修条件;
8. 工程价款的支付、结算及交工验收办法;
9. 设计文件及概预算和技术资料的提供日期;
10. 违约责任;
11. 奖励规定;
12. 不可预见事件的有关规定;
13. 文物、古迹处理规定,保密要求(如需要明确时);
14. 工程保险;
15. 双方需要协作的事项;
16. 争议的解决方式;
17. 合同附件。

三、工程施工合同的签订与履行

(一)工程施工合同的签订

1. 明确承发包双方的责任

工程发包方的主要责任是:

(1)办理正式工程和临时设施范围内的土地征用、租用、申请施工许可执照和占道、爆破以及临时铁道专用线接岔等的许可证;

(2)确定建筑物(或构筑物)、道路、线路、上下水道的定位标桩、水准点和坐标控制点;

(3)开工前,接通施工现场水源、电源和运输道路,拆迁现场内民房和障碍物(也可以委托承包方承担);

(4)按双方协定的分工范围和要求,供应材料和设备;

(5)向经办银行提交拨款所需的文件(实行贷款或自筹工程要保证资金供应),按时办理拨款的结算;

(6)组织有关单位对施工图等技术资料进行审定,按照合同规定的时间、份数付给承包方;

(7)派驻工地代表,对工程进度、工程质量进行监督,检查隐蔽工程,办理中间交工工程验收手续,负责签证,解决应由发包方解决的问题以及其他事宜;

(8)负责组织设计单位、施工单位共同审定施工组织设计、工程价款和竣工结算,负责组织工程竣工验收。

工程承包方的主要责任是:

(1) 施工场地的平整，施工界区以内的用水、用电、道路和临时设施的施工；

(2) 编制施工组织设计（或施工方案），做好各项施工准备工作；

(3) 按双方商定的分工范围，做好材料和设备的采购、验收、供应和管理；

(4) 及时向发包方提出开工通知书、施工进度计划表、施工平面布置图、隐蔽工程验收通知、竣工验收报告；提供月份施工作业计划、月份施工统计表、工程事项报告以及提出应由发包方供应的材料、设备的供应计划；

(5) 严格按照施工图与说明书进行施工，确保工程质量，按合同规定的时间如期完工和交付；

(6) 已完工的房屋、构筑物和安装的设备，在交工前负责保管，并清理好场地；

(7) 按照有关规定提出竣工验收技术资料，办理工程竣工结算，参加竣工验收；

(8) 在合同规定的保修期内，对属于承包方责任的工程质量问题，负责无偿修理。

2. 签订工程施工合同应遵循的原则

(1) 必须遵循依法签订合同的原则。主要体现在：一是合同主体必须符合法律规定的资格要求，如社会组织必须具备法人资格，代理人必须有法定代表人的授权委托书等；二是合同的内容必须符合国家的有关法律、政策，不得损害国家和他人的利益，不得超越当事人的经营范围；三是工程施工合同采取书面形式，符合有关法律的规定；四是签订工程施工合同的过程，必须符合有关法律的规定。

(2) 必须遵循平等互利、协商一致、等价有偿的原则。签订合同的当事人在合同中的地位是平等的，合同条款应对双方都有利，任何一方不得凌驾于对方之上；合同条款是在双方协商的基础上自愿达成一致，任何一方不得将自己的意志强加于对方；合同应符合商品经济等价交换的原则。

(3) 必须遵循诚实信用的原则。签订合同双方都应恪守信用，遵守商品交易的道德和习惯，不曲解合同，不弄虚作假、欺诈对方。

3. 签订工程施工合同的程序

(1) 资信审查。签订合同前，应对合同当事人的资格和信用作进一步的详细审查。当事人必须具有合法的主体资格，才有签订经济合同的权利；同时对当事人的履约能力和信用进行审查。履约能力包括支付能力和生产能力两个方面。支付能力审查当事人的注册资金、工程资金来源、能否支付货款等；生产能力审查当事人的生产规模、技术水平、已施工工程的业绩等。履约信用的审查，是了解当事人是否重守信用，按规定履行合同。

(2) 协商合同条款。协商合同条款是签订工程施工合同的核心问题，它直接关系合同当事人的利益，协商合同条款如前述要经过"要约"和"承诺"两个阶段。通过协商，双方就合同内容达成一致意见，用条款的形式将当事人各方的权利和义务关系确定下来，为正式签订合同奠定基础。

(3) 拟定签署工程施工合同。在合同当事人双方协商一致的基础上，将双方协商一致的意见用文字表达出来，然后双方签字、署名、盖章。依法签订的合同文书，是一种法律文件，具有法律约束力。工程合同文书，国家有关部门制定统一的示范文本，拟定合同文书时，必须按合同文本的规定执行。

必须指出，合同当事人同意的有关修改合同的文件、电报、图表等，也是合同的组成部分，统称为合同文件。

(二) 工程施工合同的履行

工程施工合同一经签订，当事人双方应遵循前述的实际履行和全面履行原则，各自完成所承担的各项义务。不履行合同规定的条款，即是违约。根据我国《经济合同法》第三十九条的规定，违约的当事人应承担违约责任并支付违约金或罚金。

1. 工程承包方的责任

(1) 工程质量不符合合同规定，发包方有权要求限期无偿修理或者返工、改建，经过修理或者返工、改建后，造成逾期交付的，承包方偿付逾期的违约金。

(2) 工程交付时间不符合合同规定，偿付逾期的违约金。

2. 工程发包方的责任

(1) 未按合同规定的时间和要求提供原材料、设备、场地、资金、技术资料等，除工程日期得以顺延外，还应偿付承包方因此造成停工、窝工的实际损失。

(2) 工程中途停建、缓建、或由于设计变更及设计错误造成的停工，应采取措施弥补或减少损失，同时赔偿承包方由此而造成的停工、窝工、倒运、机械设备调迁、材料和构件积压等损失和实际费用。

(3) 工程未经验收，发包方提前使用或擅自动用，由此而发生的质量问题或其他问题，由发包方承担责任。

(4) 超过合同规定日期验收，按合同的违约责任条款的规定，偿付逾期违约金。

(5) 不按合同规定拨付工程款，按银行有关逾期付款办法或"工程价款结算办法"的有关规定处理。

四、工程施工合同的监督和合同纠纷的处理

(一) 工程施工合同的监督

合同是一种具有法律约束力的文件，为了保证合同的合法性和全面履行，合同必须受到有关方面的监督。

1. 公证监督

公证是国家公证机关根据当事人的申请和法律的规定，依照法定程序，证明法律行为及有法律意义的文件和事实的真实性和合法性的活动。公证证明经济合同是减少合同纠纷、避免诉讼、保证合同顺利实施的有效方法之一。公证的程序包括：申请、接待、调查、出证、执行、申诉、撤销、认证。其中，申请就是当事人向公证处提出办理公证的请求。国家机关、企事业单位、人民团体等申请办理公证事项，应派有资格的代表人到公证处提出申请。代表人应当提出有权代表的证件，并对所申请办理的公证文书提供相应的事实的证件。对工程施工合同进行公证，是一种法律监督手段，审查的内容包括：主体资格、当事人的意思表示是否真实，合同内容是否合法，条款是否完备，程序是否合法等。

2. 银行监督

工程合同签订后，必须将合同副本抄送当事人双方的结算银行各一份，由银行对其拨款和支付情况进行监督。如违反有关规定应作罚款处理。

3. 行政监督

通常由政府有关部门通过行政手段对合同进行监督，促使当事人履行合同。

4. 互相监督

工程施工合同依法签订后，当事人各方有监督对方履行合同的权利；通过互相监督，保证合同的正常履行。

(二) 工程施工合同纠纷的处理

工程施工合同在履行过程中,如果当事人双方出现纠纷,应按《经过合同法》的规定处理。解决合同纠纷的途径和方式有:

1. 合同当事人双方协商

履行工程施工合同发生纠纷时,当事人双方应本着互谅的原则,按有关法规和合同条款的规定,在自愿的基础上,通过协商自行解决纠纷。协商解决纠纷的特点是没有当事人以外的其他人参加,但要求必须依法进行协商,方才有效。

2. 合同管理机关调解

当事人协商无法解决纠纷时,任何一方均可向合同管理机关申请调解。合同管理机关在分清纠纷性质和双方责任的基础上进行调解,帮助当事人找出解决纠纷的途径和方法,促使双方达成协议。调解解决的特点,是合同管理机关参加,但不采取外力强制性的措施。

3. 仲裁机构仲裁

履行工程施工合同的纠纷,经协商,调解无效时,根据当事人的申请,由合同仲裁机关进行裁决。通过仲裁解决合同纠纷的特点是采取强制性的外力制裁措施来解决其纠纷,但它不是法院的判决,而是合同仲裁机关根据国家法律、法令、政策及有关制度进行的一种行政制裁。

4. 法院判决

当事人就工程施工合同纠纷向人民法院起诉,由法院判决解决纠纷。向法院起诉解决合同纠纷,可以是当事人对仲裁决议不服而进行的(收到仲裁决定书之日起十五日内向法院起诉,期满不起诉的,仲裁决定具有法律效力),也可以不经过调解和仲裁,直接向法院起诉。法院判决合同纠纷,是具有强制性的法律制裁,必须依法执行。

五、《建设工程施工合同示范文本》

为了保证建设工程施工合同的合法性,避免和减少工程合同履行中的纠纷,我国工商行政管理局和建设部联合制定了《建设工程施工合同示范文本》以此规范签订工程施工合同。

《建设工程施工合同示范文本》由《建设工程施工合同条件》和《建设工程施工协议条款》两部分组成。《建设工程施工合同条件》是根据《经济合同法》、《建筑安装工程承包合同条例》对工程承包发包双方权利义务所作出的具体规定,除双方协商一致对某些条款作出修订、补充或取消外,都必须严格履行。这部分共四十一个条目,内容包括了诸如词语涵义及合同文件、合同双方的一般责任、施工组织设计和工期、质量与验收、合同价款与支付、材料设备供应、设计变更、竣工与结算、争议、违约和索赔及其他。

由于各个工程施工合同的标的各不相同,承发包双方的自身条件、能力、要求也不一样,施工现场条件和环境也各有特点,这就必然使双方的权利和义务关系也各不相同。因此,签订工程施工合同时,需要根据实际情况对《合同条件》进行必要的修改、补充,使其具体化。《建设工程施工合同协议条款》就是签订合同双方修改、补充《合同条件》,达成一致意见的一种格式,也是双方签字的合同文书。工程承发包双方针对工程的实际情况,把对《合同条件》的修改、补充和不予采用的一致意见按《协议条款》的格式形成协议,其余的按《合同条件》执行。经修改后的《合同条件》和达成一致意见的《协议条款》,就是双方统一意愿的体现，成为合同文件的组成部分。

本 章 小 结

1. 本章所述的建筑市场的招标投标，是建筑市场活动中的一个重要环节，是实现建筑市场需求与供给联结的一种基本方式，也是进行建筑工程承发包、进而确立工程施工合同的必要前提。

2. 招标投标是商品经济发展的产物，是商品交易中的一种竞争方式；建筑市场招标投标的机制是：传递市场信息，促成供求双方交换关系的确立，推动市场竞争；建筑市场招标的方式有公开招标、有限招标和议标等几种方式；招标的方法，可按整个工程招标，也可按施工阶段招标，可进行一次性招标，也可以对同一标的组织两阶段招标，即一次两段式招标。

3. 工程施工招标工作的基本程序一般分为准备阶段、招标阶段和决标成交阶段；工程施工招标工作包括：准备招标文件、制定标底、发布招标通告或邀请函，对投标单位的资格进行审查，招标工程交底，开标、评标和决标等主要内容。

4. 工程施工投标，是建筑企业通过建筑市场承揽工程施工任务重要的经营活动，应根据自身的生产能力和优势，以中标可能性相对较大的招标工程作为投标的对象。投标工作包括：研究招标文件，调查投标环境，确定投标策略，制定施工方案，投标计算和报价决策等主要内容。

5. 通过招标投标，确定中标者以后，建设项目业主与建筑企业签订工程施工合同。工程施工合同属于经济合同中的一类。因此，对于签订经济合同的法律依据，经济合同法律关系的构成要素，经济合同的形式和主要条款，经济合同的订立和履行，经济合同纠纷的解决等应有所了解。

6. 工程施工合同，具有签约依据的计划性，合同关系的多层次性，合同标的物的差异性；合同履约期的延长性以及较大的风险性等特征。在此基础上，应了解施工合同的类别，合同的主要内容，合同的签订与履行，对合同执行中的纠纷的处理等方面的内容。

复 习 思 考 题

1. 什么是招标投标？招标投标的机制体现在哪些方面？
2. 建筑市场有哪几种招标方式？有哪几种招标方法？
3. 工程施工招标要经过哪些程序？包括哪些主要工作内容？
4. 工程施工投标要经过哪些程序？包括哪些主要的工作内容？
5. 什么是经济合同？签订经济合同应注意哪些问题？
6. 什么是工程施工合同？它具有哪些特征？
7. 工程施工合同有哪些类型？它包括哪些主要内容？
8. 在工程施工合同中对承发包双方应明确哪些责任？
9. 签订工程施工合同应经过哪些程序？如何处理工程施工合同执行中所发生的纠纷？

第七章 国际建筑市场

第一节 国际市场概述

一、国际市场的含义及特点

（一）国际市场的含义

国际市场是国内市场的延伸，它是按照国际社会分工的原理而形成的世界性市场，是国（地区）与国（地区）之间进行交易的总称。国际市场的形成是在19世纪末和20世纪初，当时资本主义逐步由自由资本主义向垄断资本主义过渡，垄断资本和金融资本相结合，商品输出和资本输出相结合，于是资本主义的市场范围迅速扩大到全世界，形成了世界性的市场。

（二）国际市场的特点

国际市场就其本质来说，与国内市场一样，都是商品交换的场所和商品交换关系的总和，是一种经济运作方式，都必须遵循商品经济的基本规律，按照平等互利，自愿让渡的原则，进行商品交换活动。但是，由于国际市场的范围广阔，国家之间存在着差异及国际环境的复杂性，决定了国际市场与国内市场相比，又具有不同的特点，主要是：

1. 国际市场的范围广阔，市场容量大

国际市场是在更广泛的空间开展商品交换，无论是参与市场交易的国家和企业、商品的供给量和需求量，还是市场的信息量，货币资金量，国际市场包含的容量比国内市场都要大得多。

2. 国际市场的结构复杂

由于世界各国的地理位置、自然条件、资源状况、人口数、技术水平、文化教育、风俗习惯、宗教信仰、社会制度等方面各不相同，因而也就形成各具特色的市场。从不同的角度，可划分为各种不同的市场，例如，按人均收入划分，可分为发达国家市场和发展中国家市场；按社会经济制度和政治制度划分，可分为社会主义市场和资本主义市场；按地区划分，可分为西欧市场、东欧市场、北美市场、非洲市场、亚洲市场、拉丁美洲市场、大洋洲市场和东南亚市场等；按商品类别划分，可分为机电产品市场、轻工产品市场、纺织市场、建筑工程市场等等。此外，由于政治、经济方面的原因，一些国家还成立了区域性的经济团体或组织。例如欧洲共同体、欧洲自由贸易联盟、东南亚国家联盟、西非经济共同体、中美洲共同市场、加勒比海共同体和共同市场等。

3. 国际市场的竞争激烈

国际市场是在国家之间自发的激烈竞争中发展起来的。在激烈的竞争中，发达国家为了维持其在国际市场中的垄断地位，一方面实行贸易保护主义，利用关税壁垒，倾销等形式争夺市场；另一方面利用其先进的科学技术和雄厚的资本，组织跨国公司，企图继续垄断市场。而发展中国家也在不断发挥自己的优势，充分利用本国自然资源和劳动力资源丰富而廉价的优势，并积极采用新技术，努力以价廉物美的商品参与国际市场竞争。

4. 国际市场的价格多变，风险较大

国际市场上的商品价格不仅受价值规律、供求规律的自动调节，而且还受各种复杂因素的影响，如国家政局、对外政策、政治斗争、国际垄断、国内供求、科技水平、经济管理水平等等对国际市场的价格都有一定的影响。由此使得国际市场上的价格斗争变得极为复杂，行情瞬息万变；同时也使得参与国际市场竞争具有较大的风险。

5. 国际贸易从垂直贸易向水平贸易发展

所谓垂直贸易，是指经济发展水平不同的国家之间的贸易，例如发达国家同发展中国家之间的贸易，在商品交换上表现为制成品与初级产品之间的交换，先进技术与自然资源之间的交换。所谓水平贸易，是指经济发展水平基本相同国家之间的贸易，例如发达国家之间、发展中国家之间的贸易，在商品交换上表现为制成品之间的交换或初级产品之间的交换。

二、国际市场的作用

国际市场是一个重要的世界经济调节器，它在一定程序上起着补偿和协调世界各国经济发展的作用。

1. 国际市场有利于沟通世界各国经济、科学技术的交流

世界各国之间在经济、文化、科学技术等方面都有很大的差异，国际市场的运行，为国家之间的经济和技术贸易交流创造了条件，有助于促进世界各国经济、科学技术的发展。

2. 国际市场有利于发挥各国自身的相对优势

不同国家具有不同的自然资源、人才资源，具有不同的生产条件和技术水平。在国际贸易中，各个国家都可以利用自己相对的优势来提高经济效益。

3. 国际市场有利于调节国内市场供求的平衡

在国际市场上，一国的商品换取另一国的产品，这些交易的产品在国内市场上对一国来说，可能是供过于求，而对另一国来说又可能是供不应求。这样，通过国际市场，可以将本国多余的产品通过出口来解决，而将本国不足的产品通过进口来补充，从而促进国内市场供求的平衡。

4. 国际市场有利于促进企业不断提高产品质量，改善经营管理

在国际市场中，各国出口产品的竞争异常激烈。出口产品国家的企业，为使自己的产品能够打入和占领国际市场，就必须不断提高产品质量，增加花色品种，改善包装装潢，降低生产成本，提高劳动生产率，提高服务质量。所有这些，都必须以改善经营为前提，加强科技开发，提高职工素质，实行科学管理，促使企业行为规范化、科学化和国际化。

5. 国际市场有利于新产品开发

国际市场汇集了世界很多国家具有本国特色的产品（包括许多新产品）以及各国的技术情况。各国都可以从国际市场引进对本国来说是新颖的产品和先进的技术。所以，各国的新产品开发组织又都可以获得大量的信息和资料，来诱导和促进国内新产品继而成为国际新产品的开发。

6. 国际市场有利于解决劳动力短缺和扩大就业

由于社会的和历史的因素的影响，有些国家劳动力短缺，不利于发展劳动密集型产业，而有些国家则劳动力比较富裕，充分就业有一定困难。通过国际劳务市场，一些劳动力富裕的国家，就可以进行劳务输出。也可以利用丰富的劳动力资源多搞一些来料加工。这样，

既可以解决部分国家劳动资源不足的问题,同时又解决了部分国家劳动力就业困难的问题。

三、国际市场活动的内容

(一) 国际贸易

国际贸易是指国与国之间的商品交易,是一种国际间的经济性活动。国际贸易的特点在于它所处的环境与国内贸易不同。首先,不同国家在语言和风俗习惯上截然不同,这必将使国际经济关系、贸易关系更为复杂;其次,各国的社会经济制度和政策大不相同,各国都要为着本国利益,实行各种贸易壁垒和保护政策,这为国际贸易设置了一定的障碍。第三,各国货币制度不同,在国际贸易支付中,必然造成一定困难,一般需要按一定汇率在外汇市场上兑换外国货币进行支付,而汇率常常变动,货币兑换也受到限制,于是国际间的支付比较复杂,在一定程度上影响了国际贸易的发展,等等。尽管国际贸易与国内贸易有诸多不同,但作为国内贸易一样的工具——供求分析、收入分析、均衡分析等仍然适用于国际贸易。

(二) 国际收支

国际收支是一个国家在国际市场活动的收入和支出的价值表现。国际收支的大小既与国内经济发展情况有关,也与其他国家经济发展情况有关,所以它既是衡量国内经济情况变化的指标,更是衡量对外经济关系变化的指标,它反映了一个国家经济开放的程度。

国际收支项目很复杂,一般说来,一个国家的对外收支,主要分为经常项目和资本项目两大项。

1. 经常项目

经常项目又称往来项目。它是贸易、劳务和转移项目的总和。贸易项目是指商品的出口和进口,是商品实物交易,所以又称有形贸易。商品的出口价值是国际收支中的收入,进口价值是国际收支中的支出。劳务项目是一种服务性的交易,所以又称为无形贸易,如运输和通讯方面的费用收支,银行和保险等方面的手续费、保险费的收支,各国互派或单向派出人员发生的收支,旅游方面发生的收支以及国外投资所得的利润、股息、利息等收入的汇出与汇入等。转移项目是指单方面的汇款、赠礼和捐款等引起的收支。

2. 资本项目

资本项目是指资本的输出和输入。国际间资本流动的方式,通常按资本流动性的大小,将资本项目分为长期资本和短期资本两大类。长期资本包括政府间的信贷和投资,私人在国外的直接投资和证券投资,企业和私人引进外资或合营经济等。短期资本包括各种形式的短期信贷,如银行存款转移,短期票据买卖,以及进出口贸易信贷等。

保持国际收支平衡,是处理国际收支的重要问题。国际收支平衡,就意味着国际收入与国际支出相等。收入大于支出,称为国际收支顺差;收入小于支出,称为国际收入逆差,则说明该国在对外贸易关系中处于不利的地位,若一国国际收支的顺差越来越小或逆差越来越大,则说明该国的国际收支趋向恶化。在国际收支中,贸易收入占有很大比重。若在进出口贸易中,出口价值大于进口价值,将出现贸易顺差;反之,则出现贸易逆差。很多国家都采取加大出口,限制进口,以贸易顺差来防止或弥补国际收支中的逆差,以改善本国的国际收支状况。也有的国家,采用劳务项目的顺差来补偿贸易中存在的逆差。国际收支平衡总的原则是:以出定进,量收为支,收支平衡,略有结余。

四、国际市场价格与外汇

（一）国际市场的价格

1. 国际市场价格的决定

国际市场价格是国际市场价值的具体体现。国际市场价值是商品在国际市场上交换的尺度。它决定于生产某种商品所耗费的国际社会必要劳动时间。这个国际社会必要劳动时间是各个国家生产某种商品的社会必要劳动时间的平均数。国际市场价值的变化，必然影响该商品国际市场价格的变化。当商品国际市场价格与其价值相等时，说明国际市场该商品的供给和需求平衡。但是，在国际市场上，任何商品的供给和需求总达不到完全平衡，不是供过于求，就是供不应求，所以商品的国际市场价格和价值，也像国内市场一样，受价值规律支配，商品的价格总是围绕它的价值上下波动。而商品的国际市场价格与价值的背离，是由于商品的国际市场价值仅仅依赖于国际上的生产条件，而国际市场价格的形成与变化，除依赖于商品的国际市场价值外，还受到国际上其他因素，主要是供求关系和货币两大因素的影响。

2. 国际市场价格的类型

国际市场价格主要有成交价格、交易所价格、拍卖价格、开标价格和参考价格五种。

（1）成交价格。是指买卖双方达成协议的价格。它能迅速而明确地反映国际市场的价格水平和动态。

（2）交易所价格。是指由交易所正式会员在交易大厅洽定而公布的价格。这种价格在进行国际贸易时有很大的参考价值，是许多国家签订合同，确定国际市场价格的主要依据。

（3）拍卖价格。也属一种实际成交价格，而且是现货成交价格，它能反映出商品的市场行情水平和变化情况。

（4）开标价格。是指国家和企业为购买大批物资向世界承销商招标，通过招标而成交的价格。

（5）参考价格。是指常在各种期刊和批发价格表上公布的价格，这种价格虚伪性较大，只能起参考作用。

（二）外汇与外汇市场

1. 外汇

一个国家除本国的货币以外，对其他国家的货币，都统称为外国货币。所谓外汇，就是国外货币的简称，它是以外国货币表示的用于国际结算的一种支付手段。简而言之，凡是存放在国外银行的外币资金，或是可以在国外得到补偿的外币票据，都称为外汇。外汇主要包括商业汇票、银行汇票、支票、本票和银行存款凭证等。由于它们体现着货币债权和债务关系，所以它们既是国际结算的支付手段，又是国际通用的信用工具。

外汇汇率，又称为外汇行市或汇价。它是指两国货币之间的比价，也就是用一国货币单位来表示另一国家货币单位的价格。在结算国际债权债务过程中，必然要发生两国货币的兑换，即外汇买卖。外汇同商品一样，在买卖时必须有一定的价格，作为买卖的依据。

2. 外汇市场

如上所述，在结算国际债权债务的过程中要进行外汇买卖，而外汇市场就是各种经营外汇业务的机构和个人汇合在一起进行具有国际性的外汇买卖的场所。它是由各国外汇银行、外汇经纪人和各国中央银行组成的。外汇市场一般可以理解为外汇自由市场。即自由买卖的外汇市场。

第二节 国际建筑市场的特点及其影响因素

一、国际建筑市场的含义

（一）国际建筑市场的概念

国际建筑市场，是指在国际上以建筑劳务合作和工程承包为主要内容所形成的经济关系的总和。国际建筑市场又称为国际工程承包市场。国际建筑市场是整个国际市场的组成部分。国际建筑市场表现为一个国家的业主，通过国际招标发包建设工程和另一国的建筑企业进入他国（地区）从事工程承包的经营活动所形成的国际性工程承发包关系。承发包的业务范围很广泛，包括各种建筑物和土木工程的勘察、规划、设计、咨询、施工和劳务。

（二）国际建筑市场活动的主要内容

国际建筑市场活动的主要内容包括国际劳务合作和国际工程承包两个方面。

1. 国际劳务合作

国际劳务合作，是指以劳务为对象的国际贸易。由于作为商品的劳务是在提供服务的同时就被消费而没有物质实体的无形商品，所以劳务贸易又称为无形贸易。劳务贸易包括劳务出口和劳务进口两个方面。劳动力从一国向另一国家或地区出口挣取外汇，就称为劳务出口，或称为劳务输出。劳务输出是指劳动力在国外短期提供劳务，而不是永久性居住。从相反的角度来说，劳务输出对于接受一方则是劳务输入。国际劳务贸易，涉及生产和非生产各个领域。

国际建筑市场中的劳务贸易，是指劳务人员在国外参加建筑活动所提供的劳务。包括承包公路、铁路、港口、水利工程、桥梁、厂房、住宅等项目的设计、施工和技术服务。国际劳务合作是第二次世界大战以后，特别是近20多年来蓬勃兴起的一种国际间经济贸易合作的重要形式，其发展速度超过了世界货物贸易的增长速度。很多国家的政府对此都十分重视，有的发展中国家甚至把劳务输出作为获得外汇的一项重要来源。

2. 国际承包工程

所谓国际工程，是指一个工程项目，从咨询、设计、投资、招标、施工到监理各个环节，有不止一个国家的单位和人员参加，并且按照国际上通用的工程项目管理模式进行管理的工程。而国际承包工程，是指一国的工程承包单位，接受外国业主提出的筹建工程项目的要求与条件，同意承担该工程项目的建设任务，并为取得相应的经济利益而进行的活动。

国际工程承包者获得承包项目的建设任务后，可以由其承担整个合同规定的建设任务，既包工包料，又包工期，包质量。承包者也可以将一部分工程转包给其他承包者，在这种情况下，前者为工程建设项目的总承包者，后者则为分包者。工程项目分包有多种形式：有包工不包料、包工包料或包部分材料、包特定的设备和材料、包设计和项目的可行性研究等。两个或几个承包者联合承包一个建设项目，每个承包者承担的那一部分也称为分包。

国际承包工程业务往往结合劳务出口进行。劳务的进口和出口是根据劳务输入国（聘请方）建设项目需求，由劳务输出国（受聘方）派出有关设计人员、施工人员、技术人员、熟练工人等到劳务输入国进行有关建设项目的技术服务或劳动服务。

在我国，按国内习惯所称的"涉外工程"，就是指我国在国外投资的工程、我国的咨询和施工单位去国外参与咨询、监理和承包的工程以及由外国参与投资、咨询、承包（或分包）、监理的我国国内的工程。各国的投资单位、咨询公司和工程承包公司，在国外参与投资和承包工程的总和就构成了国际建筑市场，其承发包方就是国际承包工程活动的主要内容。

（三）国际建设市场的形成与发展

国际建筑市场的形成，是国际经济合作，国际市场发展的必然要求。由于世界各国自然地理条件、经济和技术等的发展不平衡，各国为了加速本国经济的发展，必然谋求国际间的经济合作，使生产要素在国际间重新组合和合理配置。国际经济合作涉及的领域很广，按其业务性质可分为：国际投资合作、国际信贷合作、国际科技合作、国际劳务合作和经济援助等。国际工程承包是国际经济合作的一个组成部分，而且有时一项承包工程综合了各种业务性质的合作。

国际经济的日益国际化，国际之间在经济上互相依赖逐渐形成普遍的国际现象。这种现象，在工程项目建设方面也不例外。由于技术、人力、管理诸方面的原因，甲国将建设项目通过国际招标委托乙国的承包者完成项目建设任务，使得双方各自发挥其优势，并获得相应的经济利益。这种国际间的相互依赖和合作，是推动国际建筑市场发展的直接力量。建筑承包商跨国承包工程，早在19世纪后期已开始出现，第二次世界大战以后，随着战后重建，大规模的经济开发和国际直接投资的迅猛增加，国际建筑市场开始逐步形成，进入20世纪70年代以来有了较快的发展。

国际建筑市场同世界形势密切相关。国际经济的发展，用于建设资金的多少，决定了国际建筑市场的兴衰。整个国际建筑市场，是在第二次世界大战后转入相对和平时期而逐渐兴起的。进入20世纪70年代，海湾石油输出国获得巨额的"石油美元"，掀起大规模的建设高潮，通过国际招标实施建设，中东地区成为70年代世界最大的国际承包市场；在东南亚地区，由于政局稳定、外贸兴旺，国际直接投资不断增加，经济保持稳定，国际建筑工程承包市场日趋活跃。1981年世界250家国际大承包商的合同成交额1299亿美元（美国《国际工程新闻纪要》杂志，每年将世界大国际承包商的合同成交额排列出前250名的名次和其海外成交额予以发表，所以不是国际建筑市场的全部成交额，从1991年开始，该杂志又将250家国际大承包商的排名改为225家），成为国际工程承包市场的兴盛时期。1982年以后，由于世界石油供过于求，价格暴跌，中东政局不稳，发生两伊战争，产油国收入锐减，经济发展受到严重影响，被迫压缩建设规模；西方发达国家经济低速增长，美元贬值，西方国家特别是美国的固定资产投资相对处于停滞状态；拉美发展中国家债务沉重，初级产品供过于求，价格下跌，非洲地区连续遭受自然灾害，经济困难，因而世界经济处于低潮，国际工程承包市场出现紧缩的情况。世界250家国际大承包商的合同成交额从1981年以来至1987年6年共减少43%，至1987年仅为739美元。

1988年世界经济情况有所好转，增长率达到4.5%的较高水平，世界贸易超前增长达到8.5%，国际金融市场活跃，在国外设厂、开发房地产以及收购公司的国际直接投资迅猛增长。在这种形势下，1988年国际工程承包市场有了较大的增长，250家国际大承包商的合同成交额较上年增长27.3%，走出了低谷。1989年以来，世界经济保持增长的势头，国际直接投资增势未减，从而使国际承包市场出现了稳定发展的兴盛时期，250家国际大承包商1990年的合同成交额增至1203亿美元，1990年225家国际大承包商的合同成交额达1519亿美元，创历史最高纪录。

90年代，世界进入一个新的和平发展时期，各国纷纷将重心转向经济建设，许多国家在经济改革与对外开放方面迈出了更大的步伐，国际直接投资持续增长，国际贸易、国际经济合作继续发展，对世界经济的发展发挥着日益重要的作用，将会推动国际建筑市场的近一步发展。

二、国际建筑市场的特点

国际建筑市场以跨国承包工程为基本形式，其特点是：

（一）国际工程承包具有广泛的国际性

国际工程承包，涉及到国际之间的经济关系，因而在工程承包活动中，具有国际性的特点，主要表现在：

1. 语言国际化

国际承包合同、协议、文件所用语言多为英文，有采用两种以上的语言，则需明确不同语言是否具有同等效力，如无不同等效力则应规定以哪种语言作为正式文本，哪种语文只用为译文。

2. 法律国际化

工程承包合同在不同国家法人（或自然人）之间，涉及双方甚至第三方国家的法律，受多个国家的法律所制约，如发生争议时，通常提交国际仲裁机构仲裁或向东道国法院、国际法院起诉。

3. 资金国际化

建设资金除本国投资以外，有些是由联合国国际发展援助、国际开发银行、财团或金融组织提供资金；有些则由跨国公司直接投资或由外国承包商筹措资金。承包工程的付款条件大多数规定为当地币和国际通用货币。

4. 招标国际化

为保证工程的顺利实施和节约建设资金，充分利用国际承包商的技术、人才和管理，工程项目在国际范围招标；大型建设项目往往由几个国家的承包商组成工程承包集团，联合投标承包。

5. 设计国际化

工程项目业主委托拥有世界同类项目先进技术设计、咨询公司进行工程的规划和设计，以保证建设项目的先进性和合理性。

6. 技术标准国际化

国际工程承包，要采用业主在合同中指定的技术标准与规程，常采用东道国或承包商国籍国或第三国的技术标准与规程。

7. 劳务需求国际化

在国际工程承包中所需的材料、设备，在国际市场上按价廉物美的原则采购。

总之，在工程建设的国际化进程中，世界各国的财界建筑界，制造业及劳务层都积极参与竞争，发挥自身的优势，并从中获得相应的效益。

（二）国际工程承包具有很强的专业技术性

由于在国际承包项目中，很多属于技术密集型工程，除一般工业与民用建筑等土木工程和基础设施以外，还有海水淡化、核电站、电子通讯、宇航等高精尖项目。因此，国际工程承包与一般商业贸易不同，要求承包商具有较高的专业技术能力和经营管理能力。凡进行国际招标的工程项目，都要对参加投标的承包商进行严格的资格预审。承包商则需提供资产、财务、技术人员、机械设备和承建类似工程的经历等情况；投标报价也较一般商品贸易的报价复杂。国际工程承包，还要求承包商具有较高的经营管理水平，熟悉当地有关法律、外汇管理、税收、保险及有关社会、自然条件和风俗习惯等情况，针对工程的技术经济特征，进行调查分析，探讨技术上的可行性和最佳选择，进行详细的工期、成本计算，研究确定实施方案。可见，国际工程承包要求承包商具有较强的适应能力和较高的技术水平和组织管理能力。

（三）国际工程承包输出的综合性

国际工程承包不同于一般的国际商品贸易，输出的不是制成的具有实物形态的商品，而是通过输出人才、技术和管理，在国外建造建筑产品，然后实现其交换价值。通过国际工程承包的实施，可以带动相关的设备、施工机具、建筑材料和劳务的出口，促进相关行业的发展；承包商要完成承包工程任务，要承担物资的采购、运输，提供安装机电设备及其他的服务，这就可以带动银行保险、海运、航运、商贸等部门业务的发展。在国际工程承包中实行实物支付和延期付款、带资承包的方式下，承包商还应了解其支付商品的价格、规格、产品质量、需求地域和异域差价以及关税、配额等供销行情，以利于所给商品的销售，换取现汇；承包商还应能够预测国际金融市场发展的趋势和利率变化，避免由于延期付款和垫支带来的风险。此外，资金输出无论是政府的中长期贷款或赠款，或金融组织机构以盈利为目的的资金输出，都可以给资金输出国的承包商优先承包工程的权利，因而承包商可采用资金输出与国际承包相结合的方式开拓国际工程承包市场。

（四）国际工程承包具有很大的风险性

在国际工程承包中，一个工程项目从签约到工程施工，往往需要几年甚至更长的时间，这就势必存在占用资金量大，运输周期长和可变因素多等特点。在国际经济、政治复杂多变的情况下，国际建筑市场的工程承包，无疑具有很大的风险性。首先是金融风险，如货币贬值、汇率变化等都会给承包商带来重大影响；其次是政治风险，如发生战争、政变、罢工等，也会使承包商遭受重大损失；第三是自然风险，如恶劣的自然条件、自然灾害、不利的气候等，也会使承包工程的进展受阻，增加费用支出，损害承包商的利益等等。因此，承包商必须采取避免风险损失和对付各种风险的有利措施，如加强市场调查研究，做好预测分析工作，进行工程保险，在合同中争取加入保值条款，做好各种索赔工作；投标报价中计入不可预见费用等等，尽可能避免由于各种风险可能造成的损失。

三、促进国际建筑市场发展的因素

国际建筑市场一方面随世界经济形势的变化而变化，另一方面，又受一些与国际建筑市场直接相关因素的制约。促进国际建筑市场发展的直接因素是：

（一）国际经济的相互依赖

国际经济的相互依赖，是指国际之间平等互利的双方面的需求，而不是片面的依赖，更不是单方面的依附。一个国家的经济建设，如缺乏所需的资金、技术、劳务和管理能力；而资金、技术、劳务和管理占有优势的国家则希望向别国输出而获得利益。在这种情况下，双方就可以通过建筑工程的承发包进行平等互利的合作，满足双方各处不同的需求。国际间这种相互依赖的深化与发展，是推进国家建筑市场发展的一个重要因素。

（二）国际直接投资的发展

国际直接投资，是指在国外直接开设各种企业或建立有当地资本、别国资本参加的合营企业的投资，但不包括证券投资和借贷资本的输出。国际间的直接投资意味着国际建设项目的增多。跨国公司在国外投资建厂，由于当地技术和能力的限制，或保护本国利益，一般委托本国承包公司，或本国承包公司与所在国承包公司联合承建，这也是推进国际建筑市场发展的重要因素之一。

（三）国际经济援助的发展

国际经济援助，是指一国政府及其所属机构或国际组织、或金融机构以及一些区域性、集团性的多边机构，出自各自的政治、军事、经济目的，向另一些国家或地区提供用于经济和社会发展方面的赠与、中期重息或低息贷款。国际经济援助大都规定，必须采取国际竞争性招标的方法实施，这对于活跃国际建筑市场起着不可忽视的作用。

（四）采取 BOT 方式实施建设的发展

BOT 方式为 Build-operate-transfey 的缩写，即建设—运营—转让。采取这种方式，由外国公司融通筹措资金或以股份制组建合资公司进行建设，项目建成后在合同规定期间进行经营，逐渐收回投资并获得利润，合同期满后移交当地政府（业主）。采取这种方式对所在国政府有以下好处：一是可以解决资金短缺问题，而且不形成债务；二是可以解决本国或本地区缺乏建设经营和管理能力等问题；三是不承担建设、经营中的风险。因此，这种 BOT 方式在许多发展中国家受到欢迎和采用，而这种 BOT 方式的推行，又促进了国际建筑市场的发展。

此外，国际建筑市场盛行的实物支付、延期付款、带资承包方式，有利于在业主资金短缺情况下促成国际工程承包，这也是直接影响国际建筑市场发展的一个因素。

四、发展国际工程承包对国民经济的作用

对外承包工程是对外经济贸易的一个重要方面，它属于劳务贸易，输出的是技术、管理等生产性劳务。在对外经济贸易中，相对商品贸易称为有形贸易而言，劳务贸易又称为无形贸易。对外经济贸易是联结国内外经济的桥梁和纽带，在发展国民经济中起到调节器的作用。劳务贸易和商品贸易是一个国家对外贸易的两个方面，都受到各国政府的重视。作为劳务贸易的对外承包工程，对国民经济的发展，具有以下的作用：

（一）增强国际经济合作，促进对外关系的发展

这是因为，国际承包工程多数是以完成东道国为开发经济开发土地、开发社会的建设项目为目标的。工程建成，可以为东道国的开发和建设作出贡献。国际承包工程的实施，是一项政治、经济、科学、技术、文化、学术各方面交织在一起的国际性交流活动，建成建筑物具有永久性，直接造福于当地社会，具有长远的影响，有利于增进对外关系的发展。国际承包工程还涉及各行业，与当地各界人士接触、交流，有利于建立友谊和学习外国的先进技术、经营管理经验，从事国际工程承包可以促进建筑企业提高技术和经营管理水平，为本国的科技进步和提高效益创造更好的条件。

（二）赚取外汇收入，有利于促进国际收支平衡

在国际建筑市场上各种生产要素价格是不均衡的，这就形成建设费用在各国之间的差异。当一国的建设费用低于国际建筑市场的建设费用水平时，必然会刺激这个国家国际承

包事业的发展，以追求更高的经济效益。从国际建筑市场发展的历史来看，不少善于开拓海外承包的国家，凭借着技术和管理的优势，较早进入国际建筑市场，对外承包工程，获得高额利润，赚取了可观的外汇收益，为平衡本国外汇收支，增强对外贸易的实力，促进本国经济的发展起了积极的作用。

（三）调节建筑力量，有助于建筑生产力的发展

在一个国家由于对产业结构的调整，建设需求的变动等原因，就可能造成建筑力量的不足或过剩。对于建筑生产力过剩，建筑供给大于本国建筑需求时，可以通过开拓国际工程承包事业，以缓解国内建筑企业任务不足，建筑生产力不能充分发展其效能的矛盾，以利于建筑供给与建筑需求的相对平衡，并通过国际承包工程，促进建筑生产力的发展。

（四）带动资金、劳务、材料和设备的输出，促进相关产业的发展

如前所述，国际承包工程，是一项综合性的输出。建筑国际承包工程所需资金额度较大，所需建筑材料、设备的费用在工程费用中占有相当大的比重，需用的劳动力也比较多，因而通过国际承包工程带动这些建筑生产要素的出口，从而扩大本国的出口贸易，促进相关产业的发展。通过国际工程承包，除可以获得承包工程的收益以外，还可以赚取带动出口物资的收益；通过劳务输出，既可以创汇增加劳动者的收入，又有助于缓解国内就业的矛盾。

第三节　国际建筑市场的运行

一、国际工程承包的营业注册和代理制度

（一）国际承包工程的注册登记

国际建筑市场与国内建筑市场一样，具有市场主体和客体。作为市场主体之一的国际工程承包商进入国际招标工程所在国开展业务，必须按该国的有关规定办理注册登记手续，领取营业执照，取得合法地位。在办理注册登记手续时，承包商应提供公司章程、经过公证的营业证书、公司在世界各地的分支机构、董事会成员名单、申请注册公司的名称和地址、公司董事会颁发的申请登记公司经理的委托书等文件资料。

在承包商进入国际招标工程所在国的营业注册中，一些国家和地区，都有一些特别的要求和规定。主要表现在以下几个方面：

1. 在登记的时间方面的规定

如海湾国家规定，需先注册登记方能开展经营业务；有的国家如叙利亚、伊拉克等国则规定可先投标，待中标有了经营业务后，在一定期限内办理营业注册登记手续。

2. 在经营范围方面的规定

有的国家对申请注册公司的经营范围分为公共工程和私人工程，公共工程只限于承揽由政府建设的工程项目，私人工程则只限于承揽私人建设的工程项目。有的国家又按工程性质、专业分类，每类又分为若干等级，视登记注册的公司的专长和能力发给相应的营业执照，限定其承揽工程的范围。印度尼西亚对工程承包公司分为A、B、C三类，各类又分为2~3个等级，分别规定各级承揽项目的地区和范围。

3. 在约束条件方面的规定

有的国家为了保护本国承包商的利益，对外国承包商有诸多限制，如科威特按当地法

律规定，外国承包商只允许分包工程或提供劳务，不允许总包工程；泰国、阿联酋规定外国承包商必须与当地公司或合伙人组成合营公司才能承包工程，并明确规定当地公司或合伙人至少要拥有不少于51%的股份；约旦法律规定，所有在约旦经营的承包商须加入约旦承包商协会，并规定必须雇用当地劳动力，外国承包商须向阿曼工业贸易部注册，凡参加承包非约旦资金资助的发展项目，必须同当地承包商组成合营企业才准许投标。印度尼西亚规定由政府资助项目不允许外国承包商承包，国际援助项目要求外国承包商必须同印度尼西亚承包商组成合营承包公司，在当地注册后方可参加投标和承包工程等等。因此，在对外承包工程中，了解所在国的有关法律规定，是很重要的。

（二）国际工程承包的代理制度

在国际工程承包中，有些国家（如阿联酋、科威特、沙特阿拉伯等国）规定，外国承包公司必须雇用代理人才能开展业务。代理人必须是具有所在国国籍的人，外国承包公司只有通过代理人才能在当地从事承包经济活动。代理人可以是自然人，也可以是某一公司，接受外国承包商委托，帮助承包人开展经营活动。代理人向委托人提供的服务主要有：

(1) 协助委托人参加资格预审和获得招标文件；

(2) 协助委托人办理出入境签证、劳务证、居住证、驾驶执照和办理物资进出口许可和海关手续；

(3) 在当地法律和规章制度方面提供咨询服务；

(4) 提供当地市场行情、招标信息，帮助委托人与当地主管部门及商界建立友好关系。

外国承包商雇用代理人要签订代理合同，规定双方的权利和义务，并向代理人支付代理费用。

二、国际工程承包的程序

国际工程承包，是通过国际公开或有选择性的招标投标来实现的。其程序和主要内容经长期的实践已逐渐规范化。按照国际惯例其程序可分为招标、投标、开标、评标、判标，签订承包合同、组织工程实施、验收付款，与国内工程的招标投标程序基本相同。

（一）国际工程招标

工程招标工作，是由项目业主方完成的。主要程序和内容是，发出招标通告或邀请，审查投标者的资格，发售招标文件，踏勘施工现场，开标、评标、判标并与中标单位签订承包合同。

1. 招标方式

招标方式又可分为公开招标和邀请招标。公开招标是通过新闻媒介刊登招标启事来进行的，是国际工程承包中常用的方式。邀请招标则是由招标者有选择地邀请有信誉、有实力的承包商进行投标；对军事、高科技和保密性强等的特殊工程，业主通常直接委托其信任的承包商直接报价，协商议标承包。

2. 制定招标文件

由工程发包单位（业主或招标委员会）将拟建工程的情况，有关工程的经济技术条件写成书面材料，供承包商了解工程情况和要求，决定是否投标。

3. 通过资格预审

业主对申请参与投标的承包商进行资格审查，审查通过的承包商才有投标权。审查承包商资格的主要内容包括：承包商所属国籍，公司章程和简介，资本，拥有的施工设备，公司的信誉、经历，近5年来的经营和承包类似工程情况以及主要管理人员和工程技术人员职务、资历等。承包商在申请资格预审时要提供有关资料。

（二）国际工程投标

承包商通过资格预审获得投标资格后，即可在规定时间购置标书和有关资料，进行投标的准备工作。主要内容是：进行业主资信、市场、施工现场调查；办理投标函；制定施工规划、计算与确定标价、编制标书，按照招标文件的要求，填写装封存标书，在规定时间内将标书送到业主指定的地点。

（三）开标、评标、判标

开标分为公开开标和秘密开标。公开开标是按规定的时间、地点，由招标机构当众开启全部标书，公布各投标人的报价，所有投标者都可以参加，秘密开标是不当众公开各投标人的报价，开标后转入幕后评标，由招标者组织评标小组对所有投标书进行逐一评审比较，然后选出符合招标条件要求和价格合理的承包公司，据以确定中标者。确定中标者后，招标者向中标者发出书面通知，并同时通知未中标者。中标的承包公司，按国际惯列向业主提交履约保证金，并与业主谈判签订承包合同。

（四）签订承包合同

签订工程承包合同的过程可分为"要约"和"承诺"两个阶段。"要约"是招标者以缔结工程承包合同为目的，通过标书明确提出合同的主要条款，向投标者表达意愿，以便对方考虑是否接受要约；承包工程中的招标即是"要约"，业主是要约人，投标者是受要约人。"承诺"是承包公司按要约人的规定的方式，通过投标对要约的内容表示同意的行为。因此，合同的主要条款在承包公司投标时就已作出承诺，发出中投通知后，业主和中标的承包公司，要进一步谈判，把双方达成的协议具体化或作出某些删改和增补，最后签订承包合同。

（五）组织工程实施

承包合同签订后，承包公司应立即进行施工准备，并根据监理工程师的开工令，及时进行工程施工。业主和承包公司均应严格遵守合同条款的要求和规定，认真履行各自承担的义务和责任。

（六）工程验收及付款

1. 工程验收

工程完工后，应即时办理工程竣工的验收手续。工程验收合格，监理工程师发给工程承包者竣工证书，工程交付业主使用。但承包人履行合同义务并未结束，在合同规定的维修保证期内，还担负有工程维修责任，在维修保证期满后，进行最终验收，验收合格，承包者获得最终验收证书，承包任务即告结束。

2. 工程款的支付

按照国际惯例，在业主与承包公司签订工程承包合同以后，按合同规定的期限，业主应付给承包公司一部分预付工程款，供承包公司订购材料和进行施工准备之用；工程开工后，按合同规定根据工程进度每月结算工程价款，在付款中按一定比例扣还工程预付款，并留一定比例的保留金，作为维修期内（一般为六个月至一年）工程维修费用。工程竣工后，业主要将承包者提交的履约保证金或保函退还承包者，在工程最终验收后，在规定期限内向承包者付清包括保留金在内的全部应付款。

三、国际工程承包合同

（一）国际工程合同的含义

国际经济合同，是指超越一国的领域，以承包工程为主要内容的经济合同，它属于涉外经济合同类型。

合同是一种法律行为，缔约双方当事人以法律为依据签订合同。合同一经签订，就在当事人之间产生了合同规定的权利和义务关系，并受到法律的制约。合同的订立必须合法，违反法律的合同是无效合同；合同的执行也不能违反法律，否则当事人要承担法律责任；合同双方必须履行合同，任何一方不履行合同或不完全履行合同，就要受到法律的制裁。

（二）国际工程承包合同的作用

在国际工程承包活动中，业主和承包商之间的关系，各自的权利和义务，是通过工程承包合同来确定的。在国际工程承包中，合同的作用主要表现为：

1. 工程承包合同是签订合同双方行为的准则

业主和承包商签订合同是一种法律行为，双方都应以合同为依据开展工作，认真履行合同的有关规定。合同对签约双方规定的权利和义务，是一种法律关系，受到有关缔约方国家法律（或国际惯例）的制约、保护和监督。合同一经签订，任何一方都无权擅自变动、修改，任何一方不履行或不完全履行合同，都要受到惩罚，承担由此而产生的损失。

2. 工程承包合同是解决签订合同双方争议的依据

签订合同双方在执行合同过程中如发生争议和纠纷，无论是双方自行协商解决，或由第三者调解、仲裁，都要以合同规定的条款内容为依据。

3. 工程合同对承包工程的成效有着决定性的作用

承包商承包工程的一切活动，都要以合同款规定的内容为依据，合同内容的规定是否合理，能否保护承包商的合法权益，承包条件是否苛刻以及双方履行合同的状况，对承包工程的成效起着决定性的作用。

（三）国际工程承包合同的鉴证和公证

合同的鉴证和公证，是一项十分重要的工作。合同经过鉴证或公证才具有双方必须执行合同的法律保证，一旦出现单方面撕毁或违背合同的规定，才有条件提出上诉迫使对方执行合同或赔偿损失。对合同的鉴证或公证，各国有不同的要求和规定，如有的国家规定，工程承包合同要经过有关主管部门进行行政监督予以鉴证，或经过司法部门进行法律监督予以公证，然后合同才具有法律效力。所以，合同的鉴证和公证应按所在国的规定办理。

（四）国际工程合同条款

1. 国际工程合同的通用条款

国际工程承包合同虽然有着多种多样的类型，但各类合同有其共同的通用条款，即常用条款，一般可分为：

（1）基本条款，包括合同文件、合同语言、通知条款、保密条款等基本内容；

（2）主要条款，包括工作范围、价格、支付条件、工期、劳务、施工机械和材料等内容；

（3）保证条款，包括保险、保函、误期罚款等内容；

（4）法律条款，包括适用法律、税捐、不可抗力、合同生效、终止合同、仲裁等内容；

（5）其他条款，包括场地勘察、临时工程、指定分包人、转包和分包、工程量计量方法、现场秩序、工程师及其代表出入现场等内容。其中，主要条款和保证条款所含的内容是合同的实质性内容，合同条款之间错综复杂的关系主要集中在这两部分条款内容之中，所以是签订合同双方都极为重视的条款。

2. 国际工程承包合同的国际化和标准化

国际工程承包合同的主要条款经过长期的实践，日益完善，严谨准确，趋向国际化、标准化。国际工程合同范本主要有：海牙"国际咨询工程师联合会"与"欧洲国际建筑与公共土木工程联合会"共同拟定的《土木建筑工程（国际）合同条件》（简称 FIDIC 合同），深得美国总承包商协会、美洲国家工业建筑联合会、亚洲西太平洋承包商国际联合会等的赞同，适用于世界各地；由"美国土木工程师协会"编写经"土木工程师学会"批准的《海外工程合同条件（土木建筑）》一般适用于英联邦和采用英国法律体制的国家及中东地区国家；此外，还有"美国建筑师协会"编写的《施工合同基本条款》等。有的国家在国际通用合同范本的基础上，结合本国情况进行修改后，作为自己的标准合同条件。合同条件通常分为一般条件和特殊条件两部分，一般条件适用于一般工程承包合同的基本条款，可以直接使用；特殊条件是针对具体工程的不同需要而设的条款，需经过合同谈判，双方结合工程要求和承诺专门拟定。

四、国际工程承包的法律适用与经济协调

（一）国际工程承包合同的法律适用原则

在签订国际工程承包合同时，要明确规定签订合同双方的权利、义务和适用的法律；在国际工程合同中均专门列有应遵守的法律条款和条例，如争端的解决、合同所适用的法律等具体条款，据此以保护双方的合法权益和从法律上保证合同的履行。这样就存在根据哪个国家的法律、或根据哪个国际条约或国标惯例来确定双方的权利和义务以及解决争端的法律适用问题。

国际工程承包合同的法律适用原则是：

1. 适用合同当事人选择的法律

即双方经协商一致，共同确认选择某国的法律作为保护主体权利、解决双方争执的依据。但是，选择适用法律不能违反主体国籍国的基本原则和本国的法律规定。

2. 适用与合同最密切联系国家的法律

由于法律的适用涉及各方主体的利益，因而国际上对"最密切联系原则"有不同的主张，较多国家认为劳动实施地国家同国际劳务合同有密切的联系，国际劳务合作的实施应采用劳动实施地国家的法律。

3. 适用东道国的法律

发展国际经济合作，要求国与国之间给予对方合作者以平等的民事权利（在法律上反映为国民待遇原则），即外国人同本国国民在享受权利和承担义务方面有同等地位。由于外国人在所在国取得的权利是依据所在国的法律赋予的，它符合国家主权原则，公平合理，所以为大多数国家所公认。国际工程承包，劳务合作等合同都在东道国境内履行，经济合作中适用东道国法律已成为普遍的适用原则。

4. 适用国际惯例或国际公约

根据法律适用原则应该适用某国法律，而该国实体法又无这方面的法律规定时，可以适用国际惯例或国际公约。

5. 我国涉外经济合同法对适用法律的规定

合同当事人可以选择处理合同争议所适用的法律，当事人没有选择的适用与合同有最密切联系的国家的法律。中国最高人民法院对"适用与合同有最密切联系的国家法律"的解释是：银行贷款或担保合同，适用贷款银行或担保银行所在地的法律；保险合同适用保险人营业所在地的法律；加工承揽合同，适用加工承揽人营业所在地的法律，工程承包合同，适用工程所在地的法律；劳务合同，适应劳务实施地的法律。在中国境内履行的涉外经济合同，中华人民共和国法律未作规定的，可以适用国际惯例。

(二) 国际工程合同执行中的经济协调

1. 经济协调的原因

在国际工程承包合同执行过程中，由于签订合同双方各自的经济利益不同，在合同分工中所处的地位不同，很可能会发生各种分歧和权益纠纷。因此需要通过经济协调来解决双方所出现的矛盾。在国际工程承包中，还可能出现由于业主方的原因，或自然条件变化以及社会环境变动，如地震、台风、洪水或战争、政变、罢工等原因，使承包商在工程实施中延误工期和承担额外的损失。承包商为了减少损失，就要通过合法途径和程序要求业主方承担其损失，即工程索赔。由于上述的原因，就需要在业主方和承包商之间建立经济协调，使合作得以继续和发展。

2. 经济协调的形式

经济协调要以签订的合同条款为依据和国际通用的方式来解决。经济协调的形式有以下几种：

(1) 协商、谈判：协商是指签订合同的双方当事人直接进行接触、磋商，在互谅互让和双方都可以接受的基础上达成合解协议。谈判是指发生争端的有关国家政府派出代表进行外交谈判，解决分歧和矛盾。

(2) 调解：签订合同双方当事人，在第三者参加主持下，进行斡旋和调停，协调当事人之间的意见，提出解决条件，以求达成解决争议的协议。调解争端的第三者不能对争议双方施加压力，调解协议完全取决于当事人的自愿。

(3) 仲裁：亦称"公断"，双方当事人根据有关规定和双方协议，通过仲裁组织按照仲裁程序，对所发生的争议在事实上作出判断，在权利义务上作出具有约束力的裁决。与调解不同，仲裁裁决的作出不以当事人的自愿为前提。

仲裁组织有专门的仲裁组织与仲裁程序。仲裁组织有两种形式：一种是"临时仲裁委员会"，由双方当事人根据仲裁协议，在一国法律规定或允许的范围内，各自选出仲裁委员组成；另一种是"常设仲裁机构"，是国际上专门从事仲裁业务的专业组织，它有自己的章程、仲裁程序、规则和仲裁人员，如国际商会仲裁院。采用仲裁法解决争端必须有双方当事人订立的书面协议，否则国际上各种仲裁组织不予受理。

(4) 司法诉讼：在双方争端中，任何一方当事人都有权向有管辖权的法院起诉。如属民事经济纠纷，可向东道国法院起诉；如国家之间的经济争议引起国家之间权利义务关系时，可向国际法院起诉。法院判决具有法律的约束力和强制性，无任何协调的余地。由于司法程序比较迟缓，所需费用较多，而且时间较长，又不利于保守商业秘密，因而在解决争端中很少采用。

在国际工程承包中双方发生争端时，在大多数情况下，都可以通过友好协商、调解的方式解决。只有各执己见无法达成妥协的，才会提交仲裁或诉诸法律。仲裁是国际上广泛采用的协调方式，较之诉讼有很多优点，如仲裁费用一般较低，处理问题比较及时，双方当事人在指定仲裁机构选择仲裁程序规则和指定仲裁员方面有较大的选择自由，而且仲裁一般是不公开的，有利于保守商业秘密。因此，当双方通过友好协商或调解仍不能解决分歧时，一般都提交仲裁机构解决分歧。

第四节 我国国际工程承包业的现状和前景

一、我国国际工程承包业的现状

我国建筑业走向国际工程承包市场，经历了由承担对外经济援助工程建设任务到实施国际工程承包的发展过程。从 50 年代中期开始，建筑业就承担了国家对外经济技术援助任务，通过各类项目的建设，促进了受援国的经济发展，增进了我国与一些国家的友好合作关系。同时，也为建筑进入国际工程承包市场奠定了基础。我国实行改革开放政策以后，从 1979 年开始，建筑业进入国际工程承包市场开展工程承包和劳务合作业务。由于国内经济的发展和国家的大力扶持，我国建筑业进入国际工程承包市场得到迅速的发展，对外承包工程的建筑企业日益发展壮大。

（一）对外承包工程的成交额、营业额逐年增长

1979 年我国进入国际工程承包市场的合同成交额为 5117 万美元，到 1994 年，国际承包额的合同成交额达到 60.27 亿美元，营业额为 48.77 亿美元，在外执行合作的劳务人员达 21.99 万人。我国国际承包历年的合同成交额和营业额见表 7-1。

我国国际承包历年成交额和营业额统计表（单位：万美元） 表 7-1

年度	合同成交额		营业额		年度	合同成交额		营业额	
	金额	与上年比(%)	金额	与上年比(%)		金额	与上年比(%)	金额	与上年比(%)
1979	5117				1987	174300		110322	
1980	18513				1988	217168		142966	
1981	50345		17017		1989	221241		168637	
1982	50673		34805		1990	260350		186741	
1983	92386		45152		1991	360900		197000	
1984	173749		62267		1992	658500		304900	
1985	126475		83484		1993	680000		450000	
1986	135888		97334		1994	602700		487700	

注：本表资料引自《建筑经济》1996 年 5 期，3~4 页，表 7-2、7-3。

（二）对外承包工程的建筑企业增多，部分企业跻身世界 225 家国际大承包公司的行列

据统计，截至 1992 年，我国开展对外工程承包经营的公司已发展到 211 家，其中包括 30 家有对外经营权的设计咨询公司。我国从 1984 年的 1 家到 1994 年发展到有 23 家承包工程企业进入国际 225 家最大承包公司的行列。它们的位次见表 7-2。

表 7-2 所列 23 家公司 1994 年的营业额为 30.07 亿美元；从 1994 年 225 家国际大承包公司所属国前 10 名国家排名比较见表 7-3。

（三）对外承包工程的地区范围逐渐扩大

我国进入世界 225 家大承包公司的位次表　　表 7-2

序号	公司名称	位次	序号	公司名称	位次
1	中国建筑工程总公司	42	13	中国广西国际经济技术合作公司	137
2	中国港湾建设总公司	58	14	中国四川国际经济技术合作公司	141
3	中国石油建设公司	69	15	中国海外工程总公司	143
4	中国土木工程公司	96	16	中国水利电力对外公司	151
5	中国冶金建设集团公司	101	17	中国江苏国际经济技术合作公司	159
6	中国路桥建设总公司	109	18	中国化学工程总公司	161
7	中国四川东方电力设备联合公司	120	19	中国有色金属工程对外工程公司	165
8	中国长城工程总公司	123	20	中国沈阳国际经济技术合作公司	174
9	中国上海国际经济技术合作公司	121	21	中国石化工程建设公司	181
10	中国辽宁国际经济技术合作公司	131	22	中国成达化学工程公司	186
11	中国武夷实业总公司	132	23	中国延边对外经济技术合作公司	215
12	中国福建国际经济技术合作公司	133			

1994 年世界 225 家大承包公司所属国前 10 名表　　表 7-3

国别	日本	美国	法国	英国	德国	意大利	荷兰	中国	韩国	希腊
承包公司数	27	52	9	12	17	21	5	23	9	1
国外合同成交额(亿美元)	190.95	148	116.1	114.1	101.7	75.4	33.0	30.07	26.9	11
排名	1	2	3	4	5	6	7	8	9	10

我国最初进入的是当时国际承包市场最活跃的中东市场和港澳地区，并利用经援的有利基础扩展到非洲许多国家。进入 80 年代，由于亚太地区政局稳定，经济稳定增长，国际直接投资不断增加，国际承包市场随之兴盛，我国国际承包公司逐步将经营重点转向亚洲，积极开拓周边国家的国际承包市场。至 1992 年我国开展对外承包经营的地区已扩展到世界的 169 个国家和地区，在境外设立的驻外经营机构达 160 多个，形成了以亚洲为重点的全方位开拓的格局，我国在国际工程承包市场中的影响日益扩大。

（四）对外承包工程的业务范围逐渐扩展

我国的国际承包业务，由初期的提供劳务、分包工程，发展到总包和"交钥匙"一揽子总包技术性较强的成套项目，大型工程建设项目，组织多家外国公司在同一项目上合作，对项目的设计、施工、设备选购直至试生产全面负责，逐渐向高层次、高技术的大型项目发展。

在承包发展对外经营中，我国对外承包企业采取承包工程与房地产开发相结合，建设工程与成套设备输出相结合，建筑施工与勘察设计相结合，它能对外提供咨询、勘察、设计、施工、安装、维修、培训、管理一系列的服务。经营领域已扩大到建筑、园林、冶金、港口、公路、电力、通讯、机械、石油、化工、水利、煤炭、林业、纺织、轻工、建材乃至核电站等行业的工程承包和劳务合作。

通过国际工程承包业务的发展，不仅为国家和企业增加了外汇收入，同时带动了民航、外贸、海运、保险和银行等相关行业业务的发展；而且，使我国的国际工程承包企业的技术水平，经营管理能力，经济实力都得到提高和增强，为我国的对外承包工程事业的发展奠定了基础。

二、我国国际工程承包的发展前景

我国的国际工程承包业务虽然有很大发展,但与发达国家相比,还存在较大的差距。1994年我国列世界大承包企业的23家公司,对外合同额为30.07亿元,仅占当年225家世界大承包企业合同成交总额的3.55%。这说明我国国际承包公司的规模较小,实力还不够强,在国际工程承包市场中的占有额还不高,创汇也还不多,通过国际工程承包带动建筑材料、设备的出口额也还较少,等等。这就表明,随着国际贸易和我国经济的进一步发展,必须相应发展我国的国际工程承包业务,积极开拓国际承包市场,扩大国际工程承包市场的占有额。而我国建筑业已有一定的物质技术基础,有着丰富的劳动力资源,已积累了一定的管理经验,发展国际工程业务存在着较大的潜力,随着改革开放的深入和发展,国家的大力扶植,吸取国际先进经验,我国发展国际工程承包业务有着广阔的前景。

国际工程承包业务的发展,必然要受市场发展变化的制约,因此,必须正确分析市场的变化和发展趋势,扬长避短,提高应变能力,及时调整经营战略,切实而又合理地进行经营布局,逐步扩大国际工程承包的地区范围;切实加强对外承包公司的建设,培养对外承包工程所需的各类人才,提高企业的技术和经营管理水平,加快由"窗口型"向窗口型与经营管理型相结合的经济实体的发展,加强对外承包公司的联合,组建企业集团,发挥管理、技术、人才和资金的联合,组建企业集团,发挥管理、技术、人才和资金的整体优势,增强在国际工程承包市场上的竞争力;在经营结构上,坚持一业为主,多种经营,加快向实业化、集团化和国际化目标发展,走工贸技相结合,对外承包工程与兴办实业相结合,对外工程承包与海外投资相结合的道路,大力开展咨询设计业务,扩大劳务输出,积极慎重地发展房地产开发,通过国际工程承包带动物资和技术的出口,进一步增强创汇能力,不断提高国际承包事业的综合效益。

本 章 小 结

1. 国际建筑市场是国际市场的组成部分。因此,首先应对国际市场的一般知识有所了解。国际市场是国内市场的延伸,它是按国际社会分工的原理而形成的世界性市场。国际市场与国内市场相比,具有范围广阔,市场容量大;结构复杂,竞争激烈;价格多变,风险大;从垂直贸易向水平贸易发展等特点。国际市场是一个重要的世界经济调节器,它在一定程度上起着补偿和协调世界各国经济发展的作用。国际市场活动的内容包括国际贸易和国际收支两大部分。在国际市场活动中,国际市场价格是国际市场价值的具体体现,它决定于生产某种商品所耗费的国际必要劳动时间;在国际市场上,商品的价格和价值同样受价值规律的支配。外汇是外国货币的简称,它既是国际结算的支付手段,又是国际通用的信用工具。

2. 国际建筑市场,是在国际上以建筑劳务合作和工程承包所形成的经济关系总和。国际建筑市场的形成,是国际经济合作,国际市场发展的必然要求。国际建筑市场以跨国承包工程为基本形式,具有广泛的国际性、很强的专业技术性、输出的综合性、极大的风险性等特点。国际经济的相互依赖,国际直接投资和经济援助的发展,实施建设—运营—转让方式是促进国际建筑市场的发展的主要因素。发展国际工程承包,对于增强国际经济合作,赚取外汇,促进国际收支平衡,调节建筑力量,促进与国际工程承包相关产业的发展都有着重要的作用。

3. 国际工程承包商进入国际招标工程开展业务，必须按该国的规定办理注册登记手续和雇用代理人。国际工程的承包程序，可分为招标、投标、开标、评标、判标、签订合同、组织工程实施、验收付款等，与国内的招标投标程序基本相同。签订国际工程承包合同，是国际工程承包中的一个很重要的工作，必须十分重视；应注意法律适用原则，正确运用执行合同中所遇矛盾的经济协调形式。

4. 我国建筑业走向国际工程承包市场，经历了由承担对外经援工程建设任务到实施工程承包的发展过程。从1979年开始，我国建筑业进入国际工程承包市场，进行工程承包和劳务合作，业务逐年发展，取得很大成绩。但是，与发达国家相比，差距很大，在国际建筑市场中所占的份额较小。随着我国社会经济的发展，建筑业的壮大，我国建筑业在国际建筑市场上，将有着广阔的发展前景。

复习思考题

1. 什么是国际市场？它具有哪些特点？
2. 国际市场活动包括哪些内容？国际市场具有哪些作用？
3. 什么是国际建筑市场？国际建筑市场活动包括哪些主要内容？
4. 国际建筑市场具有哪些特点？促进国际建筑市场发展的因素是什么？
5. 发展国际工程承包对国民经济有哪些作用？
6. 在国际工程承包的营业注册和实行代理制度中应注意哪些问题？
7. 国际工程承包的程序和基本内容是什么？
8. 国际工程承包合同具有哪些作用？国际工程承包合同包括哪些基本内容？
9. 国际工程承包合同的法律适用原则包括哪些内容？
10. 解决国际工程承包合同执行中的矛盾，有哪几种经济协调形式？如何正确运用这些形式？

第八章 建筑业的经济效益

第一节 经济效益概述

一、经济效益的概念

(一) 经济效益的含义

建筑业是国民经济中为社会提供建筑产品的物质生产部门。建筑业在建造建筑产品的经济活动过程中，必然要讲求经济效益。所谓经济效益，是指人类经济活动中劳动占用和劳动耗费量与劳动成果之间的比较，即投入与产出的经济比较。

1. 劳动占用量

劳动占用量是指经济活动过程中所占用的经过人类劳动加工过的物质资源（一般称为物化劳动）量，包括厂房、机器设备以及生产正常进行所必须的原材料和储备等。占用一定的物质资源，是保证经济活动正常进行必不可少的条件。尽可能地节约劳动占用，是任何社会评价经济效益的共同要求。劳动占用不包括活劳动占用，活劳动是无法占用的，所占用的是劳动力。劳动者的劳动能力一经使用，就全部表现为劳动消耗，而不像物化劳动那样，可以一部分转化为劳动消耗，一部分表现为继续占用。所以考察劳动占用的经济效益，仅是物化劳动占用，而不包括劳动力的占用。

2. 劳动耗费量

劳动耗费量是指在经济活动过程中所消耗的活劳动和物化劳动量。它是任何社会中评价经济效益不可缺少的一个基本内容。活劳动是指劳动者在物质资料生产过程中脑力和体力耗费。在生产过程中，只有通过劳动者的劳动，才能使过去劳动所创造的使用价值，改变成符合人们需要的、另一种形式的使用价值。物化劳动是指凝结在生产资料中，体现为劳动产品的人类劳动。劳动者借助于劳动资料进行劳动，使劳动的对象发生预定的变化，生产出新的使用价值（产品）。因此，全面评价经济效益必须包括这两个方面。

(二) 经济效益的表现方式

经济效益可以有多种表示方式。通过劳动占用量和劳动成果的比较，可以表示劳动占用的经济效益，通过劳动耗费量和劳动成果的比较，可以表示劳动耗费的经济效益。劳动耗费又可划分为活劳动耗费和物化劳动耗费。因此，又可以通过活劳动耗费量和劳动成果的比较表示活劳动耗费的经济效益；通过物化劳动耗费量和劳动成果的比较，表示物化劳动耗费的经济效益。通过物化劳动耗费和活劳动耗费的总和和劳动成果的比较便可以表示全部劳动耗费的经济效益。

在商品经济条件下，劳动占用、劳动耗费和劳动成果的比较，主要是通过价值形式来表示的，即通常所说的费用与收入的比较，或者所需所得的比较。如具体表现为资金占用量同收入进行比较；资金耗费量同收入进行比较；工资同收入进行比较；成本同收入进行比较，等等。

通过上述一系列的比较，就可以考察经济活动的经济效益如何。从根本上说，生产同样数量和质量的产品，占用劳动和耗费劳动少，经济效益就大；占用劳动和耗费劳动多，经济效益就小。或者说，占用和耗费同样劳动，劳动成果多、质量好，经济效益就大；劳动成果少、质量差，经济效益就小。同一项生产或工程建设占用劳动和耗费劳动量的多少成反比，同劳动成果多少成正比。

二、经济效益的属性

经济效益具有自然的和社会的双重属性。

1. 经济效益的自然属性

经济效益的自然属性是从生产的物质内容的角度来考察其经济效益，它所反映的是人与物的关系及生产技术的发展应用水平，如劳动生产率、物资消耗率、设备利用率等等，它们在各个社会形态之间是可比的，并成为衡量其生产发展水平的最重要的标准之一。

2. 经济效益的社会属性

经济效益的社会属性，是从生产关系的角度来考察经济效益，它反映的是人与人之间的经济关系，是以不同的社会生产目的及其实现程度为评价标准的。它在不同的社会形态之间是不可比的。社会主义经济效益的核心，是用尽可能少的劳动占用和劳动耗费，生产出尽可能多的符合社会需要的产品。这是社会主义生产关系和生产目的的本质要求。社会主义的生产目的要靠不断提高经济效益来实现，而经济效益又要通过是否符合社会主义的生产目的来检验。所以，社会主义的生产目的和社会主义的经济效益之间是统一的、不可分割的关系。

三、微观经济效益与宏观经济效益

（一）考察经济效益的层次

经济效益可以从不同的层次来考察。从社会的总体来看，经济效益可从宏观经济效益和微观经济效益两个层次来考察；从国民经济总体考察的经济效益，称为宏观经济效益。从单个企业单位来考察经济效益，称为微观经济效益。

（二）微观经济效益与宏观经济效益的关系

微观经济效益和宏观经济效益之间有着紧密的联系。宏观经济效益来源于微观经济效益，可见，微观经济效益是宏观经济效益的基础，微观经济效益如何，直接影响宏观经济效益。

在社会主义市场经济条件下，微观经济效益、宏观经济效益之间存在既一致又矛盾的关系。

在市场经济条件下，企业是一个利益主体，其生产目的就是在遵守政策法规的前提下，追求盈利的最大化。服从于这一生产目的，衡量企业经济效益高低的主要指标就是盈利。在价格体系合理、企业竞争公平、充分等外部经济条件具备的前提下，企业盈利愈多，表明其经济效益愈好；反之则差。因此一切提高盈利的措施，同时也就是提高企业经济效益的措施。企业作为商品生产者的这种行为，从全社会范围来看，必将会使资源的配置效率和利用效率达到优化状态，它既提高了微观经济效益即企业经济效益，也增进了宏观经济效益。所以，微观经济效益是宏观经济效益赖以提高的基础和前提，它们从根本上说是一致的。

但是，还必须指出，在企业从自身利益出发去追求盈利的过程中，难免会同宏观经济效益的提高发生一定的矛盾。因为单纯从企业的角度来看，从事某项经济活动可能会取得较好的经济效益，但从全局的范围来看，这种微观效益的获得可能恰恰是以宏观效益的损害为代价的。因此，国家应制定出相应的政策法规，以规范企业的行为，并坚决贯彻执行，以保证宏观经济效益的提高。从企业来说，当微观经济效益同宏观经济效益发生矛盾时，应当坚决服务宏观效益，只有这样，才能保证社会主义经济健康的发展。

总之，企业的经济效益和宏观经济效益之间的关系是既一致又矛盾的关系。一方面宏观经济效益来源于微观经济效益，但它又高于微观经济效益；另一方面，微观经济效益的提高应当以宏观经济效益的提高为前提，并受其指导和制约。

四、经济核算

（一）经济核算的含义

为了反映和考核经济效益，促进经济效益的提高，必须借助于考核经济效益的指标，实行严密的经济核算。所谓经济核算，是指通过记录、计算和对比活动，对经济活动中的劳动占用与耗费和劳动成果进行全面的考核、分析和监督，以降低劳动占用与耗费，提高经济效益的行为和过程。它是对经济活动进行管理的一种重要手段，生产社会化程度越高，社会越是发展，经济核算越是重要。

（二）经济核算指标

为了考核评价经济效益，必须制定相应的核算指标体系，完整地反映劳动占用、劳动耗费和劳动成果，并通过各种对比，反映经济效益的状况。

在商品经济条件下，以实物量指标为基础，广泛采用价值形式的指标，反映经济活动的各个方面和过程。经济核算指标体系，可以分为综合指标和局部指标，数量指标和质量指标；相对数量（单位数量）指标和绝对数量指标（总数量）等。经济核算指标，全面地反映了劳动成果方面的实物和货币指标，反映劳动占用和耗费方面的实物和货币指标以及综合反映经济效益的指标。

（三）经济核算的方法

经济核算的方法主要有会计核算、统计核算和业务核算。

1. 会计核算

是指主要采用货币形式，运用一整套有组织有系统的会计方法，对过程进行核算和监督，以提供经济信息并对经济活动进行控制的工作。

2. 统计核算

是指对经济活动的客观状况，运用统计方法观察、分析它们之间的数量关系，并从中发现经济活动的规律性的一项工作。

3. 业务核算

是指企业单位内部，对具体的经济业务情况进行的一种单一的具体核算方法。它不仅可以对已发生的经济活动进行具体的核算，并为会计核算、统计核算提供资料，而且还可以对尚未发生或正在发生的经济活动进行预测、分析，因而也具有重要意义。

上述的会计核算，统计核算和业务核算，构成完整的经济核算体系，它们互为联系全面地反映经济活动及其经济效益的状况，为加强经济管理工作，促进提高经济效益有着重要作用。

经济核算，按其核算的范围，有宏观的国民经济核算和微观的企业单位的经济核算；国民经济核算体系，用以全面、概括地反映全社会经济活动及其效益的状况；企业单位的经济核算，用以反映和控制企业单位具体的经济活动和获得经济效益的状况，并为国民经济的综合核算提供资料；在企业单位内部，根据管理工作的需要，实行分级的，全面的经济核算，其最终目的都在于提高企业单位的经济效益。

五、评价经济效益的原则

对经济效益进行评价，应遵循以下的基础原则：

（一）客观性原则

对经济效益的评价必须坚持实事求是，只有这样，才能对经济效益的状况作出客观的正确的评价；才能使经济效益的评价发挥其应有的作用，即通过对经济效益的评价，对现实经济活动所获得的效益作出客观的反映，总结获得经济效益的成就和经验，又从评价中发现差距，进而寻求进一步提高经济效益的途径。在实际工作中，经济效益的评价是通过经济活动分析工作来进行的。评价经济效益，要以一系列的经济指标为依据，客观地评价经济效益，就要求各项反映经济效益的指标符合以下的基本要求：

1. 真实性

评价经济效益的各项经济指标，必须如实反映经济活动的实际情况，必须内涵清晰、数值准确、真实可靠。只有以真实、准确的经济指标数据为依据来评价经济效益，才可能得出符合客观经济活动情况的正确结论，否则，经济效益评价也就失去了应有的作用。

2. 可比性

经济效益是通过一系列相关的经济指标的比较来反映的。这就要求各项反映经济效益的指标既要具有关联性，又要具有可比性。如经济指标数值的口径、内涵、计算方法不同，当然也就不能比较。同时，在评价经济效益时，还应注意形成经济效益的条件的比较。

（二）全面性原则

对经济效益的评价，必须坚持科学的态度和辩证地、全面地观察问题的原则。所谓科学的态度，就是要以实事求是的精神和运用科学的方法来评价经济效益。所谓辩证地、全面地评价经济效益，就是指既要看到获得经济效益的成果，又要分析获得经济效益的手段和途径；既要看到提高经济效益的成绩，又要看到存在的问题和提高经济效益的潜力；既要看到微观所获得的经济效益，又要看到是否符合提高宏观经济效益的要求；既要看到当前所获得的经济效益，又要看到对长远提高经济效益的影响；既要看到当前经济效益的状况，又要看到未来经济效益可能变动的趋势，等等。当然，在评价经济效益时，应根据经济管理工作的要求，突出重点，分析考察影响提高经济效益的主要方面和主要问题。但是，从各个不同的侧面对经济效益进行全面的考察并作出相应的评价，对于促进改进经济管理工作，提高经济效益无疑是必要的，有益的。

第二节 考核建筑业经济效益的指标

一、考核建筑业经济效益的综合指标

建筑业的经济效益如何，要通过一系列的经济指标来综合反映。

（一）反映生产成果的综合指标

建筑业是从事建筑产品生产的物质生产部门，通过施工生产活动，完成建筑产品的建造任务，为社会创造了物质财富。建筑业的生产成果，可以分别从价值形式和实物形式两个方面来表示，它们主要表现为：

1. 建筑业总产值

建筑业总产值是指建筑业在一定时期所完成的，以货币表现的生产总量。它是反映建筑业全部活动的规模、水平和成果的综合性指标。建筑业总产值包括以建筑工程产值、设备安装工程产值、房屋构筑大修理产值、现场非标准制造产值等为主要内容的施工产值，附属生产（对外部销售）的产值，勘察设计产值等。

2. 房屋竣工面积

房屋建筑是建筑生产的主要最终产品之一。由于各种房屋建筑物的造型不同，面积大小不一样，所以不能用房屋建筑物的幢数来表示建筑产品的数量，而是将竣工的房屋建筑物的面积作为反映建筑产品实物产量的计算单位。房屋竣工面积指标，反映一定时期内建筑业通过施工生产活动，为社会提供的、能满足生产和生活需要的房屋建筑面积的数量。它是反映建筑业生产成果的一项重要指标，也可用来说明投资效果。

3. 工程质量优良品率

工程质量一般分为"合格"和"优良"两级。合格品是指工程质量符合建筑安装工程检验评定标准的建筑产品；优良品是指工程在合格的基础上，质量达到规定的优良标准的建筑产品。工程质量优良品率，是指经验收鉴定的合格品（单位工程个数或面积）中，评定为优良品的单位工程个数或面积所占的比例。

（二）反映建筑业增加值的指标

建筑业增加值，是指建筑业在一定时期的经济活动过程中所创造的价值和固定资产的转移价值（折旧）。

建筑业增加值指标的内容包括：固定资产折旧、应付工资、应付福利费、税金及附加（包括工程结算税金、管理费用中的税金）工程结算利润等。

建筑业增加值是反映建筑业经济活动总量的一个重要的综合性经济指标。通过建筑业增加值与国内生产总值相比的百分数，可以看出建筑业在国内生产总额中所占的比重，它在一定意义上说明了建筑业在国民经济中所占的地位；通过建筑业增加值扣除折旧部分后的构成，可以看出建筑业在一定时期建筑业增加价值的分配情况。

（三）反映建筑业收益的利润指标

建筑业的利润总额，是指所含各类企业的收入与费用配比相抵后的余额之和（如收入不足以抵补费用，则为亏损）。

建筑业的利润总额扣除所得税后的余额，即形成建筑业的净利润（或净收益）。

建筑业的利润总额是所含各类企业利润的总和。而企业的利润则由营业利润（工程结算利润或产品销售利润）、投资净收益和营业外收支净额三个基本部分构成。企业在生产经营活动中所获得收入越多，所发生的费用相对越少，形成的利润也就越多，反之，形成的利润则小，甚至亏损。利润指标在很大程度上反映了企业的生产规模，生产能力和效率以及经营管理水平。所以，利润指标既是考核企业经济效益的综合性指标，也是反映建筑业总体效益的一个重要指标。

考察建筑业的收益和对社会的贡献，还可以借助于利税总额指标来反映。

（四）反映生产效率的全员劳动生产率指标

劳动生产率是指劳动者在生产中的效率。建筑业的劳动生产率，是指在一定时间内建筑劳动者与所生产的产品数量的比值，它以每一劳动者平均在单位时间内所完成的产值或产量来表示。在投入劳动力相同的情况下，生产的产品数量越多，劳动生产率就越高，反之，则低。可见，劳动生产率反映了劳动者在一定时间内生产产品数量的能力，它是考核建筑业经济效益的重要指标之一。不断提高劳动生产，创造出更多的社会需要的建筑产品，对于加速社会主义现代化建设，增强国民经济的实力，改善人民的物质文化生活，具有重要意义，同时，也是建筑业提高经济效益的重要途径。

建筑业常用的全员劳动生产率指标，有按总产值计算的全员劳动生产率（元/人）和按增加值计算的全员劳动生产率（元/人）两种形式；在建筑企业，可分别按全员、建筑安装工人计算劳动生产率，除按总产值计算劳动生产率外，还可以按房屋建筑竣工面积或其他建筑产品量等实物量反映劳动生产率。

（五）反映经济效益水平的利润率指标

利润率是指利润总额与总产值、占用资金、成本或工资之比，以分别从不同的方面，表示利润水平的比率。

利润总额指标，是用绝对数额来表示一定时期所获利润的总量，对考察建筑业的经济效益是必要的。但是，仅用利润额来考察经济效益又是不够的，有一定局限性。因为不同产业部门、不同企业或不同的时期，由于生产规模或基础条件不同，利润总额的大小，并不能全面反映利润水平的高低，以致缺乏可比性。所以，在采用利润总额指标的同时，还必须借助于利润率相对数指标来考核建筑业或建筑企业的利润水平。利润率和利润额指标相辅相成，互为补充，就能比较全面地反映和考核建筑业或建筑企业的经济效益，所以，利润率是反映经济效率的一个重要指标。

利润率有以下几种表现形式：

1. 产值利润率

产值利润率是指建筑业（或建筑企业）在一定时期实现的利润总额与完成的总产值（或施工产值）之间的比率。它反映每百元产值提供利润的情况，综合表现所耗费的物化劳动与活劳动两者的经济效益，它通常被用来分析判断经济效益的高低，所以产值利润率是反映建筑业经济效益的一个重要的综合性指标。

2. 资金利润率

资金利润率是指建筑业（或建筑企业）在一定时期实现的利润总额与所占用的资金总额（包括固定资金和流动资金）之间的比率。它比较集中地反映了所占用的资金的利润效果，因而也是反映建筑业和企业经济效益的重要指标之一。

3. 人均利润率

人均利润率是指建筑业（或建筑企业）在一定时期实现的利润总额与职工平均人数的比率。借助人均利润率指标，可以反映每一职工平均创利多少。

（六）反映综合效益的产值利税率指标

产值利税率，是指利润总额和流转税之和与完成总产值之间的比率。利税总额是建筑业在一定时期创造的剩余产品价值的货币表现。它综合地反映了建筑业的经济效益。由于企业实现利税中的流转税全部上交国家，国家除对企业实现的利润额依法征收所得税外，还作为国有企业所有者参与税后利润分配，而且不同行业、不同产品的流转税率往往有较大的差别，因此，产值税利率既能反映行业或企业的产值收益水平，又能在一定程度上反映行业或企业对国家的贡献程度。产值利税越高，行业或企业产值收益水平越高，对国家所作贡献越大，反之则情况相反。

反映建筑业经济效益上述各项指标的数值，来源于建筑业所含各类企业有关指标数值的综合，汇总计算；通过对各项经济指标的分析、对比，对建筑业的经济效益状况作出应有的评价。建筑业城镇以上建筑企业1994年主要经济指标见表8-1。

城镇以上建筑企业1994年主要经济指标　　　　表8-1

指标名称	合计	其中					
		国有经济	城镇集体经济	联营经济	股份制经济	外商投资经济	港、澳、台投资经济	其他经济
施工企业单位个数(个)	23315.00	7251.00	15196.00	75.00	199.00	267.00	268.00	11.00
从业人员年平均人数(万人)	1445.85	818.16	601.93	2.04	15.61	3.84	3.79	0.04
固定资产原值(亿元)	1354.79	1020.87	310.90	1.78	13.82	3.98	3.00	0.04
总产值(亿元)	4653.32	3033.66	1519.45	6.92	50.98	18.20	23.24	0.07
增加值(亿元)	1322.11	905.24	389.68	1.93	14.61	4.99	5.36	0.04
其中：固定资产折旧(亿元)	82.56	63.94	17.19	0.10	0.79	0.29	0.22	
应付工资(亿元)	596.87	382.96	202.48	1.03	6.23	1.81	2.21	0.02
应付福利费(亿元)	61.94	42.65	18.34	0.06	0.52	0.17	0.18	—
工程结算税金及附加(亿元)	125.55	79.32	43.51	0.18	1.34	0.51	0.65	—
管理费中的税金(亿元)	10.20	5.70	4.27	0.01	0.16	0.03	0.02	—
工程结算利润	401.07	290.08	100.92	0.55	5.24	2.16	2.06	0.01
竣工面积(万平方米)	32383.30	14142.97	17674.00	38.19	394.79	58.62	67.50	0.59
工程质量优良品率(%)	31.10	42.20	22.72	10.05	29.53	18.27	20.16	
利润总额(亿元)	72.52	34.66	33.79	0.18	2.61	0.70	0.59	—
利税总额(亿元)	208.27	119.68	81.58	0.37	4.11	1.24	1.26	
全员劳动生产率：按总产值计算(元/人)	32183.96	37079.17	25242.83	33893.63	32659.93	47376.44	61328.46	15494.06
按增加值计算(元/人)	9144.19	11064.36	6473.86	9467.90	9357.41	12987.09	14139.87	10102.14
房屋建筑面积竣工率(%)	41.50	35.85	47.76	30.62	36.27	36.77	35.46	96.75
产值利润率(%)	1.56	1.14	2.22	2.62	5.11	3.82	2.53	4.05
产值利税率(%)	4.48	3.95	5.37	5.38	8.07	6.79	5.42	7.54

注：本表资料摘自1995年《中国建筑业年鉴》548页，中国建筑工业出版社出版。

二、考核建筑企业经济效益的指标

建筑业所含的各类建筑企业，是实行独立核算，自主经营、自负盈亏有其自身经济利益的经济实体。企业在生产经营活动过程中，必须实行严格的经济核算，计算生产成果、生产耗费和劳动占用。为了考核企业的生产经营成果，加强企业的各项管理工作，促进提高企业的经济效益，除计算上述的总产值、房屋竣工面积、工程质量优良品率、利润额、全员劳动生产率、产值利润率、产值税利率等指标外，还结合企业生产经营的特点和加强管理工作的需要，设置若干经济指标，全面考核企业的经济效益。

考核建筑企业经济效益的指标主要有：

（一）反映企业盈利水平的销售利润率指标

销售利润率，是指企业实现的利润总额与销售净收入之间的比率。计算公式如下：

$$销售利润率 = \frac{利润总额}{产品销售净收入}$$

上列销售利润率的数值表明1元净收入所获得的收益。产品销售净收入，表示企业一定期间的生产经营活动所完成（取得）的业务成果。它既可当作取得利润的前提，又是形成利润的来源，因此将两者加以对比，可以如实反映其盈利水平的高低。销售利润率越高，营业收入的盈利水平越高，企业的获利能力也就越强；反之，则情况相反。

（二）反映投资盈利水平的总资产报酬率指标

总资产报酬率，是指利润总额加上利息支出与平均资产总额之间的比率，用以衡量企业运用全部经济资源获利的能力。其计算公式如下：

$$总资产报酬收率 = \frac{利润总额 + 利息支出}{平均资产总额}$$

投入企业的经济资源，表现为企业持有的资产。它是企业开展生产经济活动获得利润的物质条件。资产与利润的对比关系，反映了投资的盈利水平。总资产报酬率，是反映投入与产出，所用与所得对比关系的一项经济效益指标，总资产报酬率越高，投资盈利水平越高，反之，则情况相反。这项指标对评价企业的综合经济效益和进行投资决策，都具有十分重要的作用。

（三）反映投入资本效益水平的资本收益率指标

资本收益率，是指净利润与实收资本之间的比率。它是用以衡量企业运用所有者投入资本获取收益的能力。其计算公式如下：

$$资本收益率 = \frac{净利润额}{实收资本}$$

上列资本收益率表明，所有者投入企业的资本每1元所取得的利润额。资本收益率越高，所有者投入资本所取得的利润就越多，投资效益水平也就越高，企业获利能力相应地越强，反之，则情况相反。

（四）反映企业对社会所作贡献的社会贡献率指标

社会贡献率，是指企业社会贡献总额与平均资产总额之间的比率。它用以衡量企业运用全部资产为国家或社会创造或支付价值的能力。其计算公式如下：

$$社会贡献率 = \frac{企业社会贡献总额}{平均资产总额}$$

上式中，企业社会贡献总额是指企业为国家或社会创造或支付的价值总额，包括工资（含奖金、津贴等等工资性收入），劳保退休统筹及其他社会福利支出，利息支出净额，应交营业税金（增值税、营业税等）及附加，应交所得税、其他税收、净利润等。

社会贡献率越高，说明企业为国家或社会创造或支付的价值越多，对社会所作的贡献程度越大，反之，则情况相反。

（五）反映企业上交国家财政水平的社会积累率指标

社会积累率，是指企业上交国家财政总额与企业社会贡献总额之间的比率。它用以衡量企业社会贡献总额中用于上交国家财政部分的比重。其计算公式如下：

$$社会积累率 = \frac{上交国家财政总额}{企业社会贡献总额}$$

上式中，上交国家财政总额包括应交营业税金（增值税、营业税等）及附加应交所得税，其他税收等。

上述的社会贡献率和社会积累率，从企业的经济效益和社会效益两个方面综合反映企业对国家或社会的贡献水平。

（六）反映企业短期偿债能力的流动比率指标

流动比率，是指企业流动资产总额与流动负债总额之间的比率。它用以衡量企业在某一时期偿还即将到期债务的能力，因此又称短期偿债能力比率。其计算公式如下：

$$流动比率 = \frac{流动资产}{流动负债}$$

流动比率可衡量企业流动资产在流动负债到期以前可以变为现金用于偿还流动负债的支付能力。该比率越高，偿债能力就越强。必须指出，流动比率必须超过100%并保持在一个较大的幅度上，以保证企业在流动资产清偿流动负债之后有余力去应付日常经营活动中的其他资金需要。但是如果流动比率过高，则意味着企业资金过多地滞留在持有的流动资产上，从而会影响企业生产经营过程中的资产运用效率的提高，也势必影响企业的获利能力。

（七）反映企业存货资产周转速度的存货周转率指标

存货周转率，是指企业在一定期间的销货成本与平均存货成本之间的比率。它用以衡量企业的销售能力和存货周转速度，以及反映企业购、产、销平衡情况的一项指标，其基本计算公式如下：

$$存货周转率 = \frac{销货成本}{平均存货成本}$$

上式计算的存货周转率表示企业在一年中平均持有的存货的周转次数。存货周转率也可以用周转天数来反映。存货周转天数是指存货每完成一次周转所需要的天数，其计算公式如下：

$$存货周转天数 = \frac{计算期天数}{存货周转率(次数)} = \frac{平均存货成本}{销货成本} \times 计算期天数$$

存货周转次数越多（周转天数越少）即存货周转速度越快，表示企业购、产、销较为平衡，存货利润效率越高，存货变现能力越强；反之，则表示企业购、产、销不够平衡，存货利用效率低，存货变现能力差。因此，存货周转率是用来衡量企业生产与销售能力强弱，存货是否适度，存货管理效率高低的一项指标。

（八）反映企业应收帐款变现速度的应收帐款周转率指标

应收帐款周转率也称收帐比率，是反映企业一定期间内应收帐款转为现金的速度的一项指标。其计算公式如下：

$$应收帐款周转率 = \frac{销售净收入}{平均应收帐款余额}$$

以上应收帐款周转率表示年度内应收帐款转为现金的平均次数。如果应收帐款周转次数越多，企业收回帐款的速度就越快，坏帐损失越小，偿债能力越强。因此，这项指标可用来衡量应收帐款的变现速度和企业收帐的效率。

（九）反映企业负债水平的资产负债率指标

资产负债率又称为举债经营比率，是指企业的负债总额与全部资产总额的比率。用以衡量企业负债水平高低的情况和长期偿债能力。其计算公式如下：

$$资产负债率 = \frac{负债总额}{全部资产总额}$$

对企业来说,负债水平的高低,既关系到企业扩大生产经营能力及增加盈利可能性的大小,又关系到企业承担经营风险的大小。资产负债率越高,企业扩大生产经营的能力及增加盈利的可能性就越大,但经营风险也就随之越大,一旦发生经营不利的情况,将难以承受沉重的债务负担;反之,则情况相反。因此,这项指标可以衡量企业举债经营的能力。而对债权人来说,资产负债率的高低,则关系到其债权保障程度的高低。企业资产负债率越高,资产对债权人的保障程度就越低,企业的长期偿债能力也就越差,如果资产负债率大于100%,则企业已资不抵债,债权人将蒙受损失。因此,这项指标反映了债权人提供贷款的安全程度。

(十)反映企业资本的保全和增值的资本保值增值率指标。

资本保值增值率,是指所有者权益期末总额与初期总额的比率。其计算公式如下:

$$资本保值增值率 = \frac{期末所有者权益总额}{期初所有者权益总额}$$

资本保值增值率,反映企业所有者投入企业的资本的完整性,保全性和增值性。资本保值增值率等于100%,为资本保值,一般表示期末时完整保全了期初原有的资本,包括原投入资本及留存收益;资本保值增值率大于100%,为资本增值,一般表示到期末为止,不仅完整保全了期初原有的资本,而且由于盈利而增加了留存收益,从而增加了所有者权益,实现了资本增值,但如果在本期内增加投入资本,则扣除后才能表示资本的实际增值额和增值率。资本保值增值率超过100%的幅度越大,一般表示资本增值程度越大,企业的获利能力越强,所有者权益保障程度越高,反之,则情况相反;如果由于发生亏损而使资本保值增值率小于100%,则原有的资本将不能保全,甚至可能丧失原有的投入资本,使所有者遭受损失。

第三节 提高建筑业经济效益的途径

一、提高建筑业经济效益的意义

提高经济效益,是人类社会发展共同关心的问题。在社会主义条件下,提高经济效益的根本目的在于发展社会主义生产,增强国力,满足人民日益增长的物质文化生活需要,它与社会主义生产的目的是一致的。

建筑业是国民经济体系中的物质生产部门,是我国发展国民经济的支柱产业之一。建筑业担负着为社会主义现代化建设,改善人民的物质文化生活提供大量建筑产品的建造任务。建筑业在生产过程中,耗资巨大,消耗着大量的建筑资源。建筑业的经济效益如何,直接关系到社会主义现代化建设的进程和发展,关系到建筑资源的运用是否经济合理,关系到能否为国家提供更多的积累,同时也直接关系到建筑业自身的建设和发展,以更好地发挥建筑业在国民经济中的支柱产业作用。可见,提高建筑业的经济效益具有十分重要的意义,是建筑业在经济活动中必须十分关注的重要问题。

提高经济效益的基本要求,是用最少的劳动耗费和占用,取得最大的生产成果。建筑企业是建筑产品的直接建造者。建筑企业的经济效益如何,对建筑业的综合经济效益有着直接的影响。建筑企业是独立核算,自主经营、自负盈亏的经济组织。建筑企业要以自身的生产经营收入,抵补一切支出,并且要有盈余。这实际上也就是提高企业经济效益的基本要求。建筑企业提高经济效益，就是要以占用较少的资金，降低营业成本和减少费用支出，完成质好量多的工程建造任务，实现更多的盈利。获取盈利最大化，是建筑企业的主要生产经营目标；提高企业的经济效益，获得更多的盈利，是企业为国家提供积累的源泉，是企业实现扩大再生产，充实物质技术基础和增进所有者权益，改善职工生活福利的必要前提条件。如果企业长期入不敷出，严重亏损，资不抵债，不仅生产经营难以为继，甚至造成破产。可见，不断提高经济效益，对于建筑企业的生存和发展具有极其重要的意义。

二、提高建筑业经济效益的途径

经济效益取决于社会经济环境、科学技术、组织管理和自然条件等多种因素的综合作用。建筑业提高经济效益的途径主要有：

（一）合理配置建筑生产力

建筑生产力，是指建筑业从事建筑产品建造的能力。它包括建筑产品建造过程中所使用的生产资料（劳动资料与劳动对象）和具有一定生产经验和劳动技能并使用生产资料实现着建筑产品建造的劳动者所构成，是在生产过程中结合在一起和共同起作用的物质因素与人的因素的总体能力。

建筑生产力的配置，实际上也就是建筑资源的配置。所谓合理配置建筑生产力，就是要按国民经济及社会发展对建筑产品的需求与建筑生产力保持大体上的一致，而且还应当在建筑业的产业结构、组织结构上，建筑生产力的地区分布上也大体相适应。合理地配置建筑生产力，对于提高建筑业的经济效益有着十分重要的意义。这是因为，合理地配置建筑生产力，与建筑需求大体保持一致，就有可能使建筑资源能够发挥其应有的作用，而建筑资源投入生产领域，创造符合需求的生产成果，又是建筑业提高经济效益的必要前提，也是保证建筑市场正常运行的重要条件之一。如果建筑生产力与建筑需求严重失衡，必然将对建筑业的运行造成不良后果。建筑需求如果大幅度超过建筑生产力的总体水平，容易造成建筑生产力的盲目发展，影响建筑生产力的整体水平的提高。但是，由于建筑生产的特点，通常极易发生的是建筑生产力大幅度地超过建筑需求，在这种情况下，必然表现为较多的建筑企业生产任务严重不足，从而导致建筑生产力不能充分发挥其应有的效能，进而影响建筑业经济效益的提高。当然，建筑生产力与需求保持大体的一致，不是绝对的，而是相对的。由于社会经济的发展和变化，必然对建筑需求产生影响；建筑需求的变化，必然要求建筑生产力与之相适应。这就需要加强宏观调控，使建筑生产力的配置，适应建筑需求，使两者大体保持一致，避免大起大落，严重失调；同时，通过建筑市场，发挥市场机制的作用，通过竞争，实现建筑资源在建筑企业的优化组合，促进提高建筑企业的经济效益。

（二）建立符合市场原则的建筑产品价格体系

建筑产品价格水平，对建筑业的经济效益有着重要影响。这是因为，在社会主义市场经济条件下，建筑业的生产成果和经济收入是按建筑产品的价格来计算的。如果建筑产品的价格反映价值和供求关系，以此确定的收入与生产耗费之比，能正确反映建筑业的经济效益；如果建筑产品的价格与价值严重背离，按建筑产品价格计算的收入，不仅不能如实反映建筑产品的价值，而且也不能正确反映建筑业的经济效益。因此，应按照价值规律和市场原则，建立既反映建筑产品价值又反映供求关系的建筑产品价格体系，不仅是发育和完善建筑市场，建立市场运行机制的关键，也是正确反映和提高建筑业经济效益的重要问题之一。

(三) 发展建筑科学技术，提高建筑生产率

建筑生产率，是指建筑劳动者的生产效果或者能力。通常是用劳动者在单位劳动时间内所生产的产品数量来计算，或者是用单位产品所耗费的劳动量来计算。在同一劳动时间内生产的产品数量愈多，从而单位产品内所包括的劳动量愈小，劳动生产率就愈高，反之，则愈低。劳动生产率的高低，对建筑业的经济效益有着重要影响。在建筑企业的工资总额增长率低于企业经济效益增长率，职工平均工资增长率低于劳动生产率增长的情况下，劳动生产率的提高是建筑业提高经济效益的途径之一。

建筑业的劳动生产率水平，取决于生产力的发展水平。决定建筑劳动生产率水平的具体要素，主要有：劳动者的基本素质和平均熟练程度，科学技术的发展水平和它在工艺上应用的程度，生产过程的社会结合，生产资料的规模和效能以及自然条件等。

在这些要素中，劳动者的基本素质和建筑科学技术的发展水平居于十分重要的地位。因为建筑劳动者的素质和科学技术水平对其他要素有着重要影响。因此，提高建筑业职工队伍的整体素质，积极发展和应用建筑科学技术，是提高建筑生产率进而提高建筑业的经济效益的又一重要途径。

(四) 加强建筑业的宏观和微观管理

提高建筑业的经济效益，有赖于建筑产品建造全过程各个环节、各个方面的协调与有效地正常运行。为此，就必须对建筑业的经济活动过程进行科学而有效的管理。

建筑业的管理，包括宏观管理和微观管理。所谓宏观管理，是指国家通过政府行政主管部门对建筑业的全行业管理。建筑业按照不同生产阶段的需要，形成了勘察设计、施工、混凝土构配件生产及其相关的建筑租赁、咨询、监理、科研等大量的企业事业单位和管理部门。如果没有统一的行政管理部门进行整体的协调和规划管理，就难以形成强大的行业生产能力，社会的建筑生产过程就不可能有序地进行。建筑业的宏观管理，涉及建筑产品的生产和交换的各个方面，诸如建筑市场管理，建筑产品价格管理，工程建设监理，建筑工程质量监督、建筑安全监督等等。建筑业的宏观管理，是整个国民经济管理的组成部分，使建筑业的经济活动得以正常有序地运行。所谓建筑业的微观管理，是指建筑企业的管理。按现代企业制度的要求，强化建筑企业的科学管理，是提高建筑企业经济效益的重要途径。

建筑企业的管理，包括企业整个生产经营全过程的管理，诸如企业的经营预测与决策、施工管理、技术管理、工程质量管理、劳动管理、材料管理、机械设备管理、资金管理、成本管理等等各个环节和各个方面。它们形成一个互为联系的生产经营管理体系。科学而有效的企业管理，可以使企业的生产经营活动有序地运行，可以使生产要素实现优化组合，可以使企业的物质技术基础充分发挥其效能，可以提高劳动生产率，可以提高建筑产品质量，可以加速资金的周转和有限使用，可以促进建筑产品成本的降低，从而实现企业完成既定的生产目标，以自身收入抵补支出获得盈利，提高企业经济效益的目的。

本 章 小 结

1. 建筑业在建造建筑产品过程中，必须讲求经济效益。经济效益是经济活动过程中劳动占用和劳动耗费量与生产成果之间的比较。生产等量同质的产品，占用劳动和耗费劳动量越少，经济效益就越大；反之，则小。在商品经济条件下，劳动占用和劳动耗费与生产

成果的比较，主要是通过价值形式来表示的，即收入与费用的比较，或所需与所得的比较。经济效益有自然的和社会的双重属性。社会主义建筑业经济效益的核心，是用尽可能少的劳动占用和劳动耗费，生产出尽可能多的符合社会需要的建筑产品。

2. 经济效益可以从宏观和微观两个方面来考察。宏观经济效益是从国民经济的整体来考察经济效益，微观经济效益是从企业的角度来考察经济效益；两者之间有着紧密的联系，宏观经济效益来源于微观经济效益，微观经济效益是宏观经济效益的基础，企业应正确处理好提高微观经济效益与提高宏观经济效益的关系，实现两者的统一。

考核经济效益，必须加强经济核算工作；对经济效益的评价应遵循客观性和全面性的原则。

3. 考察建筑业的经济效益，要通过设置一系列的经济指标来反映。考核建筑业经济效益的指标主要有：反映生产成果的指标，反映增加值的指标，反映收益的利润指标，反映生产效率的全员劳动生产率指标，反映经济效益水平的利润率指标，反映综合效益的产值利税率指标，它们形成一个完整的指标体系，综合反映建筑业的经济效益。

建筑企业除考核上述指标外，还应结合企业的特点，考核销售利润率、总资产报酬率、资本收益率、社会贡献率、社会积累率、流动比率、存货周转率、应收帐款周转率、资产负债率、资本保值增值率等指标，以全面反映企业生产经营活动的经济效益情况。

4. 不断提高经济效益，对建筑业有着十分重要的意义。建筑业提高经济效益，意味着建筑资源合理有效的运用，有利于社会主义现代化建设。建筑企业提高经济效益，意味着以自身的生产经营收入，不仅能抵补支出，而且还可以获得更多的盈利。企业获得更多的盈利，既是为国家提供更多的积累的源泉，又是企业实现扩大再生产，增进所有者权益，改善职工生活的前提条件。

5. 建筑业提高经济效益，涉及社会经济环境、科学技术、组织管理和自然条件等多种因素的综合作用。提高经济效益的主要途径是：合理配置生产力，实现需求和供给的大致平衡；完善建筑市场，建立符合市场原则的建筑产品价格体系；提高职工队伍素质，发展建筑科学技术，提高劳动生产率和加强建筑业和建筑企业的科学管理。

复习思考题

1. 什么是经济效益？经济效益有哪些表现方式？
2. 经济效益的属性是什么？
3. 考察经济效益有哪些层次？宏观经济效益与微观经济效益是什么样的关系？如何正确处理好两者之间的关系？
4. 什么是经济核算？经济核算有哪几种方法？
5. 评价经济效益的原则是什么？
6. 考核建筑业经济效益有哪些指标？
7. 考核建筑企业经济效益有哪些指标？
8. 提高建筑业经济效益的意义何在？提高建筑业经济效益有哪些主要途径？

第九章 建筑业的管理与发展

第一节 宏观调控与建筑业管理

一、宏观调控

(一) 宏观调控的含义

建筑业的生产活动,是国民经济活动的组成部分。在社会主义市场经济条件下,建筑业的生产活动,是通过建筑市场来调节的。而建筑市场是整个社会主义市场体系的组成部分,与其他的市场有着直接或间接的联系。为了使社会主义市场经济有序地运行,实现预定的目标,国家必须对市场经济实行宏观调控,因而建筑市场在市场机制发挥作用的同时,必然还要在国家宏观调控下运行。

所谓宏观调控,是指国家在市场经济运行中,为了促进市场发育、规范市场运行对社会经济总体的调节和控制。国家对市场的宏观调控过程,实际上就是一个依据市场经济的一系列规律,运用调节手段和调节机制,把企业的微观经济活动纳入宏观经济发展目标,使社会主义市场经济得到正常的运行和有效的运作过程。因此,实行宏观调控,可以使企业的微观经济活动更好地符合宏观经济发展目标,使整个国民经济沿着既定的目标发展,从而能够不断提高宏观经济效益;实行宏观调控,可以弥补市场的不足,矫正市场的缺陷,协调市场关系,完善市场机制的功能,从而为建立市场秩序,明确市场规则,形成市场体系,造成良好的市场环境创造条件。

(二) 宏观调控的主要内容

社会主义市场经济是在坚持社会主义基本制度的前提下,以市场为基础,以企业为主体,实行国家宏观调控的经济体制。它既要体现以社会主义公有制为主体、多种所有制形式并存的基本特征,又要体现社会主义的公平与效率,充分满足广大人民群众的物质文化生活需要。因此,国家的宏观调控是社会主义市场经济运行的极其重要的环节。国家的宏观调控主要表现为国家利用经济政策、经济杠杆和经济计划对市场的有效运作发挥调控作用,主要内容包括以下几个方面:

1. 合理制定各项经济政策和措施

经济政策和措施是实现国家经济目标的重要手段。国家制定的经济政策和措施主要有:

(1) 制定经济和社会发展战略、方针,制定产业政策,以控制总量平衡规划和调整产业布局;并根据产业政策和规模经济的要求,引导企业组织结构调整,实现资源的合理性配置。

(2) 制定财政政策、货币政策,调节积累和消费之间的比例关系,实现社会财力总供给和总需求的平衡,搞好信贷平衡,控制货币发行,制止通货膨胀。

(3) 建立和完善适应市场经济发展的劳动人事制度,收入分配制度和税收征管制度。

(4) 提供有关当前经济状况和发展趋势的信息,为企业的微观经济决策提供指导,为企业的微观经济活动创造良好的宏观经济平衡环境和市场运行条件。

2. 正确地运用价格、税收、信贷等经济杠杆

经济杠杆是国家宏观调控的基本经济手段。经济杠杆就是经济主管部门通过制定和调整价格、税收、利率、汇率、发放贷款、确定收入、利润和补贴等经济办法，调节国民收入的分配和再分配，从经济利益上诱导，协调和控制社会再生产各个环节的活动。价格杠杆涉及面广、调节面宽，是联结买卖双方经济利益的纽带，运用它可以刺激或抑制生产者和消费者的利益及其活动，可以调节各类产品的供求平衡，调节国民经济各部门的比例关系，调节国民收入的分配比例，保证经济发展的宏观方向。税收杠杆具有强制性、稳定性、统一性、及时性的特点，是联结全局利益和局部利益的纽带，运用它可以调节国家、企业、个人之间的利益关系。税收杠杆的调节作用主要是通过税种、税目、税率、减免税等来实现。信贷杠杆具有偿还性、非强制性、灵活性等特点，是联结借贷双方经济利益的纽带。运用它可以筹集资金、融通资金、合理运用资金，有效地控制国民经济活动。信贷杠杆主要是通过组织存款、发放贷款、贷款条件、利率升降、中央银行对专业银行法定准备金调整和贴现等手段来发挥调控作用的。

3. 科学地编制各项经济计划

经济计划是用指标、综合平衡的办法把宏观战略决策具体化、系列化、程序化，是宏观调控的基础。国家对经济计划的编制，是根据国情国力、科学技术进步状况，在充分把握市场和遵循供求规律的基础上编制的，使经济计划在中长期的资源配置中发挥应有的作用，规定经济和社会发展的战略目标，战略重点和战略步骤，确定生产力的合理布局和规定重大的经济、技术改革，弥补市场配置资源的不足。

(三) 宏观调控的目标和原则

1. 宏观调控的目标

宏观调控，实际上也就是国家为实现宏观（总量）平衡，保证经济持续、稳定、协调增长，而对货币收支总量、财政收支总量和外汇收支总量的调节与控制。在社会主义市场经济条件下，宏观调控的主要目标是：经济持续、稳定、协调增长，重大经济结构优化，物价总水平基本稳定，充分就业，公正的收入分配，国际收支平衡等。

2. 宏观调控的原则

国家对市场的宏观调控遵循以下原则：

(1) 宏观间接调控原则。国家对市场进行调控时，要实现三个方面的转变：一是由原来的直接管理为主转向间接管理为主。在传统的计划经济体制下，国家下达各项指标，规定企业的经济活动范围，对企业的产供销、人财物实行直接管理；在社会主义市场经济条件下，国家主要采取间接管理的方法，即运用经济手段，通过市场机制引导企业，使企业的活动大体上符合整个宏观经济发展的目标。凡是市场机制能够解决的问题，政府不进行干预，放开搞活微观经济，充分发挥企业主观能动性。二是由原来的微观管理为主转向宏观管理为主。在社会主义市场经济中，市场成为经济活动的基础。企业的经济活动以市场为中心，企业成为自主经营，自负盈亏的主体。在这种情况下，政府对市场的调控主要在于宏观总量调控，而把微观经济决策交由企业根据市场信息自主决定。三是由原来搞项目审批，分配资金物资转向搞规划、协调、监督和服务。在社会主义市场经济中，政府主要利用经济手段和法律手段实施发展规划，协调市场主体之间的利益关系，完善市场机制，对

市场的运行进行监督，并为市场提供必要的服务。

（2）计划指导原则。在社会主义市场经济条件下，国家计划，是指导性的计划。计划指导的任务是预测社会经济的发展。确定国民经济发展方向和重大战略，及时为微观经济决策和政府制定政策提供信息。计划指导的方法，主要是通过计划制定过程中的信息交流，计划的发布和计划执行情况的披露来发挥计划的指导作用。计划应当是按科学的计划决策程序，以定性、定量分析为依据，通过咨询、比较、论证而制定的。保持计划的宏观性、战略性、政策性，政府制定的计划就能指导经济的发展。

（四）建筑生产与宏观调控的关系

在社会主义市场经济条件下，国家对市场实行宏观调控，对建筑生产有着十分密切的关系。建筑业是发展国民经济的支柱产业之一，它的生产活动，对国民经济的发展有着重要影响。因此，建筑生产活动是国家宏观调控的重要内容，建筑生产活动必然要受宏观调控的制约。从总体来看，国家对市场经济的宏观调控，对建筑业的生产和经济效益都有着重要的影响。

1. 宏观调控对建筑生产的影响

在国家的宏观调控中，固定资产投资是一个重要方面，国家根据社会经济发展的整体情况，确定一定时期的固定资产投资率、固定资产投资总规模和增长速度以及固定资产投资的方向和重点。在固定资产投资的总额中，相当大的一部分是由建筑业的生产活动来完成的。因此，固定资产投资的总额规模和增长速度，大体上决定了建筑业的生产总量和增长速度；固定资产投资的方向和结构，决定了建筑业建造建筑产品的结构；固定资产投资的分布决定了建筑生产力的配置和分布。一般来说，社会经济发展，国家在宏观调控中，对固定资产投资总量的增加，发展速度加快，必然会促进建筑生产发展；但是，在社会经济发展过速，宏观总量失衡时，往往压缩固定资产投产规模，调整固定资产投资方向和结构，又是实施宏观调控的重要内容。在这种情况下，必然又会使建筑生产相应缩减，造成部分建筑生产力的闲置。

国家的宏观调控，是运用经济的、法律的和必要的行政管理手段，通过对市场的影响来实现其调控目标的，也就是通过发挥市场机制的作用，来直接影响建筑生产活动。但是也必须看到，建立与社会主义市场经济相适应的建筑业组织管理体制，确定正确的行业发展战略，采取灵活应变的经营策略，对于适应国家的宏观调控，保持建筑业的稳定发展，避免大起大落，无疑是必要的。

2. 宏观调控对建筑企业经济效益的影响

建筑企业的经济效益如何，既受企业自身的生产经营管理水平的影响，又在一定程度上受客观经济环境的制约。生产任务是否饱满，建筑生产力能否充分发挥其作用和效率，是企业能否获得经济效益的前提条件。而建筑产品和生产资料的价格水平，币值的稳定程度，国家征收的税目和税率的高低，贷款的利率等等，所有这些对建筑企业的经济效益都有着影响，而这些经济杠杆，往往是国家实施宏观调控运用的手段，所以，宏观调控也在一定程度上对建筑企业的经济效益产生影响。

二、建筑业的管理

（一）建筑业行业管理的含义

行业是客观存在的社会经济活动的种类，它是社会内部分工的产物。区分行业的基本标志是技术经济所具有的特征。所谓行业管理，是指在社会主义市场经济条件下，管理者按照技术经济的同一性原则，对社会经济活动进行的专业化分类管理。

建筑产品及其生产所具有技术经济特点，使建筑产品的生产活动成为社会经济活动的一个具有自身特征的专业类别；从事建筑产品建造为最终目标及其直接相关的生产经营组织，形成国民经济整体中区别于其他产业的建筑业。客观存在的建筑业，是建筑业行业管理的基础。建筑业自身不是一级经济组织，而是多个经济组织的集合体。所谓建筑业行业管理，是指对社会经济活动中，归类于建筑业类的经济活动进行综合性的管理。建筑业的行业管理，是介于国家对国民经济的宏观综合管理与企业的微观管理之间的中间层次的管理，是由政府中对建筑业的行业主管部门和作为政府助手的行业协会来承担其管理职能的。

对建筑业实行行业管理有其客观必要性：

1. 建筑业行业管理是加强国民经济宏观管理的需要

为了保证国民经济持续、快速、健康发展，国家按照管理经济的职能，必须对国民经济进行宏观的综合管理。建筑业作为国民经济中的物质生产部门，必须按照国家宏观管理的要求，结合建筑业的特点，加强全行业的综合管理，使国家的宏观管理和调控得以贯彻。例如，国家制订《质量法》后，就要求建筑业根据自身的情况单独立法；国家制订《经济合同法》，建筑业必须按照其基本精神，结合自身的特点制订《合同管理条例》和《合同示范文本》；建筑产品的价格，要由建筑业的造价管理机构管理；建筑产品的交易，要由建筑业专门的招标投标管理机构监督，等等。可见，加强建筑业的行业管理，是国家对国民经济宏观管理必不可少的组成部分，也是国家宏观管理在建筑业中的体现。

2. 建筑业行业管理是建筑业自身发展的需要

建筑业服务面广，产品类型多，是一个庞大、分散，却又有着共同的生产特点的行业。在建筑产品的生产全过程中，业主、承包者及为他们服务的咨询、监理等中介服务机构的业务交叉重叠，互为条件，相互制约，如果没有统一的管理部门进行整体的协调规划和管理，整个建筑生产就难以有序地进行，也就无法形成强大的行业生产能力。所以，从行业的整体利益和行业的壮大发展出发，必须加强建筑业的行业管理。

3. 建筑业行业管理，是建立社会主义市场经济体制的需要

在社会主义市场经济条件下，必须建立完善的建筑市场，充分发挥市场机制的作用，合理配置建筑资源。在积极健全市场机制的同时，也必须看到市场有其自身的弱点和消极的方面。因此，为了建立和完善建筑市场，弥补市场的缺陷和防止其消极影响，使建筑市场有序运行，就必须加强建筑市场的统一管理，而建筑市场管理是建筑业行业管理的重要内容之一。

从上述可见，在社会主义市场经济条件下，不是不要管理，而是要转变政府职能，加强和改善国家对经济的宏观管理，也就是要由微观管理转变为宏观管理，由直接管理转变为间接管理，由部门管理转变为行业管理。

(二) 建筑业行业管理的主体、职能和管理层次

1. 建筑业行业管理的主体及其职能

建筑业行业管理的主体是政府中对建筑业实施管理的行业主管部门，它是各层次建筑行业管理的最权威的机构，行使政府职能，制定行业法规，对全行业进行指导和监督；研究产业经济，制订产业政策，规划产业发展战略，促进建筑生产力的发展，行业主管部门，

主要运用法律的、经济的、行政的手段对建筑业进行管理。

行业协会是政府实行行政管理的助手，它通过发挥桥梁纽带作用，协助政府进行行业管理。行业协会是一种自治管理。自治管理的主体，是由同行业企业自愿参加组成的行业协会。按照"一业一会"原则成立的中国建筑业联合会，就是我国建筑业的行业协会。此外，还有一些行业内的专业性协会和研究会。行业协会是一种民间的、松散的、在法律允许范围内活动的社会经济组织，是一个社团法人。行业协会不是行政机构，也不是经济实体。它的主要任务是，调查收集行业发展存在的问题和情况，企业的愿望和要求，及时向政府主管部门反映，作为政府制订法规和政策的依据之一，保护行业的合法权益；贯彻传达国家的方针政策，对企业进行引导，实现政府的管理意图；制订行规，规范企业行为，协调企业之间的关系，调解和处理企业间的争议和纠纷；收集和发布行业动态及市场信息，组织经验交流；开展培训工作，促进企业人员素质的提高和新技术、先进管理方法的采用。

2. 建筑业行业管理的层次

我国建筑业的行业管理分为三个层次：

（1）全国的建筑业管理。国务院明确，建设部对建筑业实行行业归口管理。作为中央一级的行业管理，主要侧重于宏观控制。通过调查建筑市场与建筑产品的状况，研究制订与国民经济总目标相一致的行业管理战略目标和规划；制订相应的方针、政策、法规来保证这些目标和规划的实现，指导、协调、平衡全行业的发展。

（2）省、自治区的建筑业管理。省、自治区一级的建筑业行业管理部门是建设委员会或建设厅，其主要职能在国家的总体安排下，规划本地区的行业发展；在贯彻执行国家的行业发展方针、政策、法规的同时，结合本地区的实际情况，制订切合当地情况的实施办法，制订区域性的政策法规。

（3）大、中城市的建筑业管理。大、中城市一级的行业管理部门是建设委员会或建筑工程管理局，这一级的行业管理是最实际、最具体的管理。其主要职能是计划安排本市、本地区的行业发展；通过检查监督，保证国家方针政策、经济法规的贯彻落实，为企业提供一个公平竞争的良好环境；组织协调行业内外的关系，为企业的生产经营提供良好条件；加强工程质量的检查监督和管理，保证建造良好的建筑产品；组织人员培训和交流，提高建筑企业的素质，等等。

分布于各个层次的各种咨询服务的中介机构，也承担了一部分行业的管理工作。各种咨询服务机构，受政府部门和当事人的委托，从事合同的审查、鉴证，纠纷的调解、仲裁，审查各种证书、文件的合法性、真实性和无遗漏性等工作，在行业管理中发挥了很大的作用。

（三）建筑业行业管理的对象

建筑业行业管理的对象应是建筑产品和建筑市场。这是适应建立社会主义市场经济进行管理体制改革的方向，是行业管理区别于部门管理的重要特征。部门管理的特点是直接管理企业，这种管理束缚了企业生产经营的自主性，抑制了企业作为国民经济发展细胞的生机与活力。行业管理则主要是通过健全市场机制保证市场秩序，提供良好服务来培育和发展建筑市场，为建筑业的发展提供必要的条件。通过加强资质管理，推行监理制度，制订完善标准规范和质量认证制度，严格竣工验收等工作，在市场机制作用下，为社会提供更多质量优良、造价合理的建筑产品，满足社会对建筑产品的需求。

（四）建筑业行业管理的目标和内容

1. 建筑业行业管理的目标

建筑业行业管理的主要目标，是迅速促进提高建筑企业的技术水平和管理水平，全面增强整个建筑业的素质，达到国际先进水平；迅速发展建筑生产力，使建筑业的增加值、建筑业为国家提供的财政收入、建筑业容纳的就业人员在国内生产总值、国家财政收入、就业人员总量中，都能够达到一个与国民经济支柱产业相适应的比重；在高效优质为国家提供经济建设需要的工业设施和提高人民生活水平的民用建筑方面，在扩大对外承包，为国家增加外汇收入和带动设备制造、建筑材料的出口等方面发挥重要的作用；使建筑业真正成为国民经济的支柱产业。

2. 建筑业行业管理的内容

建筑业行业管理的内容随着经济的发展不断丰富和完善。早期的建筑业行业管理主要是对内协调同业之间的关系，对外维护同业的共同利益。行业管理的层次也逐步由小行业、地区行业发展到国家范围的行业管理。现代建筑行业管理内容主要包括以下四个方面：

（1）根据国家经济发展的需要和要求，制订行业发展规划和行业政策，制订、颁发有关建筑方面的法规，保证规划目标和政策意图的实现。在中央作出城市经济体制改革的决定之后，建设部根据建筑行业的具体情况，制订了《建筑业改革大纲》和《发展建筑业纲要》，为建筑业的改革和发展，提出了具体的目标、规划和要求，及时指导了这项工作的开展。并相继制订了《建筑企业资质管理条例》、《建设工程招标投标暂行规定》、《建筑安装工程承包合同条例》、《建筑工程勘察设计合同条例》等法规，保证各项改革措施的贯彻落实。

（2）对建筑市场和建筑产品实行有效的政府监督，规范市场行为，强化企业生存与发展意识，维护市场正常秩序，保护企业合法权益，创造良好的外部条件。这些工作主要通过城市的建筑队伍管理站、工程质量监督站、工程造价管理站和招标投标办公室等行业管理机构来具体实施。

（3）对建筑业内部和各综合管理部门及其他行业管理部门的组织和协调，促进行业的发展。建筑业的发展涉及计划、财政、税收、工商、司法、劳动、金融等许多综合管理部门的工作，加强与有关部门之间的协调与配合，调整部门和行业之间的关系，解决行业发展中存在的问题，保护行业的合法权益，保证行业规划目标的实现，是建筑业行业管理的主要责任和内容。

（4）加强对行业发展的指导与服务。行业管理不直接作用于企业，而是通过信息引导，对先进经验的宣传和新技术的推广，促进行业内部的交流，通过对全行业管理干部和职工培训的组织和规划，提高全行业的人员素质等方面来促进行业的发展。

第二节 建筑生产工业化、现代化

一、建筑生产工业化

（一）建筑生产工业化的含义

为了适应我国现代化建设的需要，建筑生产必须逐步实现工业化。所谓建筑生产工业化，是指按照大工业生产方式改造建筑业，使建筑生产从分散、落后的手工业生产方式逐步改变为以现代技术为基础的先进的社会化大生产方式的发展过程。建筑生产工业化，是建筑生产方式的根本变革，也是建筑现代化的重要内容。

建筑工业化的提出，是在20世纪30年代。第二次世界大战后，由于战争的破坏，许多国家的住房紧缺，国外建筑界提出采用工业化方法，把建筑物、构筑物分解为构件和部件，通过尺寸协调，形成具有统一规格，可以通用互换的标准产品系列，采用工厂化生产方式，使用机械设备在现场组装，以求在短期内建造大批住宅建筑，满足社会需要。这一方针为不少国家所接受，并获得成功。

经过实践和认识的不断深化，建筑生产工业化也就是以技术进步为基础，用标准化、工厂化、机械化、科学化的成套技术来建造建筑产品，做到在工厂大批量生产构配件，在现场进行机械化施工，用科学的方法进行组织管理，在建筑生产中应用先进的科学技术，从而达到提高劳动生产率，加快建设进度，改善劳动条件，提高产品质量，降低工程成本，提高经济效益和社会效益的目的。可见，建筑生产工业化，是建筑业发展的必然趋势。

（二）建筑生产工业化的实质

建筑生产工业化的实质，是对传统的建筑材料、工程设计、构配件生产、施工机具、经营管理等各个环节的深刻变革，是建筑业生产方式的革命，是建筑业全面实现技术改造的根本方向。建筑生产工业化的目标是建筑业的现代化。就是要不断推动建筑业的技术进步，改善生产经营管理，发展建筑生产力，从而使建筑生产的各项技术经济指标接近或达到大工业发展的水平。当然，这是要经过长期努力才能实现的目标。坚持走建筑生产工业化的道路，是实现建筑现代化的必由之路。

（三）建筑生产工业化与技术进步的关系

建筑生产的技术进步包括设计、材料、结构、施工、组织管理等各个方面，建筑生产工业化同建筑生产各方面的技术进步是密切联系在一起的。表现在以下几方面：

（1）为了把一部分建筑生产从施工现场转移到固定的工厂中进行，利用固定的机械设备去完成，就必须用装配式结构代替整体式结构。

（2）为了便于把工厂预制的构件运输到施工现场，并易于在现场进行吊装，必须采用轻质高强材料，采用先进的结构方案，大力减轻结构的重量。

（3）为了保证构件能够在工厂中按照大量生产的方式加工制造，必须减少构件的类型的规格，这就要求推广定型设计和标准设计。

（4）为了提高工厂化的经济效益，必须采用各种先进的工艺方法来制造构件，还必须采用各种先进的机械和方法来安装构件。

（5）采用先进的施工方法。

以上所述表明，建筑生产工业化向建筑设计、建筑材料、建筑结构、建筑机械、施工工艺、施工组织等各个方面的技术提出了一系列新的要求，推动着这些技术向前发展。建筑生产各方面技术的发展是建筑生产工业化的重要保证。另一方面，这些技术的发展，又需要建筑工业化为它们创造有利的条件，它们的发展又依赖于建筑生产工业化的实现。正因为如此，可以认为，建筑工业化是建筑生产各方面技术进步的综合反映，也是现阶段建筑生产技术进步的中心环节。

建筑生产实现工业化是建筑技术发展的方向，是建筑生产技术发展规律的要求，但是必须因地制宜，量力而行，逐步发展。建筑生产工业化将是一个逐步过渡、长期发展的过程。

（四）建筑生产工业化的内容

一般来说，建筑生产工业化的基本内容是：构配件生产工厂化、建筑施工机械化、建筑设计标准化和组织管理科学化。这四个方面相互联系，相互影响，不可截然分开。

1. 构配件生产工厂化

工厂化是建筑生产工业化的一个重要方面。它意味着把一部分原来在施工现场进行的建筑生产活动转移到工厂中进行，而实现这一转移的生产活动主要就是构配件的加工和制作。实现工厂化的重要条件之一是采用装配式结构，采用预制构配件；构配件在工厂预制完成以后，在施工现场安装。构配件生产工厂化的发展趋势是现场预制构配件逐步缩小，工厂化预制逐步扩大。

建筑构配件生产的工厂化和装配化，是一个由初级到高级发展的过程。采用装配式构配件的建筑大致要经历局部采用装配式构配件、建筑物的主要部分均采用装配式构配件、全装配式建筑三个发展阶段。

发展构配件工厂化生产的优点是：可以加快施工进度；可以改善生产的不均衡性；可以提高构配件制作的效率和质量；可以简化施工现场；利于文明施工。

构配件生产工厂化的优点，只有当其适应当地的技术水平和建设规模，而且构配件生产厂分布合理时，才能充分发挥。否则，若片面追求工厂化和装配化的程度，就可能造成严重的浪费。

发展构配件生产工厂化和装配式结构，还需要具备一定的前提条件，才能取得预期的经济效果。主要是：尽量改善装配式构件的结构形式，采用高效能的材料，以减轻结构重量并提高其质量；为生产装配式构配件建立强大的工业化基地，以利于提高劳动生产率和降低生产费用；广泛地推广标准化和定型化，减少构配件的类型，以便在工厂中进行大量生产；改善安装装配式结构的组织和技术。

2. 建筑设计标准化

标准化是现代大生产的前提。用相同的产品设计图、同样的材料、相同的工艺，大批量生产同一种产品，是工厂化生产的重要特征。因而标准化也是建筑生产工业化的前提，只有实现建筑设计标准化，才能实现建筑工业化。

所谓标准化，是指对产品的质量、规格和检验方法等规定统一的标准。建筑设计标准化，就是对建筑产品、构件部件的性能、尺寸、规格、所用材料、工艺设备、技术文件等技术要求加以统一规定，并按统一规定实施。在设计标准化的基础上，可以推动施工工艺的标准化、施工工具的标准化，为在工厂中大批量重复生产创造条件。

建筑设计构配件标准化的进一步发展，是建筑设计的定型化。定型化是指把房屋或构筑物的平面和立体设计方案在广泛地采用标准化的构配件、设备等的基础之上，按照建筑物的类型统一起来并加以定型。如定型的住宅单元标准设计图、定型的生产车间标准设计图等。当定型设计大量采用后，施工过程也将逐步定型化。

实行建筑设计标准化，可以促进建筑生产从单件生产方式逐步转化为大量生产的方式，促使建筑构配件的制作过程从施工现场转移到专门的工厂中进行，逐渐减轻自然条件对建筑生产的不利影响，也为建筑施工机械化创造了条件。此外，实行定型化设计还有利于推广和重复使用定型的施工组织设计，从而更有效地提高施工的技术水平和管理水平。因此，推行建筑设计标准化，对于建筑业有十分重大的意义，是实现建筑工业化的首要环节。

3. 建筑施工机械化

工业化施工，就要广泛采用建筑机械。施工机械化就是在建筑施工中采用合适的机械，有效地逐步代替现场手工操作。施工机械化为改变建筑生产手工劳动为主的小生产方式提供了物质技术基础，所以，建筑施工机械化是建筑工业化的核心。推行构配件生产工厂化、装配化、设计标准化都是为机械化创造条件。

建筑生产机械化的发展过程，大致要经历局部机械化、综合机械化和自动化三个阶段。实现建筑施工机械化，必然要经历一个由低级到高级，由简单到复杂，由单机运转到多机联动运转的发展过程，而且这个过程是无止境的，永远不会完结。

实行建筑施工机械化，可以节约大量的社会劳动，提高劳动生产率，加快施工进度，把工人从笨重的体力劳动中解放出来；建筑施工机械化不仅能一般地提高劳动生产率，而且还能迅速完成单靠人力不能完成或很难完成的任务；机械化施工还有利于保证和提高工程质量。发展施工机械化，要从我国的实际情况出发。我国人力资源丰富，建筑业原来的技术基础又比较薄弱，实现机械化所必需的技术力量也不够，要求在短时间内全面实现机械化，是不切合实际的，也是不经济，不合理的。因此，必须坚持机械化，半机械化，改良工具和手工操作相结合的方针，区别轻重缓急，逐步使施工机械化在广度和深度两个方面发展。

还必须指出，采用机械施工的方法，肯定可以节约活劳动的耗费量，但也同时增加了固定资本的投入量，实质上就是以资本替代劳动力。如果在实行施工机械化的过程中所节约的活劳动不足以补偿为购置使用机械设备所支出的费用，这种替代从经济的角度来看，是没有价值的，在一般情况下，也无必要。因此，实行施工机械化，应当尽可能使资本替代劳动力取得较大的经济效果。为此，既要注意合理地选用机械，又要加强对机械使用的管理，提高利用率，降低机械使用费。

4. 组织管理科学化

(1) 组织管理科学化的含义

组织管理科学化是建筑工业化的重要内容和必不可少的条件。所谓组织管理科学化，是指生产力的合理组织，即按照建筑产品的技术经济规律来组织生产。从广义上来讲，组织管理还应当包括管理体制、计划体制、经济体制这类属于生产关系和上层建筑方面的内容。这些内容对于实现建筑生产工业化有着重要的作用。

(2) 组织管理科学化的内容

提高建筑施工和构配件生产的社会化程度，是建筑组织管理科学化的重要方面。建筑生产社会化的主要方向是专业化、协作和联合化。

产业结构合理化是组织管理科学化较为宏观的因素，这涉及到许多方面的问题，例如设计力量与施工力量的协调。由于设计与施工分离是建筑生产的特点之一，这就可能导致设计力量和施工力量各自独立地发展，两者之间失去平衡，而设计与施工共同构成建筑生产完整的过程，客观上要求两者之间达到基本平衡和协调。又如施工队伍的地区分布要尽可能与各地区的建设任务相一致，流动生产固然是建筑生产的特点之一，但我国幅员辽阔，长距离的流动生产不仅增加企业的生产成本，也会造成社会资源的浪费，所以应当按科学的地区分布调整其布局。此外，队伍结构、规模结构等也是产业结构合理化要解决的问题。

(3) 组织管理科学化的方法

要实现组织管理科学化还必须采用科学的管理方法。单靠经验或以技术为主导的管理方法不能有效合理地组织和管理建筑生产，也不能充分利用已有的物质技术条件。因此，必须在充分认识建筑生产技术和经济规律的基础上，运用先进的管理方法来组织生产。如网络技术用于进度计划的编制、调整和控制；量本利分析法；全面质量管理方法用于质量的控制等，都是十分有效的。今后，还需要不断发展新的科学管理方法，以适应建筑生产工业化进一步发展的需要。

(4) 组织管理科学化的手段

要实现组织管理科学化，还需要解决管理手段现代化的问题。由于科学管理需要以大量的数据为依据，从定性分析转向定量分析。在当今社会，靠人工处理数据已远远不能满足速度和精度的要求，而必须借助于电子计算机。许多科学的管理方法也只有采用电子计算机之后，才能充分显示出它的作用。如果说，机械是人的体力的延伸，电子计算机则是人的脑力的延伸，它是实现组织管理科学化必不可少的手段。

二、建筑现代化

建筑现代化包括建筑物本身的现代化和建筑生产过程的现代化两个方面。建筑现代化，既是一个世界性的概念，又是一个历史性的概念。它既要以世界范围内已经达到的先进标准来衡量，又要以科学技术水平的发展而不断发展和变化。建筑现代化，取决于科学技术的发展和运用，建筑生产现代化与建筑产品现代化有着十分紧密的联系，建筑产品现代化对建筑生产现代化提出需求，而建筑生产现代化则是实现建筑产品现代化的基本保证。

(一) 建筑产品的现代化

建筑产品的现代化，是指充分利用当今世界现代化科学技术的最新成果，使与建筑紧密相关的高新技术和建筑物、构筑物紧密结合，为现代社会提供最佳的生产和居住条件。现代化的建筑物，采用高效能的建筑材料、先进的结构和完善的最新的设备系统，具有优美的室内室外环境，灵活可变而又经济合理的建筑空间。一些发达国家建造的智能大厦，就是高科技与建筑物相结合的产物，统一的电子计算机系统将各种设备协调控制起来，为人们的工作和生活提供极其方便的条件。智能大厦，必须具备三种基本功能：通讯自动化系统；办公自动化系统；大楼自动化管理系统。由于某种特定的需要，有的在设计智能大厦时，将火灾报警及自动灭火系统从大楼的自动化管理系统中分割出来，形成独立的消防自动化系统，或将面向整个大厦各个智能化系统的一个综合管理系统也独立形成为信息管理自动化系统，这就是所谓的"5A大厦"，即智能建筑的一种类型。

现代化的建筑产品，又是人类征服自然的一种象征。如高层与高耸建筑、海底隧道、高速铁路等等无不是以最新的科学技术为前提的。随着科学技术的发展，现代建筑产品又必将达到一个新的高度。

(二) 建筑生产现代化

建筑生产现代化，就广义而言，包括勘察设计、材料制品、设备的生产和建筑安装施工过程的现代化。建筑生产现代化，是指通过发展建筑科学技术和采用先进的技术手段以及科学的管理方法,把建筑业建立在当代世界建筑科学技术基础之上,使整个国家的建筑生产在各项技术经济指标达到当今世界先进水平。衡量一个国家建筑生产现代化是否实现以及实现的程度,只能以世界范围内建筑生产现代化的先进水平作为标准,而这些标准所反映的具体内容,也会随着现代科技的不断更新、发展而不断变化。一般来说,建筑生产现代化的标志主要是:

(1) 劳动资料现代化。建筑生产全过程,即从勘察设计、建筑制品、设备生产和建筑安装施工所使用的劳动资料的现代化。

(2) 部门结构现代化。即建筑业中技术密集的产业所占的比重日益提高。

(3) 职工队伍的现代化。即建筑业职工队伍的科学文化水平、专业技术知识等基本素质以及构成与现代化生产相适应。

(4) 建筑生产管理现代化。包括管理体制和生产组织的合理化,管理机构、管理制度、管理方法和管理手段的现代化。

(5) 建筑生产的主要技术经济指标达到当代世界先进水平。

以上是衡量建筑生产现代化的综合标志,也是我国建筑业发展的目标,努力的方向。

第三节 建筑业与城市综合开发

一、城市综合开发概述

开发的原意是指以荒地、矿山、森林、水力等自然资源为劳动对象,通过人力加以改造,以达到为人类利用为目的一种生产活动。这一概念引伸到一些带有开拓性质的领域也称作"开发",诸如城市开发、人才开发、智力开发等。城市建设开发,又可分为新开发和再开发。新开发是指对新市区、卫星城镇的开发;再开发是指对旧城市或大城市的某些区域进行改善、扩建,通常称为旧城改造。城市建设开发,根据其统一性、配套性的程度,分为单项开发与综合开发两种。城市建设综合开发,又称为房地产综合开发,是根据城市建设总体规划和经济社会发展计划的要求,以房屋、构筑物为对象,选择一定区域内的建设用地,按照使用性质,实行"统一规划、统一征地、统一施工、统一配套、统一管理"的原则,有计划、有步骤地进行开发建设。

二、城市建设与综合开发的内容

1. 城市建设的内容

城市作为非农业人口大量集中的社会经济实体,其产生和发展同社会经济发展是分不开的,它是社会分工和商品经济发展到一定阶段的必然产物。随着生产力发展所引起的社会产业结构和城乡人口结构的变化,城镇化将是现代社会发展的一种必然趋势。社会经济的发展,要求加强城市建设;城市建设是我国社会主义现代化建设的重要组成部分。现代化城市的特点之一是具有整体性和综合性;现代化城市建设是一项系统工程,内容极其复杂。城市建设的范围、规模、内容、质量和速度及标准是随着社会经济的发展而不断发展的,建设的方法也随之变化。城市建设的内容,一般包括以下几个组成部分:

(1) 生产设施:工厂、仓库等建筑物、构筑物。

(2) 基本设施:非生产性的行政、社团、宾馆等;

(3) 基础设施：能源、水源、排水、道路、桥梁、通讯、环卫、园林、防洪、防震、战备等设施。

(4) 居住设施：住宅及其辅助设施。

(5) 生活服务设施：商业、服务、饮食、修理网点等。

(6) 文化教育设施：各类学校、科研、电视、广播、剧院、邮电、图书馆、博物馆等。

(7) 医疗体育设施：医院、保健所、体育场馆等。

(8) 其它设施：如咨询、信息等新兴产业的设施等。

以上这些设施项目繁多，相互联系，相互制约，构成一个有机的整体。在城市建设中要按照整体规划，对这些设施进行统筹安排，配套建设，才能达到功能齐全，设施完善，有利生产，方便生活的目的。

2. 城市建设综合开发的层次和内容

(1) 城市建设综合开发的层次：城市建设综合开发，可以分为两个层次：一是根据城市总体规划，对整个城市的土地、房屋、市政、公用、环卫、环保、园林、绿化等设施，有计划、分阶段进行综合开发；二是根据城市分区规划或专业规划，对城市一个区域成街成片进行综合开发，通常所说综合开发，是指第二层次，即对一个开发区进行成街成片的综合开发。

(2) 城市建设综合开发的内容：城市建设综合开发通常包括两个方面的内容。从横向方面来看，要对新开发区（包括旧城改造）的工业、交通、住宅、科研、文化、教育、卫生、商业、服务、市政工程、公用事业、园林绿化、环卫保卫、行政机关以及其他建设工程，根据需要和可能，分别轻重缓急，统筹安排，配套建设，分期分批交付使用，尽早发挥建设效益，建设适合人们生产和生活的环境。从纵向方面看，要对建设的全过程，即规划设计，征地拆迁，"三通一平"组织施工，验收交付使用，一直到房屋管理等，做到各个环节紧密衔接，互相配合，协调发展，以求提高建设质量，缩短建设工期，取得良好的社会经济效益。

三、建筑业与城市综合开发的关系

在城市建设综合开发中，房地产业和建筑业发挥着极其重要的作用。房地产业是国民经济中的流通部门，属于第三产业，房地产业的业务包括房地产的开发经营和房地产的管理服务等；建筑业是国民经济中为社会提供建筑产品的物质生产部门，属于第二产业。在城市建设综合开发中，房地产业和建筑业，按照各自的职能，分别承担相应的任务。房地产业从事房地产的开发、经营和管理等业务；城市综合开发，给建筑业提供了大量的建筑需求，建筑业承担城市综合开发中各种建筑设施的建造任务。房地产业和建筑业紧密联系，相互配合，保证城市综合开发任务的完成；但是，在社会主义市场经济条件下，房地产开发企业与建筑企业都是各有其自身利益的独立的经济实体，因而两者应通过建筑市场，按等价交换的原则来实现它们之间的经济联系。

第四节 建筑业的发展前景

我国建筑业面向21世纪发展的走向，主要取决于我国社会经济未来的发展状况和对建筑需求的变化。随着社会经济的全面发展,我国将在21世纪中叶基本实现社会主义现代化。我国国民经济的整体素质将有较大的提高,社会生产力将得到较快的发展,我国的经济将从工业化初期阶段过渡到工业化阶段,并逐步向信息经济时代发展;我国的社会主义市场经济体制将更加完善;人民的物质文化生活水平无论是在数量上还是质量上都将得到更好的改善和提高;我国的综合国力、国际竞争力将进一步得到增强。

在实现我国社会主义现代化这一宏伟目标的进程中,必然对建筑提出与现代化建设相适应的更多更高的需求。因而从一个历史的发展过程来看,社会的建筑生产将继续呈逐步增长的趋势,因而建筑业有着广阔的发展前景。

仅从国家关于《国民经济和社会发展"九五"计划和2010年远景目标纲要》和建筑业行政主管部门所作的相应规划可以看出,在21世纪初期,社会经济的发展,对建筑就提出了较大的需求,建筑业和工程建设面临广阔的发展前景,主要体现在以下几个方面:

一、重点建设工程任务繁重

在下个世纪前十年,国家将集中力量建设一批对国民经济和社会发展具有全局性、关键作用的工程。主要是,继续建设长江三峡、黄河小浪底等大型水利枢纽工程,着手建设跨流域的南水北调工程,建设京沪高速铁路,进行进藏铁路的论证工作;着手建设新的现代化大型钢铁基地;改造和扩建支柱产业中具有竞争优势的骨干企业,向百万辆汽车、千万吨炼油、百万吨乙烯的规模发展;进行现代化信息基础设施建设,推动国民经济信息化,等等。这一大批水利、能源、交通、原材料等基础重点工程建设,必将提出巨大的建筑需求。

二、住宅建设将有更大的发展

随着社会经济的发展,收入的增加,人民的物质文化生活将得到进一步的改善。城乡人民的居住条件无论是在数量上,还是质量上都将提出更多更高的要求。据预测,到2010年,我国城镇与农村新建住宅将达150亿平方米,与之相伴随的装饰装修的市场容量,加上原有危房的改造,其投资将会高于新建住宅的投资。此外,随着我国居民消耗结构发生变化,旅游、文化娱乐的消费将会大大增加,汽车也将逐步进入家庭,所有这些将会刺激旅游、商业、文化娱乐等相关配套建筑设施的巨大需求,全新的多功能住宅建设和原有住宅的改建,为建筑业提供了极其广阔的建筑市场。

三、城镇建设加快

在社会主义现代化的进程中,由于城市内部拉力和外部推力的共同作用,我国的城镇化进程必将逐步加快。所谓城市内部拉力,是指由于城市内部分工扩大,生产部门的增加和发展,新兴产业的出现以及与之相应的第三产业的兴起,除城市自身增长的劳动力外,还须从农村剩余劳动力中补充劳动力所形成的拉力;所谓外部推力,是指由于农业劳动生产率的提高,使部分农村剩余劳动力涌向城市,从非农业中寻求职业所形成的推力。即是说,随着社会经济的增长,推动着城镇化的进程。到2010年,预计我国城镇人口的比例可能上升到总人口的50%左右;据估计,到2000年,我国将新增城市230个左右,新增建制镇5000个左右,到2010年,还将有进一步的发展。随着城镇建设的发展,一方面工业将得到进一步的发展,工业建筑将随之增加;另一方面,必然对城镇的功能提出更高的要求,必然要新增加改造各项市政公用基础设施,如供水、污水处理、防洪、交通、道路、桥梁、供热等设施和绿化等等，所有这些都为建筑业提供了巨大的市场需求。

四、进入国际建筑市场具有较大的潜力

除国内建筑市场具有巨大的需求以外，建筑业还存在进入国际建筑市场的较大潜力。进入90年代，我国周边国家经济发展迅速，海湾国家、中东地区、南部非洲和原苏联等国家和地区，面临繁重的建设任务，存在着极大的市场需求。我国建筑业进入国际建筑市场已有一定的基础和经验，有着进一步发展的潜力。在国家继续提供必要的政策支持下，精心组织，严格管理，统筹规划，充分发挥劳务价格低廉和大型建筑企业和企业集团技术、管理、人才和装备的优势，必将提高我国建筑业在国际建筑市场中的占有份额。

此外，在今后十几年中，我国社会主义市场经济体制将形成，新的计划、金融、外汇、外贸、税收、投资体制将建立。作为凭借市场经济才能得到充分发展的建筑业，将有前所未有的更好的发展环境。建筑业在适应建筑需求的进程中，必将不断得到壮大和发展，必将更好地发挥支柱产业的作用。

本 章 小 结

1. 本章主要介绍宏观调控、建筑业行业的管理以及建筑业发展中的建筑生产工业化、现代化以及建筑业与城市综合开发的关系等主要问题，展望建筑业的发展前景。

2. 建筑业是国民经济中的组成部分，在社会主义市场经济条件下，国家对市场经济的运行必须进行宏观调控。因而建筑业的经济活动，在市场机制发挥作用的同时，必然要受国家宏观调控的制约。宏观调控的主要内容是，合理制定各项政策经济措施，运用价格、税收、信贷等经济杠杆，科学编制经济计划等几个方面；宏观调控应遵循间接调控、计划指导的原则。宏观调控对建筑生产和建筑企业的经济效益都会产生影响。

3. 为了使建筑生产活动有序进行，促进建筑业的发展，必须对建筑行业进行管理。建筑业的行业管理，是加强国民经济宏观管理的需要，是建立社会主义市场经济体制和建筑业自身发展的需要。建筑业行业管理的主体是政府中对建筑业实施管理的主管部门；行业协会是政府实行行政管理的助手，它们各有其不同的管理职能；建筑业的行业管理，划分为全国的省、自治区和大中城市三个层次；建筑业行业管理的对象是建筑产品和建筑市场，据此确定相应的管理内容。

4. 为适应我国现代化建设的需要，建筑生产必须逐步实现工业化。建筑生产工业化的目标是建筑业的现代化。建筑生产工业化同技术进步密切联系，工业化推动技术进步，而技术进步则是实现建筑生产工业化的重要保证。建筑生产工业化的内容是：构配件生产工业化、建筑施工机械化、建筑设计标准化和组织管理科学化。建筑业发展的方向是实现建筑现代化，建筑现代化包括建筑物的现代化和建筑生产现代化两个方面。

5. 建筑生产与城市的综合开发有着十分密切的关系，在城市建设综合开发中，建筑业与房地产业紧密配合，共同完成城市综合开发任务。

6. 实现社会主义现代化建设的宏伟目标，使建筑业有着广阔的发展前景，建筑业必将在国民经济的发展中，更好地发挥支柱产业的作用。

复 习 思 考 题

1. 什么是宏观调控？宏观调控包括哪些基本内容？

2. 宏观调控的目标和原则是什么？
3. 为什么要对建筑业实行行业管理？建筑业行业管理的主体和对象是什么？建筑业行业管理具有哪些职能？
4. 建筑业行业管理有哪几个层次？
5. 什么是建筑生产工业化？建筑生产工业化包括哪些内容？它的实质是什么？
6. 什么是建筑现代化？它包括哪些内容？
7. 什么是城市建设综合开发？它包括哪些内容？建筑业与城市综合开发是什么关系？
8. 为什么说建筑业有着广阔的发展前景？

参 考 文 献

1. 金敏求，张蓓真主编. 建筑经济学. 北京：中国建筑工业出版社，1994
2. 黄如宝编著. 建筑经济学. 上海：同济大学出版社，1993
3. 白瑛主编. 建筑经济学. 北京：经济科学出版社，1986
4. 丁世昭编著. 建筑经济. 北京：中国建筑工业出版社，1990
5. 刘诗伯主编. 政治经济学. 第4版，成都：西南财经大学出版社，1994
6. 马洪主编. 什么是社会主义市场经济. 北京：中国发展出版社，1995
7. 卢希悦，刘能坚主编. 社会主义市场经济概论. 北京：中国财政经济出版社，1994
8. 顾海良，刘英骥主编. 社会主义市场经济. 北京：北京经济学院出版社，1993
9. 姚兵著. 论工程建设和建筑业管理. 北京：中国建筑工业出版社，1995
10. 何万钟，张树恩编著. 建筑业管理. 北京：中国建筑工业出版社，1991
11. 吴良镛，周干峙，林志群编著. 中国建设事业的今天和明天. 北京：中国城市出版社，1994
12. 卢谦，张琰，唐连珏，黎谷等编. 建筑工程招标投标工作手册. 北京：中国建筑工业出版社，1993
13. 从全球最大225家国际承包工程公司排名引起的思考. 建筑经济，1996（5）3～7
14. 庄瑞澄，饶天修编著. 企业会计. 北京：中国建筑工业出版社，1994
15. 王文元主编. 建筑工程合同. 北京：中国环境科学出版社，1996